浙江省普通高校“十三五”新形态教材

高职高专酒店管理与数字化运营专业校企合作教材

新编21世纪
高等职业教育精品教材
旅游大类

酒店公共关系实务

主　编　张向东
副主编　张建红　徐　鹏

中国人民大学出版社
·北京·

图书在版编目（CIP）数据

酒店公共关系实务 / 张向东主编. -- 北京 : 中国人民大学出版社，2025. 2. --（新编 21 世纪高等职业教育精品教材）. -- ISBN 978-7-300-33430-1

Ⅰ. F719.2

中国国家版本馆 CIP 数据核字第 202459HV53 号

浙江省普通高校“十三五”新形态教材

高职高专酒店管理与数字化运营专业校企合作教材

新编 21 世纪高等职业教育精品教材 · 旅游大类

酒店公共关系实务

主　编　张向东

副主编　张建红　徐　鹏

Jiudian Gonggong Guanxi Shiwu

出版发行	中国人民大学出版社			
社　　址	北京中关村大街 31 号		**邮政编码**	100080
电　　话	010－62511242（总编室）			010－62511770（质管部）
	010－82501766（邮购部）			010－62514148（门市部）
	010－62515195（发行公司）			010－62515275（盗版举报）
网　　址	http://www.crup.com.cn			
经　　销	新华书店			
印　　刷	北京宏伟双华印刷有限公司			
开　　本	787 mm × 1092 mm　1/16		**版　　次**	2025 年 2 月第 1 版
印　　张	16.5		**印　　次**	2025 年 2 月第 1 次印刷
字　　数	385 000		**定　　价**	49.00 元

前言

公共关系自20世纪初问世以来，作为一种现代经营管理艺术和社会文明观念已风靡世界，其卓越的成就有目共睹。当今世界，大到一个国家的形象，小到一个组织的一举一动，都与公共关系密不可分。随着社会经济的快速发展，公共关系学以其突出的实践性被应用于越来越多的领域。

党的二十大报告提出“以中国式现代化全面推进中华民族伟大复兴”，国家将加快构建新发展格局，着力推动高质量发展，构建优质高效的服务业新体系。在经济转型和消费升级的大背景下，我国经济的稳步发展为旅游和酒店行业的发展提供了良好的环境。我国旅游市场发展潜力巨大，成为撬动经济发展的有力杠杆之一。

在我国，公共关系最早发端于沿海地区的宾馆、酒店，然后向其他行业逐渐扩展。随着业态的不断迭代升级，市场的竞争日趋激烈，酒店业面临的市场环境也日趋复杂。公共关系在协调组织与公众之间的关系、塑造组织良好形象方面起着举足轻重的作用，且随着市场竞争的加剧，这种作用体现得越来越明显。在激烈的市场竞争中，公共关系已成为酒店业获得成功的一种重要手段。在未来的发展中，酒店公共关系将为进一步提高酒店服务品质、改善旅游环境、推进酒店业可持续发展发挥更为积极的作用。全面提升酒店从业人员与管理者的公关意识与公关技能，成为酒店企业增强竞争力的有效途径。

与实践活动相对应的是职业教育。旅游职业院校肩负着培养实用型旅游专业人才的重任，要求面向行业、面向企业培养人才。深化酒店公共关系理论教育、加强酒店公共关系实践活动，是培养合格的酒店公关人才的重要途径。结合酒店行业的需要和酒店职业人才培养的需要，我们编写了本教材。

“酒店公共关系实务”是酒店管理与数字化运营专业职业技能课程之一，既具有一定的理论性，又具有较强的实践性。本教材包括三大模块共十二个项目。模块一为酒店公共关系理论篇，具体内容包括：公共关系与酒店公共关系、酒店公共关系的行为主体、酒店公共关系的目标公众、酒店公共关系传播；模块二为酒店公共关系实务篇，具体内容包括：酒店公共关系工作程序、酒店公共关系形象策略、酒店公共关系专题活动、酒店公共关系危机管理；模块三为酒店公共关系训练篇，具体内容包括：酒店公共关系礼仪训练、酒店公共关系语言训练、酒店公共关系交际训练、酒店公共关系营销训练。本教材强调理论知识和实践知识相统一、综合性和针对性相统一，在编写时除了重视学生对理论知识的学习之外，也十分重视学生实操技能的提高，总体体现了定位明确、结构合理、理论够用、注重实用的特点，力求做到易教、易学、易懂、易上手。通过学习，学生可以掌握酒店公共关系的基本概念与基本原理，掌握酒店公共关系应用的原则和方法，了解酒店公共关系实务的一般操作形式和组织方法，掌握酒店公共关系基本工作技能，为今后顺利地适应相关岗位工作打下坚实的基础。

本教材具有以下特色：

第一，内容明确，结构合理。本教材把培养学生酒店公关营销岗位所要求的实际能力作为重点，以项目为引领，以任务为导向，以技能点为纽带，内容设计始终围绕培养目标，以强化职业能力培养为核心，将教学内容整合序化为多个典型岗位任务，注重公关工作过程的整体性。学生紧密围绕典型工作任务，在教师引导下，通过自主学习、合作探究，实现知识的内在建构，提高职业能力和创新能力。本教材的整体结构按照知识、技能、素质三个层次来安排，使学生在完整、综合的真实活动中提升技能。

第二，理论简明，体例新颖。本教材对公共关系理论知识的阐述简明扼要、突出重点、内容翔实、文辞精练、深入浅出，便于学生理解掌握。各个项目都按照导语、学习目标、关键术语、教学内容、项目小结、思考与探究、案例分析、技能实训进行编排，教学内容中穿插了公关案例、知识拓展等栏目。教材体例活泼新颖，既有知识性，又充满了趣味性。这种安排遵循了教学原则，符合认知规律，突出了情景训练和能力培养。

第三，注重案例，突出实战。教材中配合酒店公共关系通用知识与能力的讲解，集合和列举了较为丰富的案例和素材，包含案例、故事、互动等，具有较强的可读性和启发性。每个项目后都附有相关的案例分析和技能实训，便于课堂讨论或课后训练，有助于学生更好地理解、掌握和运用公关知识与实务操作技能。

第四，价值引领，树德铸能。本教材认真落实课程标准，弘扬社会主义核心价值观。学生除了要熟悉公共关系工作程序，掌握公关实务方法外，还要正确理解公共关系的本质和企业社会形象，培养正确的价值观和职业道德，完善人格，胜任岗位，为酒店企业的高质量运营和可持续发展赋能。

为了更好地使用本教材，特提出如下教学建议：

第一，精选精讲，鼓励互动。教师对教材内容应精选精讲，对重点内容详讲，必要时还可补充一些内容；有些内容可交给学生自主学习。教师在教学过程中一定要深入浅出，把复杂的问题简单化，鼓励学生多思考，积极参与互动。

第二，重视实操，注重运用。知识要运用到实践中去才能变为能力。案例教学、情景模拟、角色扮演是教学理论联系实际的有效形式，通过实操，使学生明白如何解决公共关系工作中的实际问题。

第三，各抒己见，集思广益。教学中要发扬教学民主，鼓励学生发表自己的意见和想法，调动学生的学习积极性，鼓励学生提高发散思维能力。

第四，理解应用，科学考核。学习的重点在于理解，要注重培养学生的应用能力。对学生的考核切忌采用一张试卷定结果的评价方法，要鼓励学生积极思考问题，积极参与实践，以能力提升为本位，对能发表自己独到见解的学生应该给予充分的肯定。

本教材可作为高职高专院校教材，也可作为酒店企业从业人员提高公共关系能力的自我训练手册、培训教材和参考读物。

本教材由浙江旅游职业学院“国家示范性骨干高职院校重点专业”“浙江省省级示范高职院校重点专业”“浙江省高职院校特色专业”“浙江省高水平职业学校和专业群建设项目”酒店管理专业（群）团队主要成员张向东教授担任主编，杭州第一技师学院人文学院院长张建红、浙江旅游职业学院副教授徐鹏博士担任副主编。本教材是编者在总结多年教学经验的基础上完成的，在编写中编者参阅了大量资料，参考、借鉴和援引了诸多文字成果和实践成果，这些成果除了在书后的参考文献中列出外，有的在书中适当的地方做了标注，在此一并向相关作者表示衷心的感谢！

受编者学识所限，书中疏漏之处在所难免，敬请广大读者提出宝贵的意见和建议，以便今后修订完善。

编者

2024 年 10 月

目录

模块一　酒店公共关系理论篇

模块二 酒店公共关系实务篇

模块一 1

酒店公共关系理论篇

项目一

公共关系与酒店公共关系

任务一 认识公共关系

任务二 公共关系的产生与发展

任务三 酒店公共关系概述

导 语

公共关系学是一门发展中的综合性社会应用学科，其应用已经延伸至政治、经济、军事、文化等领域。该学科以社会组织在社会公众心目中树立良好的形象为主线，社会组织与社会公众之间通过传播媒介进行的沟通协调贯穿始终。在现代社会中，没有公共关系意识的社会组织不可能赢得社会公众的信赖，也不可能取得市场竞争的主动权。我国当代的公共关系最初发端于沿海地区的宾馆、酒店。当前，我国旅游业得到了空前的迅猛发展，公共关系也被旅游业深入应用，从最早运用公关的酒店，到现今的各种旅游组织，无不广泛开展公关工作，展现公关的作用和魅力。本项目是对公关基础知识的系统概述，也是学习酒店公共关系的“纲”。把这个“纲”学好了，就有了清晰的学习脉络，为学习后面的内容做好铺垫。所以本项目既具有提纲挈领的意义，又有入门引导的意义。

学习目标

- 理解公共关系与酒店公共关系的概念
- 掌握公共关系发展的脉络，了解公共关系在我国产生的过程和必然性
- 知晓公共关系的组成要素和基本特征
- 能举例说明公共关系与人际关系、庸俗关系、宣传、广告和营销的区别
- 能分析和理解酒店公共关系的特点、作用、职能和原则
- 能理解并按照相关要求开展全员公关

关键术语

公共关系　公共关系主体　公共关系客体　公共关系媒介　伯纳斯　“双向对称”模式　酒店公共关系　全员公关

任务一　认识公共关系

一、公共关系的含义

（一）什么是公共关系

“公共关系”一词来源于英语“Public Relations”。“Public”可译为“公共的”“公众的”“公开的”，“Relations”可译为“关系”，“Public Relations”翻译成中文为“公众关系”。由于翻译上的先入为主，形成了一种约定俗成的译法即“公共关系”，简称“公关”。

对于什么是公共关系，众多的学者、专家分别从不同的角度对公共关系下了不同的定义，已构成公共关系理论研究的一部分。其中颇有代表性和影响力的定义可概括为如

下几类。

1. 管理职能论

这种观点认为，公共关系是一种管理职能。国际公共关系协会曾经给公共关系下过如下定义：公共关系是一种管理功能，它具有连续性和计划性。通过公共关系，公立的和私立的组织、机构试图赢得同它们有关的人们的理解、同情和支持——借助对舆论的估价，尽可能地协调它们自己的政策和做法，依靠有计划的、广泛的信息传播，赢得更有效的合作，更好地实现它们的共同利益。

这种观点十分强调公共关系的管理职能，认为其活动模式是“有计划的、广泛的信息传播”，目的是“更好地实现它们的共同利益”。

现代企业面对市场竞争，必须“内求团结，外求发展”，必须通过沟通信息、协调关系、招徕顾客、社会交往、咨询决策等公关手段去创造一个“天时、地利、人和”的和谐环境。公共关系的这种特殊功能，成为企业生存发展的重要手段和制胜法宝。因此，“管理职能论”在我国很有市场，不少学者持此观点。

2. 传播沟通论

这种观点认为，公共关系是社会组织与公众之间的一种传播沟通行为。公共关系的本质属性就是传播沟通。1981 年出版的《不列颠百科全书》对公共关系的定义是：公共关系旨在传递有关个人、公司、政府机构或其他组织的信息，并改善公众对其态度的种种政策或行为。美国学者马斯顿・约翰（Marston John）讲得更为简明：公共关系就是运用有说服力的传播去影响重要的公众。

持这种观点的学者重视研究社会组织与公众之间的沟通行为与规律。我国公共关系学术界也有大量学者持此观点。

3. 社会关系论

这种观点认为，公共关系是一种社会关系。英国公共关系学会对公共关系所下的定义是：公共关系的实施是一种积极的、有计划的以及持久的努力，目的是建立和维护一个机构与其公众之间的相互了解。1976 年出版的《韦伯斯特 20 世纪新辞典》（第二版）也认为“公共关系是通过宣传与一般公众建立的关系；公司、组织、军事机构等向公众报告其活动、政策等情况，试图建立有利的舆论的职能。”

4. 现象描述论

持这一观点的学者关注公共关系实务，抓住公共关系的某种功能、现象或者一个侧面进行形象、生动的描述，给公共关系以通俗的解释和具体操作性定义。例如：

（1）公共关系是一门技术，此技术在于激发大众对于任何一个人或一个组织的了解并产生信任。

（2）公共关系是一门研究如何建立信誉，从而使事业获得成功的学问。

（3）公共关系就是讨公众喜欢。

（4）公共关系是内求团结、外求发展、树立形象、推销自己的艺术。

（5）公共关系就是努力干好，让人知晓。

（6）公共关系 90% 靠自己做，10% 靠宣传。

（7）公共关系就是通过良好的人际关系来辅助自己事业成功。

（8）公共关系是一种生活方式，时时刻刻表露在各种态度与行动中，对于工作人员、顾客以及整个社会都有影响。

5. 特征综合论

这种观点是将公共关系的各种特征综合起来加以表述。1978 年 8 月，在墨西哥城召开的世界公共关系协会大会上，与会代表们在公共关系的含义问题上达成共识：公共关系是一门艺术和社会科学。公共关系的实施是分析趋势，预测后果，向组织领导人提供意见，履行一系列有计划的行动，以服务于本组织和公众的共同利益。

由于公共关系涉及面广，内容丰富，学者们从不同角度、不同侧重点给公共关系下定义，这些定义相互之间并不矛盾，都有其合理性，这也反映出公共关系内涵的多维性。

总之，有关公共关系的种种定义和看法，给我们大致勾勒出了公共关系所涉及的领域和范畴，即公共关系的构成要素应该包括：主体——社会组织；媒介——信息传播；客体——公众。社会组织进行公共关系活动的手段是信息传播；目的是加强与公众的双向交流，以塑造良好形象，优化社会环境；它属于管理学和组织传播学的范畴。

综上所述，我们认为公共关系是社会组织为了增强组织内部凝聚力和对外部公众吸引力，实现自身效益和社会效益，有目的地通过信息传播、双向沟通手段和实际行动来影响公众，以达到塑造组织良好形象的科学与艺术。

（二）对公共关系概念的理解和把握

对于公共关系的定义，我们可以从以下四个方面来理解和把握。

1. 构建公共关系的根本目的是塑造社会组织自身的良好形象

组织形象是公共关系理论的核心概念，是贯穿公共关系理论与运作的一条主线。一个社会组织只有树立起良好的组织形象并对组织形象进行有效的管理，才能保证为组织的生存与发展创造一个良好的舆论环境，从而获得公共关系工作的最佳业绩。

2. 公共关系的主体是社会组织，客体是公众，手段是传播与沟通

公共关系的过程，就是传播与沟通的过程，就是信息交流的过程。社会组织与公众之间的双向沟通关系，使公共关系同其他关系区别开来。社会组织在一系列规范化和专业化的公关活动中与其目标公众进行有效的沟通和交流，以求互相尊重、理解、支持与合作，达到树立组织良好形象的最终目的。

3. 公共关系有静态和动态两种表现形式

静态的公共关系是指公共关系是一种客观存在。任何企业和社会组织，无论其是否已经意识到公共关系存在的客观性，无论其是否能以公关观念来支配自己的行为，都有公共关系状态的存在。动态的公共关系是指一种活动。当一个企业自觉地采取各种公共关系手段，去改善原有的公共关系状态，这就是在从事公共关系活动。它表现为日常的公共关系活动和专项的公共关系活动，也就是组织开展的一系列的“公共关系实务”，包括公关调查、公关策划、公关宣传、公关危机处理、形象战略、公关交际及各种公共关系专题活动等。

4. 公共关系既是一门科学，又是一门艺术

从理论上讲，公共关系是一门科学，有其较完整的科学体系；从运作上讲，公共关系又是一门艺术，这种艺术掌握和运用得好坏，直接影响着公共关系工作的成败。因此，公共关系是科学与艺术的统一。

二、公共关系的构成要素

社会组织、公众和传播沟通是公共关系的三个基本构成要素。其中，社会组织是公共关系的主体，公众是公共关系的客体，传播沟通是公共关系的媒介。社会组织和公众是公共关系相互作用的双方，传播沟通是二者联系的纽带和桥梁。从某种意义上说，现代公共关系的本质是“社会组织与公众之间的传播管理”。

（一）社会组织

社会组织是人们为了实现特定的目标，按照一定的宗旨、制度、系统建立起来的社会群体。它有明确的目标、详细的分工、制度化的组织机构和行为规范，比如企业、学校、医院、政党、政府部门、社会团体等。社会组织是公共关系的主体，可以发起和从事公共关系活动，在公共关系中处于主动地位。

（二）公众

公众是指与社会组织相互联系、相互作用的个人、群体或组织的总和，是公共关系传播沟通的对象，包括组织内部公众和组织外部公众。社会组织的员工、顾客、读者、观众、社区居民、社会名流等都是重要的公众。公众是公共关系的客体，是构成社会组织生存和发展的重要社会环境，它影响和制约着社会组织，是社会组织认识、作用的对象。社会组织通过媒介传播信息，取得相关公众的认知，并吸引相关公众与社会组织进行合作，从而形成互助互利、和谐发展的关系。

（三）传播沟通

传播沟通是公共关系活动的过程和基本方式。它是指通过媒介把信息以符号的形式传递给公众；公众接收到信息后也以一定的信息形式反馈回来。通过这种信息的双向交流，双方逐渐达到相互了解，分享信息，达成共识的目的。公共关系的目标是树立良好的组织形象，建立组织与公众之间开放、持久的互惠互利关系，其首要条件就是通过各种媒介沟通信息、协调关系，清除组织与公众之间的障碍，谋求合作与支持。

以上三大要素形成了公共关系结构，三大要素相互结合才能构成一个完整的公共关系过程，三者缺一不可。三大要素的均衡是公共关系取得成功的关键，公共关系职能的发挥必须建立在以上三个要素的协调统一上。

三、公共关系的界定

公共关系作为一门综合性应用学科，涉及许多不同的学科领域和实践范畴。但长期以来，无论是在理论上还是在实践上，都存在着一些混淆和误解。为了全面理解公共关系概念，必须正确认识公共关系与其相关的社会活动的联系和区别。

（一）公共关系与人际关系

人际关系指个人在社会交往中形成的人与人之间的关系。人际关系学研究的是社会群体中的个体关系，即从个体的角度研究个体与个体、个体与群体、个体与社会之间的心理认同、情感关系和行为模式。公共关系的研究对象是组织的社会关系，包括组织内部的人际关系、组织外部的人际关系、群体间的关系、组织间的关系以及各种社会关系。

1. 公共关系与人际关系的区别

公共关系与人际关系的区别如表 1－1 所示。

表 1－1　公共关系与人际关系的区别

比较项目	公共关系	人际关系
主体	组织	个体
客体	组织内部公众、组织外部公众	个体
传播方式	自我传播、人际传播、组织传播、大众传播	人际传播
目的	创造和谐的生存与发展环境，塑造良好的组织形象，谋求最佳的社会利益和组织利益	情感沟通、信息交流
研究内容	组织与公众之间的关系	个体与个体之间的关系

2. 公共关系与人际关系的联系

（1）公共关系通常表现为人际关系。组织之间的联系，往往表现为不同组织中的个体之间的交往，即公共关系经常要借助人际沟通的方法来进行。

（2）人际关系影响公共关系目标的实现。人际交往是公关活动的重要内容，和谐的人际关系可以使组织与公众进行有效的沟通，产生良好的公共关系效果。

（二）公共关系与庸俗关系

在公共关系传入我国之初，不少人将公共关系等同于交际、应酬，甚至认为陪酒、陪舞就是公关，这是一种非常错误且肤浅的看法。有人把“公关”理解为“攻关”或“攻官”，混淆了公共关系与庸俗关系。庸俗关系是一种违反社会道德或国家法律的不正之风，其突出的表现是利用权力、人情、金钱等手段为个人或小集团谋取私利。公共关系与庸俗关系有本质区别，具体如表 1－2 所示。

表 1－2　公共关系与庸俗关系的区别

比较项目	公共关系	庸俗关系
性质	适度功利化的社会关系	高度功利化的人际关系
目的	追求社会组织与公众利益、社会整体利益的一致，为组织或企业树立良好形象，强调社会组织与公众的互惠互利、共同发展	谋取个人或小集团的利益
方法	主要运用各种传播手段和媒介，在社会公众的参与和监督下公开、公平、合法地进行。它以诚信、互利、优质服务来争取公众的理解支持	以物质利益为手段，以各种人脉关系为基础，通过投机钻营、行贿受贿、徇私舞弊、吃喝拉拢等不正当的手段进行各种交易，以权谋私

续表

比较项目	公共关系	庸俗关系
社会影响	“内求团结，外求发展”，它追求社会整体利益与组织效益一致，不仅获得组织自身效益的提高，而且促进社会物质文化的进步和精神文化的繁荣	败坏社会风气，引起社会矛盾，离间人与人的关系，增加整个社会的运作成本
原则	诚信、互利、优质服务、公开、公平、合法	破坏正常的人际关系，造成各种社会矛盾，形成不良的社会风气

（三）公共关系与宣传

1. 公共关系与宣传的区别

公共关系与宣传的区别如表 1－3 所示。

表 1－3　公共关系与宣传的区别

比较项目	公共关系	宣传
目的	创造和谐的生存与发展环境，塑造良好的组织形象，谋求最佳的社会利益和组织利益	推销产品、传播信息、传递观念
交流方式	组织与相关公众的双向传播沟通	单向的心理诱导、行为影响和舆论控制的方式
态度	实事求是	可以运用美化、夸张、渲染等手法
内容	有利于组织生存发展的所有信息	正面信息

2. 公共关系与宣传的联系

宣传是个人或组织有目的地采用各种传播方式，利用各种传播媒介，对特定信息进行讲解、说明、传播，以便说服和鼓励受众的一种社会活动。宣传和公共关系有着密切联系。

（1）宣传是公共关系工作的一种工具，公共关系需要借助宣传媒介开展社会活动。

（2）宣传实践中积累的经验和技巧有助于社会组织开展公共关系工作。宣传丰富了社会组织公共关系工作的内容和方法。

（四）公共关系与广告

广告，是由广告主通过一定媒介，传播以事实为依据的信息，为了推销产品或服务，借助报刊、广播、电视等传播媒介面向消费者开展的宣传活动。

公共关系与广告有紧密联系，公共关系作为一门塑造形象的艺术，要充分利用传播手段，向社会公众展示本组织的产品、服务和员工风貌，公共关系运用广告作形象宣传时就形成了公共关系广告。正因为公共关系与广告在传播工具、传播对象等方面有相似之处，常常有人把公共关系与广告混淆，其实两者的区别是显而易见的。

1. 目标不同

商业广告的目标是以最小的花费在最短的时间里推销更多的产品和服务。公关的目标是要树立整个组织的形象，增进内外部公众对组织的了解，从而使整个事业获得成功。

2. 传播方式不同

商业广告的信息传播是以创造性的技巧和夸张的手法将产品或劳务的信息撰写成文稿，设计成图案，“引人入胜”是其基本原则。公共关系的信息传播同新闻传播的方式一样，用事实说话，真实性是其基本原则。其诀窍在于善于选择适当的时机，采用适当的形式，通过适当的媒介，把有新闻价值的信息及时、准确地传递给特定的公众。

3. 传播的周期不同

商业广告的传播周期是短暂的，通常一个时期集中宣传某一产品或劳务，有比较明显的季节性和阶段性。相比之下，公共关系的传播周期是长期的，因为公共关系的目标是树立组织的形象和信誉。这需要组织进行全面的、长期的、有计划、有步骤的公共关系工作，绝非急功近利的方式所能奏效。

4. 工作性质不同

商业广告在企业管理中属于局部性工作，其成败一般不会对企业经营全局产生决定性影响。但公共关系工作却在经营管理中处于全局地位，属战略性工作。公共关系工作的好坏，决定着组织的形象和信誉，进而决定组织的生死存亡。

5. 效果不同

商业广告的效果是直接的、可测量的，一则广告的效益可用产品销量的增加、利润的上升等指标来衡量。公共关系既具有社会效益，也具有整体效益，它的效果与广告大不相同。成功的公共关系使组织具有良好的声誉，组织因此而受益无穷，但所得益处却难以用简单的硬指标来衡量。

上述公共关系与广告的区别如表 1－4 所示。

表 1－4　公共关系与广告的区别

比较项目	公共关系	广告
目标	树立良好的组织形象，增进内外部公众的了解，谋求最佳的社会利益和组织利益	推销产品和服务
传播方式	组织与相关公众的双向传播沟通	单向的心理诱导、行为影响
传播周期	长期、全面	短暂、集中
工作性质	战略性工作	局部性工作
效果	难以用硬指标来衡量	直接、可测量

公共关系和广告都属于创造性工作，公关广告仅仅是公共关系宣传的一种方式。出于全局性考虑，公共关系经常需要借助广告手段作为工具，即“公关广告”，但公关广告的重点是介绍企业的管理、人员素质、服务宗旨以及为社会承担的义务和责任等，其目的是塑造企业的良好形象。

（五）公共关系与营销

营销是指企业以顾客的需求为出发点，有计划地组织各项经营活动以提供满意的商品和服务，从而实现企业的获利和发展目标的过程。

公共关系工作与营销是有一定区别的。第一，从活动对象来看，公共关系涉及范围广泛的公众，包括内部的员工、股东，外部的社区、政府、顾客、媒体等；而营销则聚焦于顾客。第二，从活动的目标上看，营销的目的是销售商品，直接满足公众的物质需求，它通过开拓或占领市场，追求组织的经济效益和近期利益。公共关系的各种促销活动则致力于与公众的沟通、理解、信任和情感交流，以营造良好的公共关系状态，树立组织的社会形象。公共关系追求组织的社会效益和长远利益，无疑也有利于提高组织的经济效益和近期利益。所以，公共关系不等于营销，两者不能互相替代。公共关系与营销的区别如表 1-5 所示。

表 1-5 公共关系与营销的区别

比较项目	公共关系	营销
目的	塑造组织形象，优化营销环境	推销产品、技术、劳务
对象	公众和舆论	消费者
适用范围	社会组织	企业组织
方式	公众通过了解组织而认识产品	公众通过接触产品而了解组织
功能	间接促销	直接促销
效果	长远市场影响	近期市场效应

在竞争激烈的现代市场营销中，公共关系与市场营销日益相互渗透、密切联系，形成相辅相成的互补关系。

首先，良好的公共关系可以赢得公众的理解和支持，提高组织的知名度和美誉度，促进市场营销的进行。

其次，公共关系使市场营销具有情感性、艺术性，从而有直接的促销功能。

最后，公共关系可以参与企业命名、产品分销、内部沟通、市场教育、售后服务等一系列环节，甚至参与整个营销过程。

在当今的公共关系实务中，公共关系与广告、市场营销是相互促进、共同发展的。最佳选择应是“整合市场传播”，即公共关系、广告和市场营销的完美组合。

四、公共关系的基本特征

公共关系的基本特征，概括起来有以下内容。

（一）以公众为对象

公共关系是指一定的社会组织和与其相关的社会公众之间的相互关系。如果说人际关系以个人为支点，是个人之间关系的话，公共关系则是以组织为支点，是组织与公众结成的关系。公共关系活动的开展是以特定公众为对象，公关危机和公关矛盾多是由于不能满足公众利益的需求引起的。因此，任何组织的公共关系活动，必须自始至终着眼于公众，以公众研究为出发点，有的放矢、投其所好地开展工作，从而获得公众的理解、信任和支持，形成一种和谐相容的公众环境，树立组织的良好形象，以促进组织的顺利发展。

（二）以美誉为目标

公共关系活动的根本目的是为组织塑造良好形象。组织的形象不仅包括产品形象、员工形象、环境形象、公共关系形象，也包括直接影响组织的生存和发展的因素：组织形象的知名度和美誉度。在当今生产力、销售力、形象力三力合并的时代，良好的组织形象，不仅是宝贵的无形资产，而且是竞争的有力手段。塑造形象是公共关系的核心问题，公共关系活动自始至终都是围绕组织形象的塑造而展开的。塑造良好的组织形象，是公共关系活动所追求的终极目标和永恒话题。

（三）以互惠为原则

公共关系主体（社会组织）与客体（公众）之间的联系，是以一定的利益为基础的。公共关系的价值取向，必须是将组织利益、公众利益与社会利益统一起来，形成共同的利益。组织要在社会中立足、发展，必须得到公众的支持，而要谋求组织与公众、组织与社会的长久合作，就必须奉行互惠互利、共同发展的原则，即社会组织在追求自身利益的同时，必须承担相应的社会责任，兼顾组织利益、公众利益和社会利益。组织公共关系工作的重要性也恰恰体现在它能协调组织与公众之间的利益，实现双方利益的最大化上。

（四）以长远为方针

良好的公共关系状态，是在组织有计划、有目的的长期努力下形成的，要经过长期的积淀，才会在公众心目中留下美好的印象。所有这一切绝非一日之功。树立形象、营造良好的公关状态须经长期的艰苦努力，而维护形象、调整形象、改善形象更应有长远打算。营造和维持组织生存和发展所必需的良好的公共关系状态，是一项长期的工作，不能一蹴而就。因此，公共关系活动是一项长期的、有计划的系统工程。

（五）以诚信为准则

公共关系活动需要奉行真诚的信条。组织的公关活动内容要真实，对待公众的态度要诚恳、守信。组织行为与公关行为要表里如一，并如期履行自己的诺言，在社会公众面前塑造一个诚实可信的形象，才可能取信于公众。另外，公共关系传播也必须贯彻真诚、实事求是的原则，不允许夸张、渲染。任何虚假的信息传播都会损害组织形象，只有真诚才会赢得合作。

（六）以沟通为手段

公共关系以双向的信息沟通为手段，与组织内外的公众进行沟通，从而使公关目标得以实现。公共关系的信息传播是双向的，一方面组织的信息经归类加工后及时、准确地传播给社会公众，使公众认识、了解并喜欢本组织，对组织产生好感，从而得到拥护和支持；另一方面组织要迅速、准确、及时地收集来自公众的反馈信息，了解舆论和民意，获取有价值的意见和建议，随时调整自己的行为，改善自己的形象。双向沟通既是实现组织内外信息交流的重要方式，也是公共关系活动的重要特征。

任务二　公共关系的产生与发展

作为一种社会分工、一种独立的职业、一门独立学科的现代公共关系，产生于 19 世纪末 20 世纪初的美国。但作为人类的一种思想活动方式和自发的社会活动，公共关系却早已存在，几乎与人类社会的历史一样漫长。直到 20 世纪初，美国出现具有公共关系性质的专业公司，现代公共关系才开始发展起来。

一、公共关系的起源与发展

（一）公共关系的萌芽

考古学家发现，早在公元前 1800 年，古巴比伦王国就发布农业公告，告诉农民怎样播种、灌溉，怎样收获庄稼，怎样对付地里的老鼠。这是一种传播信息以影响人们的观念和行为的活动，与现代社会某些农业组织公共关系方面的宣传类似。

古希腊的民主政治导致公众代表会议和陪审团制度形成，它为公众表达自己的意见提供了一个舞台，而这种变化所产生的舆论导向在当时有着非常大的影响。

公元前 4 世纪，古希腊出现了一批从事道德、宗教、哲学等的研究与演讲的教师和演说家，他们在当时被称作诡辩家，他们的演讲技巧被称为诡辩术。其中，苏格拉底、柏拉图和亚里士多德是他们的代表。

古罗马时代，人们更加重视民意。当时，整个社会都推崇沟通技术，一些精通沟通技术的演说家往往因此而被推选为首领。古罗马的独裁者恺撒大帝是一位精通沟通艺术的大师，他面对即将来临的战争，印发大量的传单来进行宣传和鼓动，以获得民众的支持。他为了标榜和宣传自己，写了一本记载其功绩的纪实性著作《高卢战记》。这本书曾被西方一些公共关系专家称为“第一流的公共关系著作”。

我国古代商家也掌握了许多成功的公共关系技巧，这些技巧至今仍受到行家们的推崇。我国古代商家都十分重视自己的店铺招牌，对其精工制作、不拘一格，有实物、模型、灯具、牌匾等多种类型，以显示商店的行业特征、商品门类、历史特点等，树立形象，吸引顾客，宣传色彩极浓。有的商家将广告制成告示张贴，编成歌诀、顺口溜，以吆喝、弹唱等方式宣传商品的优点，打开商品的销路。此外，每逢店铺开业之际，都有一番庆祝活动，通过燃放鞭炮、接贺联、挂匾额、宴请同行乡邻等活动，来吸引顾客注意，向公众表达善意，以利于形成良好的社会环境。

公关故事

《修辞学》：人类历史上最早的公共关系著作

公关故事

我国古代的公关事例

我国古代的许多至理名言都渗透着朴素的公关思想：“得人心者得天下，失人心者失天下”“水可载舟，亦可覆舟”“天时不如地利，地利不如人和”“路遥知马力，日久见人心”“精诚所至，金石为开”“兼听则明，偏信则暗”“知彼知己，百战不殆”“真不二价，童叟无欺”……

总的来看，人类早期的公关，就其性质而言是一种类似公共关系的“准公关”，与现代公共关系原理相差很远，带有明显的自发性和局限性，公关思想所涉及的领域还比较狭窄。但是毫无疑问，它对我们今天研究公共关系仍有重要的借鉴作用。

（二）公共关系的起源与发展阶段

现代意义上的公共关系起源于美国，开始时是利用宣传来筹措资金，促进事业的发展，助长商业冒险，出售土地，为名人捧场。有组织的公共关系活动开始于 19 世纪末至 20 世纪初，并逐渐形成一门社会职业。根据国外文献和一些公共关系权威的看法，现代公共关系思想的形成经历了几个不同的发展阶段。

公关故事

巴纳姆愚弄公众

1. 巴纳姆时期

19 世纪 30 年代，美国兴起了一场声势浩大的“报刊宣传活动”，这一时期的代表人物是费尼斯·泰勒·巴纳姆（Phineas Taylor Barnum，1810—1891）。

巴纳姆的公关信条是“凡宣传皆是好事”，他虽然开创了形象宣传的先河，但没有主张以事实为根据，因此，这一时期被称为公众受愚弄的时期。

公关故事

揭丑运动

2.“揭丑运动”时期

揭丑运动迫使企业认识到与公众建立良好关系的重要性，企业纷纷求助于新闻界，加强与公众的联络，试图改变、改善自己的形象。许多企业纷纷拆除封闭保守的“象牙塔”，修建开放透明的“玻璃屋”，增强企业经营的透明度。一些企业还专门聘请新闻专家兼任企业的“新闻代言人”，加强与新闻界和社会公众的联系，公共关系活动日益频繁。在此背景下，一种专门向企业提供沟通传播服务，代表企业利益的新兴职业应运而生。

公关故事

艾维·李的“门户开放策略”

3. 艾维·李时期

艾维·李（Ivy Lee）1877 年 7 月出生于美国的一个牧师家庭，毕业于普林斯顿大学，曾任记者和编辑。1903 年，他开办了一家正式的公共关系事务机构——宣传咨询事务所，他本人成为向客户提供公共关系咨询并收取费用的第一位公共关系从业者。

艾维·李公共关系思想的核心就是说真话。艾维·李认为，一个企业要获得良好的声誉，就必须及时地把自己的真实情况披露于世，把公众关心的以及与公众利益相关的所有情况告诉给公众，以此来争取公众的信任与理解，而不是依靠向公众封锁消息或以欺骗手段来愚弄公众。他的信条是：凡是有益于公众的事业，最终必将有益于企业和组织。

由于时代的局限，艾维·李的公共关系主要还是凭经验进行。“跟着感觉走”的艾维·李没有对公众舆论进行严密、大量的科学调查，因此有人认为艾维·李的公共关系只有艺术性而无科学性。但艾维·李作为公关职业的先驱，其地位是无可争议的。

4. 伯纳斯时期

在公共关系发展史上，真正为现代公共关系奠定理论基础，使公共关系向理论化、科学化方向发展的是美国著名公共关系理论家爱德华·伯纳斯。爱德华·伯纳斯（Edward Bernays）1891 年生于维也纳，曾是一名新闻记者。1913 年被聘为福特汽车公司公共关系经理，1919 年伯纳斯夫妇创办了一家公共关系公司。1923 年出版了人类历史上的第一部公共关系学专著《舆论明鉴》。同年，伯纳斯在纽约大学首次开设了公共关系学课程。爱德华·伯纳斯的基本思想是投公众所好。他提出，组织首先要做调查研究，以了解和确定公众的爱好，一切以公众态度为出发点，然后有计划、有目的地进行宣传，争取公众的谅解与合作，并尽量满足公众的要求。1952 年，由他编纂的《公共关系学》教材正式出版。该书从理论上对 20 世纪美国的公共关系实践进行了概括和总结，探讨了公共关系的内涵及其活动的原则和方法等，为公共关系学科的形成和进一步发展打下了坚实的基础。伯纳斯的公共关系实践也相当优秀，他曾为多位美国总统和实业界巨头进行过公关运作，为他们塑造了良好的社会形象。

5. 现代时期

在伯纳斯之后，斯坦福大学开设公关课程。1947 年，波士顿大学成立了世界上第一所公共关系学院，培养公关专业的学士及硕士。20 世纪 50 年代以后，公关的实践和理论有了更新的发展，美国人卡特利普和森特在 1952 年出版的专著《有效的公共关系》中论述了“双向对称”公关模式。他们认为公共关系就是一个企业或其他社会组织为与公众建立良好关系而运用的传播原理和方法。一个企业或社会组织要与公众建立良好关系，除在利益上必须坚持等量齐观的立场外，在信息沟通上还应该进行双向对流，即一方面要把企业或组织的想法和信息向公众传播和解释，另一方面又要把公众的想法向企业或组织传播和解释，目的是使企业与公众形成一种和谐关系。卡特利普和森特的“双向对称”公关模式是现代公共关系学成熟的重要标志。1955 年，国际公共关系协会（IPRA）在英国伦敦成立。

总之，公共关系经历了从幼稚到成熟、从不完善到完善的发展过程。公共关系在世界尤其在西方的兴起与发展，在 20 世纪 50 年代以后，不仅表现为理论的建构逐渐完善与丰富，而且呈现出公共关系职业化、公共关系活动规范化和公共关系主体多元化等特征，走上了理论科学化和职业规范化并行发展的道路。

二、公共关系在中国的兴起与发展

20 世纪 60 年代，公共关系开始传入我国的香港和台湾地区。到了 70 年代，公共关系在香港地区得到迅猛发展，特别是在酒店业、新闻传播机构，都有公共关系部门和专职人员在工作。

20 世纪 80 年代初，随着我国改革开放政策的实施，公共关系开始传入大陆。几十年来，我国的公共关系事业蓬勃发展，已经由企业走向高校，再由高校延伸到各个领域。许多企业和行政部门也设有公共关系部或者有专门的人员负责公共关系事务，重视塑造组织形象、重视自身信誉的公共关系理念深入人心。

20 世纪 80 年代初，我国实行对外开放政策，成立了经济特区，一批外商相继在特区投资建厂。在引进资金和技术的同时，也引进了香港地区以及国外的一些先进管理方法，在合资企业中设立了公共关系部，并配备了公共关系人员开展公共关系业务。公共关系先从经济特区开始，呈扇状向内地发展。从公共关系学科化的进程来看，发展步伐也相当快。20 世纪 80 年代初，一些学者开始积极引进国际公关理论；随之学习、了解、研究公共关系学的人数不断增加；各种版本的“公共关系学”图书陆续出版，一时间形成“千树万树梨花开”的局面，各个行业的公共关系理论迅速产生。至 20 世纪 90 年代中期，中国式的公关理论基本形成，且公关理论界少有门户之见，始终坚持相互切磋、相互借鉴，广泛吸收新思想、新观念（如 CIS、SC 等理论），不断丰富着中国公共关系学理论。1985 年起，国内大中专院校开始设置公共关系学课程或开设公关专业。1986 年开始，逐步建立起各省、市公关社团组织。1987 年，中国公共关系协会在北京成立，标志着公共关系进入一个新的发展时期，得到官方和社会的正式承认与接受。1991 年 4 月，中国国际公共关系协会在北京成立。1999 年 5 月，国家劳动和社会保障部正式出版发行了部颁《国家职业分类大典》，公共关系被正式列入其中，这标志着国家已正式承认公共关系这一职业；同时制定了公关人员的国家职业标准和考核规范。随着改革开放的不断深入，我国的公共关系事业取得了重大进展，公共关系在我国经济、社会甚至政治领域发挥着越来越大的作用，成为推动我国现代化发展的动力。特别是 2008 年北京成功举办奥运会后，国家更加注重整体国家形象在国际社会的塑造与传播。

我国公共关系职业化的速度也相当惊人，20 世纪 80 年代，许多大城市相继开展大型公关活动；一些大、中型企业相继成立了公关机构；社会上也涌现了一些专业性公共关系公司。不过，我国的公共关系实践奉行的是“先实践，后理论”“先实践，再学习”方针，虽然一度满足了企业的需求，但大多数从业人员没有接受过专业训练，因此公关实践的水平基本停留在“浅层次公关”的层面上。到了 20 世纪 90 年代，由一些学者组织的公共关系专家团进行了一系列的公关实践，带动了全国公关实践层次的大幅提高。

三、公共关系与中国酒店业

在我国，公共关系最早是伴随着现代旅游业的兴起而发展起来的。在公共关系发展过程中，酒店业最为积极和前卫。从实践的领域来看，公共关系首先是在一些中外合资、合作、独资的三资企业中立足，尤其是在改革开放最前沿的旅游企业中出现。由于酒店女性员工居多，且大多端庄秀丽，因而有了世界独创并具有中国特色的称谓——“公关小姐”。公共关系最早被我国沿海地区的宾馆、酒店和旅游业接受，一批具有较高经营管理水平的宾馆、酒店成为开创我国当代公共关系事业的先头兵。此后，公共关系以一种迅猛的速度，迅速发展到全国酒店行业和其他行业中。如广州白天鹅宾馆是最早设立公关部门的酒店企业；广州中国大酒店最早从香港地区聘请受过专门教育与培养的人员担任公关部经理，主持酒店的公关工作；国有企业设置公关机构的当首推广州东方宾馆。这些酒店开展了卓有成效的公共关系工作，引起了世人的关注。迄今为止，85% 以上的酒店都设立了专门的公关部或公关销售部，负责塑造企业形象、协调内外部关系的工作。可以毫不夸张地说，我国的公共关系事业首先是在酒店业中起步，并在对外开放中与我国酒店业的发展同步兴盛起来的。

进入新时代，我国社会主义市场经济向纵深发展，随着经济全球化以及我国对外开放的深化，社会生产力水平迅速提高，市场竞争日趋激烈。酒店业要在竞争中获胜，必须协调好内外部的各种关系，保证企业具有内部凝聚力和外部竞争力，在社会大众中塑造良好的形象。公共关系以其传播沟通的本质属性，在提升品牌竞争力、促进业态协调发展等方面发挥着越来越重要的作用。公共关系作为一种关系到酒店业生存与发展的大事，理所应当会日益受到业内人士的重视。酒店如果有了良好的公共关系状态，就能与公众进行有效的沟通，从而获取和掌握大量信息，帮助酒店作出正确的决策。因此，在酒店管理中应用公共关系也是现代信息社会的必然要求。

任务三 酒店公共关系概述

一、认识酒店公共关系

（一）酒店公共关系的背景

全球经济的发展，尤其是科技的高速发展，生产力的不断提高，促使旅游需求和旅游供给出现重大发展变化，旅游日益渗入社会的各个层面，已经成为人们现代生活的一种方式。现代旅游消费向着个性化、多样化的方向发展。互联网的普及及预订系统形成世界网络，信用卡、移动支付通行世界，游客对旅游方式、旅游线路、旅游季节、旅游服务的选择空间越来越大。面对消费人群特征的变化，文旅市场将告别单一、粗放式的供给模式，在产品、业态、服务上产生多元化、精细化、优质化的供给变革。有效的公共关系能够强化旅游地及旅游产品在游客心目中的形象，促进组织与公众的双向沟通和交流，有效地传递信息。

酒店公共关系是酒店服务日益大众化、社会化的必然产物。现代酒店业的竞争已经开始由质量竞争、价格竞争、服务竞争扩展到信誉竞争、品牌竞争、形象竞争。酒店要在竞争中取胜，就必须不断地适应社会发展环境，与公众建立密切的关系，以形成良好的合作氛围，广泛地开展公共关系活动，树立自身良好的形象，提高知名度与美誉度。有效的公共关系可以帮助酒店提高市场占有率。

（二）酒店公共关系的概念

酒店公共关系是酒店运用各种传播沟通手段，实现与相关公众的双向信息交流，以增进内部凝聚力及外部吸引力，取得公众的信任和支持，赢得广泛的合作，为酒店塑造形象、树立信誉、开拓市场，创造良好的生存发展环境而采取的一系列政策与行动。

这个概念包含以下要点：

（1）酒店公共关系的主体是酒店，具有较强的服务性。

（2）酒店公共关系的沟通对象是相关公众与组织，具有明显的复杂性。

（3）酒店公共关系的工作手段主要是传播、沟通与媒介，具有较大的灵活性。

（4）酒店公共关系的目标是塑造和树立酒店的形象和声誉，具有较大的社会影响力。

（5）酒店公共关系的主要内容是内部公众、外部公众、政府公众、新闻媒体及与此相关的各方面关系，具有突出的综合性。

（6）酒店是酒店公共关系的主体，即承担者、实施者、行为者，在公共关系活动中具有主导性。酒店是社会组织的一种形式，是具有一定目标系统、组织机构和职责权限的有机整体。它是以从事经济活动的方式，通过为宾客提供优质服务而获取经济效益的营利性机构。酒店在运行过程中涉及各方面的关系，为了酒店的生存和发展，必须妥善处理、努力协调好这些关系，获取多方面的支持与合作。酒店要围绕自己的组织目标和公共关系目标展开丰富多彩的公共关系活动。

（7）相关公众是酒店公共关系的客体，是指与酒店具有某种利益关联并相互作用的个人、群体及组织的总和，在公共关系活动中具有权威性。公众涉及社会众多领域，酒店的良性运转离不开这些相关行业和组织的支持。从归属关系看，相关公众可分为内部公众和外部公众。其中消费者公众是酒店公共关系活动最重要的外部公众，是酒店公关活动的主要对象。

（8）传播沟通是连接公共关系主客体关系的媒介，是公共关系活动的过程和方式，在公共关系活动中具有效能性。服务是酒店产品的核心内容，具体表现为酒店和公众直接交往，因此，传播沟通成为实现酒店产品价值的必要手段。酒店通过提供令公众满意的服务，可以与公众进行有效的沟通，营造良好的沟通氛围。此外，酒店公关人员还可以运用各种传播技术、专题活动来塑造和传播酒店的形象，与各类公众进行更加广泛的沟通，以获得公众的理解、好感和支持。

（三）酒店公共关系的特点

1. 复杂性

酒店公共关系主体的多元性和关联性以及客体的差异化，决定了酒店公共关系的复杂性。酒店公共关系的复杂性主要表现在以下三个方面：

（1）酒店公众的广泛性和复杂性。酒店活动涉及面广，人数众多，而且日趋常态化，酒店公关活动就不能局限于某一领域或某一时期。酒店客源市场不是单一的，依据不同的角度可以划分为不同的客源市场类型，酒店和外宾、内宾、各种组织和团体以及不同身份、职业、层次的顾客都要打交道，所以，酒店的公共关系活动广泛而复杂，不能一概而论。

（2）酒店组织的多元性和复杂性。酒店公共关系的主体是各类各级酒店，酒店具有多种类型，而且其功能具有多元性。酒店行业同业之间既有竞争，又有合作。开展酒店公共关系活动，不同的酒店组织之间应当加强沟通，注重相互协调配合，树立起酒店行业的整体形象，为实现酒店自身和公众的利益创造一种最佳环境。

（3）酒店行业与社会其他行业和部门关系的复杂性。酒店活动是一种包括多种需求的综合性活动。酒店活动的完成，不仅需要酒店组织的经营，而且需要社会其他行业和部门的支持。作为酒店公共关系主体的各级各类酒店，不仅要加强相互之间的沟通与了解，而且要加强与社会其他行业和部门的联系，与上下左右相互沟通，才能促进酒店业的发展。

2. 服务性

酒店是一个服务性行业，其特点决定了酒店公共关系的目标是塑造和树立酒店的形象和声誉。质量是酒店的生命，服务质量的高低最终取决于消费者的切身感受。对酒店来说，服务贯穿于酒店活动的全过程，服务意识是否突出，决定了酒店能否在竞争中处于优势。良好的服务会使顾客满意，而质量低劣的服务会使顾客不满，甚至使酒店失去顾客。提供让顾客满意的服务是酒店公共关系的重要内容。

3. 应变性

酒店业是一个敏感的行业。外部环境的变化、内部要素的矛盾，都会导致新问题的产生，这就要求酒店公关工作要能及时适应这种变化，在原则和目标不变的前提下，运用灵活的工作方式解决问题。特别是应对各种突发事件，酒店必须具有更强的危机预测和应对能力。

4. 情感性

旅游消费是人类精神层次的消费，有比较明显的情感效应。现代企业已经进入了“情感化”的经营时代，“顾客至上”“员工至上”作为一种重要的激励机制或动力因素而被纳入了管理过程，“情感管理”成为企业重要的管理方式。因此，酒店公共关系特别强调以内部公众的“情感经营”为前提，拓展与外部公众及消费者的情感沟通，把营销的着眼点自始至终放在消费者的“感知”上，进行整体“形象营销”。

5. 全员性

酒店业是员工直接向消费者提供服务的行业。酒店中的大多数成员都是酒店对外交往的触角，处在与外部公众直接接触的第一线，其言谈举止、仪容仪表、外貌风度等都会影响公众对酒店的印象和评价。因此，在酒店内部，上至总经理，下至普通服务员，每一个员工的言行都直接关系到整个酒店服务的质量，都必须强化公共关系意识，提高公共关系沟通技能。

6. 长远性

酒店公共关系所追求的最终目标是塑造酒店的良好形象、营造酒店的和谐环境、促进酒店与社会公众的共同发展，这是酒店组织的一项长远战略，是酒店公共关系不断努力的方向。实现这一目标需要酒店各组织、各部门及相关人员克服种种障碍，同心协力，持之以恒。同时，酒店客源市场是一个潜在特征很强的市场，在进行公共关系活动时，必须考虑长远，适度超前。无论是形象宣传、公关促销，还是协调内外关系，都必须着眼于未来，在科学预测发展方向的基础上规划未来战略。

二、酒店公共关系的职能

酒店公共关系是一门“内求团结、外求发展”的经营管理艺术。为达到塑造酒店良好形象的目标而展开的具体活动和工作就是酒店公共关系的职能。从不同的角度来概括和阐述，酒店公共关系的职能一般包括四个方面：搜集信息、咨询建议、协调关系、塑造形象。

（一）搜集信息

信息是决策的前提，充分掌握信息是酒店成功决策的关键性因素。随着网络技术的突飞猛进，当今时代已是海量信息的时代，各种信息浩如烟海、相互交织。如何从纷繁复杂的信息堆中搜集对酒店有用的信息，并及时进行加工处理，以供利用，成为酒店公共关系所面对的首要问题，这也是酒店公共关系应担负起的最基本的职能。

1. 搜集信息的内容

从公共关系在酒店中承担的角色和工作性质来看，搜集信息主要包括酒店形象信息、酒店产品信息、酒店市场信息和社会环境信息。

（1）酒店形象信息。

酒店形象信息是相关公众对酒店在经营活动中的行为特征和精神面貌的总体评价。酒店形象信息主要包括以下四个方面的内容：

第一，公众对酒店的直观评价。公众在和酒店实质接触之前，首先了解的是酒店的地理位置、交通状况、软硬件设施等。这种感官印象会成为公众对酒店的档次、规格的评价依据，甚至会成为对产品、服务的推测依据。这种感受往往影响公众的第一印象。它能够帮助公众识别和记忆酒店的形象，犹如外包装，既可以让人“一见钟情”，也可以使人“望而生厌”。

第二，公众对酒店管理水平的评价。酒店的管理水平体现在酒店的经营机制、目标定位、决策水平、机构设置、人力管理、资源调配、经营作风、市场预测等方面。由于酒店的管理水平直接影响到产品的质量和竞争力，因此这类信息表明的是公众对酒店形象的基本态度。

第三，公众对酒店成员的评价。酒店内部，上到总经理，下至一线员工，他们的文化程度、工作能力、业务水平、人际关系、观念意识、工作作风等是酒店生存和发展的重要条件，也是决定酒店形象的重要因素。

第四，公众对酒店文化的评价。酒店文化是酒店员工共同的文化观念、价值准则、企业精神、道德规范、行为习惯和发展目标等，主要体现在每个成员的精神风貌和生活方式上。

（2）酒店产品信息。

酒店通过提供符合公众需求的产品来建立和公众的关系。产品形象与酒店的生存发展息息相关，产品信息是酒店调整经营方针和预测市场的依据。酒店产品信息一般包括相关公众对酒店产品的价格、性能、质量、用途和服务等主要指标的反映。

（3）酒店市场信息。

酒店必须根据市场的信息变化调整策略方针，才能跟上时代的发展，在竞争中立于不败之地。市场信息主要包括市场需求与供给信息、价格信息、竞争对手信息、新兴消费群体信息、消费公众心理与消费习惯信息等。

（4）社会环境信息。

酒店是依托社会环境而存在的，社会环境的变化或多或少都会影响到酒店的生存与发展。国内社会环境信息包括：国家的大政方针、立法信息、社会政治动态、经济金融信息、科技文化信息、新闻舆论热点、时尚文化潮流、民俗传统风情等。国际社会环境信息包括：世界总体政治经济形势、国际局部政治动态，特别是客源地的政策变化、经济状况、政治变动等情况。

2. 信息的来源

（1）酒店内部。

酒店的员工是直接与公众接触的人，他们的信息来自不同层次、不同环境的公众，是非常珍贵的第一手资料。加之酒店的员工又是内部成员，在一定程度上能够辨别信息的真实性，他们的建议是酒店改善管理、协调与公众关系的重要参考资料。

（2）酒店外部。

这具体包括以下方面：

第一，公众的反应。公众对酒店产品及形象的反应可以通过公众的选择、公众的使用情况以及公众的主动反馈（批评、抱怨、建议、赞扬）体现出来。

第二，媒体信息的分析。通过媒介信息的分析，不仅可以了解国家的大政方针，为酒店的工作指明方向，还可以直接获取有关酒店生存发展的重大信息，为决策提供依据。

第三，政府文件的传达。政府文件的某些行业政策，可以使酒店了解发展的机遇以及存在的挑战，以便制定相应的发展战略。

第四，酒店同行的交流。酒店行业社会活动比较频繁，这些活动为同行间的交流提供了更多的机会，属于一种高效的信息渠道。

第五，网络的普及。随着网络的普及，越来越多的酒店开始利用网络进行形象宣传、产品促销、招揽顾客、社会调查等，实现与公众的交流，获得相关信息。

3. 信息的搜集方式

公共关系信息搜集的方法有很多，可以利用观察法、访谈法、问卷法、普查法、抽样调查法、态度测量法、个案研究法、实验法等方法获得第一手资料，也可以通过报纸、电视、广播、书刊、文件、网络等渠道获得第二手相关信息。酒店公关人员主要采取的方法有：社会调查、借助传播媒介调查、直接听取公众意见、举办各种会议和活动、聘请专家预测等。通过运用这些方法为酒店提供信息资源。

（二）咨询建议

酒店公关部门利用专业知识、经验以及科学的研究方法，对所搜集到的信息进行分类、整理、研究、分析，提出供决策层选择的方案，直接帮助酒店作出科学的决策。从酒店公共关系整个的活动周期来看，咨询建议职能可以说是搜集信息职能的延伸，它更能凸显公共关系部门在酒店中的重要地位。因此，公关部门有时被称为“智囊机构”“顾问”“参谋”。

1. 咨询建议的主要内容

（1）关于酒店组织及产品形象的咨询建议。

对酒店组织形象与产品形象的咨询建议是酒店公关部门的核心工作，一旦组织及产品具有良好的知名度和美誉度，产品或服务就很容易被消费者认可和接受。酒店的无形资产就会大大增值。在实际的组织及产品形象的形成过程中，酒店对自身形象的评价往往和公众心目中对酒店形象的评价不相符。因此，酒店公共关系人员应通过与公众的广泛接触，从不同渠道了解公众对组织及其产品、服务的期望和要求，经过分析整理，将有关信息及建议提供给酒店决策层及有关部门，供其参考和进行相应的决策调整，以不断完善组织形象以及产品或服务形象。

（2）关于外部环境变动趋势的咨询建议。

酒店在发展中需要遵循的一条重要原则就是适应环境。对酒店而言，酒店赖以生存的环境变化了，其组织决策和计划也应该做相应的调整，这样才会使组织与环境达成动态平衡，得以和谐发展。作为酒店公共关系人员，要时刻关注环境变化动态，客观判断，准确预测，及时为酒店决策层及有关职能部门提供环境变化趋势的咨询。

（3）关于酒店方针政策和计划的咨询建议。

酒店的决策层与管理者在制订未来的方针、政策和计划时，往往对本企业或本部门的情况考虑较多，容易从自身利益的角度作出决策、实施计划，而忽视了公众利益和需求，其结果不仅有损公众利益，而且最终导致决策、计划本身实施的失败。因此，酒店的任何方针、政策和计划除了要考虑自身的发展外，还要符合公众的利益和需求。酒店公共关系人员要以事实为依据，从酒店的长远利益出发，对酒店的决策和计划进行科学评价、预测，并及时向决策层及有关职能部门提出建议和咨询。此外，当决策、计划方案实施后，酒店公共关系人员还可以利用自己的公众网络和内外信息渠道，对正在实施的方案进行观察、分析和追踪监测，评价其实施效果，并将各种信息反馈给决策者，以便及时修正、补充、完善方案，提升实施效果，或为新的决策提供信息服务。

（4）关于公众状态和需求的咨询建议。

为了让酒店的决策层及时了解和掌握公众的关系状态及变化，以便适时调整酒店的具体经营策略，公关人员需要定期或不定期地提供公众的变化动态，如内部员工的归属感、本酒店在社会上的口碑、公众对酒店产品的反应、新闻媒介对本酒店的社会舆论、同行对本酒店的评价等。公关人员还必须准确地理解公众的需求，掌握公众心理的变化，及时向决策层提供公众需求信息，并根据分析预测提供咨询建议，以便酒店有针对性地改进产品、改善服务，提高顾客的满意度和忠诚度。

2. 咨询建议的方法

（1）编制酒店内外环境信息资料。

这主要指对各类信息分门别类，汇集成册，形成酒店动态专刊。

（2）信息反馈会。

在掌握大量有重要价值信息的基础上适时举行信息反馈会，向决策层和中层管理人员汇报，帮助决策层作出科学判断。

（3）论证会与论辩会。

在重大经营决策产生时，请有关专家就其决策方案进行可行性论证，还可组织相关部门员工参加评议，集思广益，多方论证，保证决策的科学性。

（三）协调关系

酒店通过主动地开展工作使组织与公众之间的关系和谐化，求得团结合作和共同发展。酒店公共关系需要协调的，除组织内部公众之间的关系外，还有组织与外部公众之间的关系。

1. 协调内部关系，增强组织凝聚力

酒店组织的工作效率很大程度上取决于酒店组织内部员工之间以及各职能部门之间能否团结协作。在酒店组织内部开展公关活动，总体目标是要在酒店组织内部形成团结合作的模式和宽松舒适的工作环境。

（1）协调酒店内部员工之间的关系。

酒店内部管理者之间、被管理者之间、管理者和被管理者之间的关系，都属于员工之间的关系。一方面，公关人员要做到下情上传，即及时向领导反映员工的意见、建议和要求，使领导了解员工对组织的态度，查找失误原因，制定改进措施；另一方面，公关人员要做到上情下达，即要积极向员工宣传酒店的政策，使员工理解并支持酒店的举措，从而加强彼此间的联系和信任，使员工能够自觉配合管理者搞好酒店各方面的工作。

（2）协调好各职能部门之间的关系。

酒店作为一个有机整体，只有相互联系的各要素之间相互配合，才能实现效益的最大化。酒店各职能部门之间要保持信息的畅通，尽量避免矛盾，缓和冲突，增进各部门之间的团结与合作，才能提高凝聚力和竞争力。

2. 协调外部关系，建立和谐的社会环境

在社会信息化、经济全球一体化的发展趋势面前，酒店对外部环境的依赖越来越强。这种相互依存、相互依赖的关系，更要求酒店把外部公共关系的协调作为重点。公关人员应通过各种交际手段和沟通方式，协调酒店与外部公众之间的关系，消除误会、化解矛盾、巩固已有的合作关系、创造和谐的外部环境，为酒店赢得更好的生存发展空间。

（1）畅通信息沟通渠道。

畅通信息沟通渠道是协调好内外公众关系的基础。酒店可以通过传播媒介、专题活动或其他沟通手段，了解公众的诉求和意见，在决策和活动中顾及他们的利益；同时，及时将酒店的经营状况、面临的困境、能提供的服务、对公众的期望等各种信息告知公众，促进公众和酒店的相互了解，改变公众的消极态度，赢得合作的机会。

（2）加强社会交往。

对外关系的协调和维系，除了建立畅通的传播沟通渠道外，还须依靠各种直接的社交活动，为酒店广结人缘，建立广泛的社交关系。这种社会交往是酒店生存发展的需要，也是酒店获得社交信息、联络感情、增进了解、开拓业务的重要社会活动。社会交往的具体形式很多，如公众联谊会、交际酒会、节日庆典、周年庆典、郊游野餐、沙龙活动、参观游览等。这些具体的交往方式只要运用恰当，都有助于增进酒店与公众之间的感情，赢得公众的善意合作。

（四）塑造形象

塑造良好的酒店形象是酒店公共关系的最终目标。随着市场经济的发展，酒店业的竞争已经从价格、促销的竞争转变为软性的竞争。这种软性的竞争是酒店整体形象的竞争，是品牌的竞争。良好的组织形象已经成为酒店获得持久竞争力的源泉，世界知名的连锁酒店“喜来登”“假日”“希尔顿”等在世界范围内成功扩张，究其原因都是其在公众心目中产生了强烈的品牌形象辐射。另外，塑造良好的组织形象能使酒店吸引更多的公众，使公众对酒店的产品和服务产生信赖、认可和支持；能够增强内部员工的归属感和荣誉感，为保留和吸引人才创造优越条件；能帮助酒店吸引更多更好的投资合作者及经营协作伙伴，使酒店更具发展的潜力和机遇。因此，酒店公共关系应以塑造形象作为自身最为重要的职能。

知名度和美誉度通常是衡量酒店形象的两个主要指标。为了使酒店形象得到社会公众的认可，就必须扩大酒店的知名度，提高酒店的美誉度。

1. 扩大知名度

知名度是指社会公众对一个组织的机构、产品或服务的知晓和了解程度，是评价其名气大小的客观尺度。它侧重于“量”的评价，即知道的人越多，知名度就越高。如果一家酒店的知名度太低，公众不了解它或了解得很少，那么该酒店要开展包括业务活动在内的各种活动是十分困难的，酒店的生存和发展也会受到影响。因此，知名度是酒店开展各项活动的前提。根据酒店的发展目标和特定公众，制订出完整的计划，实施有效的活动扩大组织的影响、提高酒店的知名度，这是酒店公关人员的一项重要工作。

扩大酒店的知名度，从内容上看，可以从以下方面入手：扩大产品的知名度和扩大酒店的知名度；从方式上看，通过媒体宣传、广告宣传等方式都可以给公众留下深刻印象。

对酒店来说，只有高知名度显然还不能满足其发展的要求，因为知名度是个中性的概念，好与坏都可能引发知名度。有的组织知名度高，但是公众评价比较差。因此，一个组织不仅要让公众知晓，还要让公众称道，这才是完美的形象。

2. 提高美誉度

美誉度指一个组织获得公众欢迎、接纳、信任的程度，是评价组织声誉好坏的社会指标，侧重于“质”的评价。提高酒店的美誉度，首先要做的就是向公众提供优质的产品和满意的服务，这是酒店最直接、最基本的美誉度，也是提高酒店形象最有效的方式；其次是以举办和参与各种社会性、文化性、公益性活动为主要手段，塑造企业文化，提高酒店整体的社会美誉度。此外，提高组织美誉度不可忽视的一点是，必须及时纠正错误印象，消除“形象危机”。任何组织的活动难免出现差错和失误，有时会危及公众利益、损害组织形象，公共关系人员此时应挺身而出，及时采取一切可能的措施来挽救组织形象，尽量减少造成的损失。

公关案例

细节成就传奇

酒店只有同时把扩大知名度与提高美誉度作为自身追求的目标，才能塑造良好的形象，两者缺一不可。高知名度和高美誉度是理想的良好形象的标志，它是酒店生存和发展的出发点和归宿。

三、酒店公共关系的原则

酒店公共关系是现代社会旅游经济活动迅速发展的必然产物，是市场竞争的客观要求，也是市场营销活动中的一个必要环节。竞争的有序化需要共同遵守必要的规则，酒店公共关系活动同样也需要一些必须共同遵循的基本原则。酒店公共关系的基本原则，是酒店开展公共关系活动时所应遵循的行为准则和工作规范。

（一）以塑造形象为宗旨

酒店行业十分注重自身形象的塑造，酒店不仅对代表“硬件”的外观形象颇为讲究，对代表“软件”的服务形象更为苛刻，绝不允许有损企业形象的事件发生。酒店从塑造形象到维护形象、完善形象，家家都有自己的“绝招”，其中原因主要有三点：一是市场竞争激烈，企业开拓市场必须靠形象、营销、产品有机结合才能取胜；二是因为酒店业是窗口行业，自身形象的优劣直接影响客人对行业和企业的看法和评价；三是由于酒店业是劳动密集型服务行业，服务过程无中介，员工的个体形象就代表着企业的整体形象，因此酒店十分重视对员工素质的培养，绝大多数酒店都设有专门的培训部，将培训员工作为企业的重要工作。

> **公关案例**
>
> 金陵饭店：以“心灵导师”锻造诚信教育之魂

（二）以改善环境和促进销售为目的

酒店历来重视协调好方方面面的关系，力求建立一种“天时、地利、人和”的生存环境。因此公关部要与媒介经常联络，随时提供酒店信息；要与政府加强往来，汇报工作，以获取信息和政策支持；要与社区保持良好关系并承担社会责任；要在内部激励员工，挖掘劳动潜能，与股东保持良好合作，为企业争取滚滚财源。酒店改善环境的手段丰富多彩，如对外经常举办联谊会、恳谈会、记者招待会、工作午餐会等；对内经常开展员工生日晚会、员工节日聚餐、优秀员工旅游等，以此联络感情、增进友谊，争取各方面的支持与合作。

酒店公共关系的另一个典型特征是重视公共关系促销功能的应用。许多酒店都将公共关系部改为公关销售部，将公共关系的功能与对外营销、开拓市场、争取客源的销售功能合二为一。酒店公关部为了配合企业目标的完成，可以经常开展公关专题活动。在酒店业，公关营销理念早已生根发芽，常常是公关鸣锣开道，营销粉墨登场；公关搭台，营销唱戏，构成了一道亮丽的风景线。酒店公关营销的工作内容包括立足优质产品、塑造品牌文化、美化企业声誉、开展造势传播、进行全员销售等方面。酒店采取的公关营销方法有捕捉市场需求、选择目标公众、掌握顾客心理、了解竞争对手、进行信息传递等。

> **公关案例**
>
> 全民皆兵的全员营销

（三）以建立关系为基础

酒店要十分重视对公众的情感投资，特别重视、尊重公众的需求，积极改进酒店与社会公众的相互关系，激发公众自觉自愿地参与酒店的活动。酒店应有意识地去影响公众。例如，对内部公众设置民主意见建议箱，对外部公众实行“收购点子”“收购智慧”制度，开展征求组织标志、产品名称、广告词的活动，开展有奖参与活动等。在客观效用上，这种活动既有利于酒店集思广益，又能产生较大的公共关系效应。因此，公关部要精心编织关系网，在政界、传播界、教育界、商业界广交朋友，使企业左右逢源、畅通无阻。对政界不断传播企业信息，加深政府对企业的了解，扩大对企业的资金投入与信息传递；对各种媒体的特征、宣传层面、媒体效能等了解得一清二楚，保持与媒体的联系，利用各种机会联络感情，不失时机地传播企业形象，争取舆论支持；注意与社区公民保持良好往来，平等待人，承担社会责任，为企业争得良好的口碑；与旅游教育界关系密切，通过旅游教育界获取人力资源和师资；与同行和商界更要来往频繁，经常举办工作午餐会、周末沙龙等活动，创造获取信息和争取合作的机会。

（四）以重视传播为特色

争取媒介的支持，看重舆论的力量是酒店公共关系的重要举措。酒店公共关系运用大众传播媒介来扩大影响，提高声誉。它不仅注重为组织制造舆论，还十分注重组织内部媒介的传播，以此提高酒店公共关系传播的整体效应。例如，一些星级酒店尤其是一些高星级酒店，不仅有自己的宣传册，还有自己的内部报刊、网站、App、公众号，对自己的方针、策略、服务适时地进行宣传，既激发员工的积极性，又以其鲜明的特征吸引公众。除此之外，酒店还十分重视运用物品的信息传播功能，通过物品传达酒店的经营理念、经营特色，加深公众印象。另外，酒店公共关系十分重视传播过程中公众的互动反应，讲究传播的心理策略，对设施、娱乐、餐饮、购物、居住环境等，在色彩的搭配、物品的摆放、房间的布置以及设施的艺术处理等方面从不马虎，力求做到清新、典雅、和谐。

（五）以全员公关为保证

酒店是由不同个体、不同部门共同组成的有机整体。公共关系工作是由内部的公关部及其人员承担的，但公共关系的成功开展却需要组织内部不同岗位的人员的配合，需要渗透到组织的每一项活动之中。酒店业经济性、服务性、窗口性、劳动密集型的特征，使得其对员工素质要求较高，必须进行全员公共关系教育与全员公共关系培养，从而使每位员工在本职岗位上能够自觉维护企业形象，通过每位员工的言行体现企业形象，也利用每位员工的对外服务宣传企业形象。

（六）以创新审美为突破

酒店公共关系活动是一个塑造组织形象的活动过程。不断推陈出新的组织形象会使组织获得更多公众的关注，在激烈竞争的市场中立于不败之地。因此，塑造组织形象必须要有创新、有突破，注重对公共关系活动形式进行艺术化处理与加工，使其符合公众的审美心理，这样才能被人们所欣赏、所接受。为了提高公共关系活动的文化品位，力求利用文化艺术活动赋予公共关系活动一种美的色彩，提高公共关系活动的艺术效果。

要及时引入高科技设备，充分发挥人类科技成果在公共关系工作中的作用；无论是形象设计还是色彩应用、视频效果等，都与作品主题构成一个有机和谐的艺术整体，给公众一种美的享受，满足公众的心理需求。

项目小结

公共关系是一定社会经济条件下的产物。公共关系从起源到形成经历了巴纳姆时期、“揭丑运动”时期、艾维·李时期、伯纳斯时期和现代时期。公共关系活动主要由社会组织、公众和传播沟通三个基本要素构成。其中，社会组织是公共关系的主体，公众是公共关系的客体，传播沟通是公共关系的媒介。社会组织和公众是公共关系相互作用的双方，传播沟通是二者联系的纽带和桥梁。

酒店公共关系虽起步较晚，但发展很快。在社会主义市场经济条件下，酒店业的竞争不仅是产品的竞争，更是品牌的竞争、企业形象的竞争，公共关系在树立酒店形象方面发挥着极为重要的作用。酒店公共关系具有搜集信息、咨询建议、协调关系、塑造形象等职能。要形成有特色的酒店公共关系，就要坚持以塑造形象为宗旨，以改善环境、促进销售为目的，以建立关系为基础，以重视传播为特色，以创新审美为突破的原则，不断强化全员公关意识并加强全员公关管理。

思考与探究

1. 有人说：“广告比公关更加有效。”对此你怎么看？
2. 为什么说“公共关系工作的根本目的是塑造组织良好形象”？
3. 运用公共关系理论分析评价“好酒不怕巷子深”和“王婆卖瓜，自卖自夸”这两句话是否正确。
4. “水能载舟，亦能覆舟。”在公共关系中，为什么要非常重视公众？
5. 为什么塑造组织的良好形象要依靠全员公关？如何理解全员公关？
6. 到一家设有公关营销部的酒店进行公共关系方面的考察，分析其公共关系的构成要素。
7. 调研本地的一家酒店，了解其开展公关活动的情况。

案例分析

案例分析

故宫文创公关

讨论分析：

1. 故宫博物院公共关系的主体、对象、手段和目标分别是什么？
2. 如何正确认识公共关系？酒店做公关有何意义？
3. 公共关系有什么职能？本案例对酒店公共关系有何启发？

技能实训

实训目的：加深学生对公共关系的认识。

实训安排：

1. 学生收集并讲解一些公共关系的故事或案例。
2. 分析其中公共关系要素所起的作用，讨论公共关系意识的重要性。
3. 将讨论结果做成 PPT，分小组演示分享。
4. 小组之间互相点评、教师点评，并计入平时成绩。

项目二

酒店公共关系的行为主体

任务一 酒店组织

任务二 酒店公共关系机构

任务三 酒店公共关系人员

导 语

公共关系的主体，一般是指在公关活动中居主动地位、起主导作用的社会组织。在公共关系行为过程中，组织决定着公共关系状态，主宰着公共关系行为，是公共关系的主体。酒店是经济组织，也是服务组织。酒店公共关系活动的开展都是围绕着酒店来进行的。从公共关系工作的具体执行来看，公共关系部门和公共关系人员是直接的执行者，从这个意义上来讲，公共关系的主体还包括公共关系机构和公共关系人员。酒店要树立良好的企业形象，有效开展公关活动，必须科学设置公共关系机构，配备高素质和高技能的公共关系人员，使公共关系工作经常化和职业化。

学习目标

- 掌握酒店组织的特征，了解酒店组织的公共关系目标
- 了解酒店组织形象的内容，能根据实例评价酒店组织的形象
- 了解公关部在酒店组织中的地位和作用，能根据实际情况选择合适的公关部形式
- 了解公共关系公司和公共关系社团
- 掌握酒店公共关系人员的素质要求，能通过案例分析明确公共关系人员的素质和能力

关键术语

公共关系主体　服务性公共关系　公共关系部　公关公司　公关社团　公共关系人员

社会组织为了适应环境的不断变化产生了公共关系行为，现代组织的公共关系行为职能化、专业化的结果便形成了公共关系的专职机构和专职人员。公共关系的组织机构是专门执行公关任务、实现公关功能的行为主体，是公共关系工作的专职机构。酒店公共关系主体主要指酒店组织、酒店内部专门执行公共关系职能的公共关系部、酒店外部的公共关系公司和公共关系社团及相关人员。

任务一　酒店组织

一、酒店组织的地位与特征

（一）酒店的地位和作用

酒店是按照一定的目标系统、组织机构和职责权限有计划地组建起来的社会组织，它是以从事经济活动的方式，通过为顾客提供优质服务而获取经济效益的营利性组织。

酒店是旅游业的支柱产业之一，同时也是酒店公共关系的主体。现代酒店企业是一种不断现代化、复杂化、标准化的商业性、服务性接待企业。它的地位和作用主要表现在以下方面。

1. 酒店是发展旅游业的基础设施

酒店是旅游业发展的物质基础，是向旅游者提供食宿、购物、休息、娱乐和其他服务的场所。对旅游业来说，没有酒店是不可想象的。旅游者到异地游览、观光，首先必须要有食宿之地，然后才谈得上开展旅游活动。

2. 酒店是旅游业盈利的重要基础

旅游者下榻酒店，就要支付各种费用，如住宿费、餐饮费、娱乐费、服务费等。

3. 酒店是旅游业发展水平的重要衡量尺度

在旅游业中，酒店是一个国家或地区旅游接待能力的重要标志之一，因而许多国家或地区在考虑旅游业的发展规划时，都把酒店建设放在重要的位置。酒店的数量和服务质量，往往是衡量一个国家或地区旅游业发展水准的重要尺度。

（二）酒店组织的基本特征

1. 经济性

酒店是企业，也是经济组织。它不同于政府组织、社团组织、学术组织等非经济性组织，酒店只有获取了利润，才可能维护其自身的运转，进而扩大经营范围，发展再生产。因此，经济性是酒店区别于其他非营利性机构的主要特征。

2. 竞争性

市场经济的主要特征是竞争，优胜劣汰是竞争发展的普遍规律。酒店作为经济性的营利组织，竞争的成败与其生存发展密切相关，任何一家酒店都具有竞争的动力和压力。酒店业体量十分庞大，整个行业的竞争日趋激烈。特别是在我国加入世贸组织后，国外的酒店管理集团纷纷抢滩中国市场，一方面推动了行业的发展，另一方面加剧了市场的竞争。

3. 自主性

随着改革开放的深入、社会经济的发展，酒店已逐步走向市场，成为相对独立的经济实体，企业自主权得到充分的体现和落实。酒店企业是自主经营、自负盈亏的商品生产者和经营者，具有独立的法人地位，拥有人、财、物、产、供、销等生产经营的自主权，也对酒店经济活动负完全的法律责任和经济责任。

4. 服务性

酒店与其他企业的显著区别是它的服务性。酒店是以提供服务设施、出售服务劳动而盈利的企业。虽说酒店也生产实物形态的产品，如烹调出来的食品，但这些产品都是要通过服务来进行销售的。因此，酒店是通过出售客房、餐饮产品及综合性的服务设施，以及员工们的服务态度、服务技能和技巧，在公众中形成独特的服务感受，塑造优良的服务形象，从而获得经济效益和社会效益的企业。

（三）酒店公共关系工作的特点

酒店公共关系的根本目的是通过开展公关活动使酒店与公众之间实现良好的沟通，

传播酒店的知名度和美誉度，从而为酒店营造良好的生存和发展环境。

酒店公共关系工作的特点是：依靠沟通信息、协调关系、提供服务等公关手段，塑造企业良好形象，以优质产品和良好服务来赢得客源市场，求得自身的生存和发展。酒店的公共关系活动主要是通过具体的服务来体现的，所以又称“服务型公共关系”。

二、酒店组织公共关系的目标和工作任务

（一）酒店组织公共关系的目标

任何一个企业都有自身的目标。酒店组织就是一个追求一定目标的社会技术系统。酒店的计划目标包含两个方面的内容：一部分称为“硬指标”，即由客房出租率、营业收入、人均消费额、市场占有率、成本率等组成的量化指标体系；另一部分称为“软指标”，即由酒店的服务质量、管理水平及社会知名度等组成的定性指标体系。

酒店的公共关系目标，即组织目标中的“软指标”，是通过积极、主动的公共关系工作，协调酒店组织的对内、对外关系，在公众中树立企业良好的社会形象，增加知名度，提高美誉度，增强竞争力，促成酒店总体目标的实现。

理顺酒店组织目标和公共关系目标的关系，应明确以下方面：

（1）酒店组织的总体目标决定着酒店组织的公共关系目标。总体目标中的“软指标”是公共关系的工作方向，并构成公共关系工作目标。

（2）酒店的公共关系目标从属于酒店的总体目标，是为酒店的总体目标服务的。游离于酒店总体目标之外的公共关系目标，既不符合酒店公共关系工作的原则，也没有实际的意义。

知识拓展

组织公共关系的16种目标

（3）酒店组织的公共关系目标要有自身的特点。实施公共关系目标的措施和方法要有可操作性，公共关系活动也应具有连续性、科学性和感召力。

（二）酒店组织公共关系的工作任务

1. 双向沟通信息

信息的双向沟通包括收集整理外部信息和向外传播酒店信息两部分内容。首先，调查研究，收集信息。只有了解到酒店环境信息，并预测其变化趋势，才能合理确定和调整酒店目标，有针对性地开展公关工作。其次，向外传播酒店信息。通过各种传播媒介和沟通活动，将酒店的信息及时、准确、有效地传播出去，可以争取公众对酒店的了解，提高酒店的知名度和美誉度。

2. 参与决策管理

酒店公共关系职能部门应协助酒店决策层建立科学、务实的管理体系，制定切合酒店实际的战略方针，选择最佳的行动方案，以期顺利实现酒店的目标。公共关系职能部门虽不是直接决策者，却是协助决策者科学决策的重要参谋。

3. 协调内外关系

酒店公共关系的工作对象是公众，公众可以分为内部公众和外部公众。公共关系

的目的在于“内求团结、外谋发展”，因此，协调好酒店与公众之间的关系，争取公众对酒店的理解与支持，使酒店与公众之间的关系处于一种和谐的状态，为酒店创造一个“天时、地利、人和”的环境，就显得尤为重要。

4. 培训教育员工

酒店形象和声誉的好坏直接关系到酒店的成败。良好形象的建立从根本上说要靠全体员工的共同努力，靠全体员工一点一滴良好的行为积累。酒店形象必须依靠全体员工良好的素质来保证，这就要求公共关系职能部门对员工进行经常性的培训，培养全员的公关意识，使每一位员工时时处处以自己良好的素质维护酒店的良好形象。

5. 扩大社会交往

通过社会交往，可以为酒店广结人缘，建立广泛的横向联系，以弥补大众传播的不足，获得大量来自公众对酒店评价的反馈信息。

任务二 酒店公共关系机构

一、公共关系部

（一）公共关系部的含义

公共关系部（Public Relations Department）这一名称在国际上被普遍采用，简称公关部。在酒店中，为了完成公关工作的具体任务，就需要有一个专门的部门来行使公关职能，没有这样一个专门的机构来筹划和组织，酒店公共关系工作就难以开展。公共关系部是指在酒店内部设立的以专门从事公共关系工作为职能的机构。它是酒店公共关系活动的具体策划者和组织者。在我国也有多种称谓，如公关策划部、传播企划部、市场推广部、公关宣传部、公关联络部、公关营销部、客户关系部等。

（二）公共关系部的地位和作用

公共关系部在酒店中的地位主要表现在六个方面，即信息采集中心、对外宣传中心、公众协调中心、环境监测中心、趋势预测中心和公关培训中心。

公共关系部将采集的信息分门别类储存起来，建立内容丰富的信息系统，通过筛选整理，将信息提供给酒店的决策层，并根据对信息的分析提出整改建议。公共关系部在信息的整理分析过程中注意总结某些要素的变化规律，预测某种趋势发生的可能性，为酒店赢得宝贵的发展机遇；根据酒店制定的目标制订宣传计划，运用各种传播手段与公众进行沟通；认真对待公众的反馈，及时协助决策层解决出现的问题；在公共关系活动的所有环节，都要密切关注社会环境的变化，随时向酒店决策层提供具有参考价值的信息。此外，公关意识的培训应贯穿公共关系活动的整个过程。

公共关系部的作用表现在以下方面：

（1）“采集”作用。利用自身丰富的关系资源，广泛地采集信息，为了解现状、预测发展趋势、制定整改方案提供信息基础。

（2）“表达”作用。采用各种表达方式，向公众宣传酒店的政策，解释酒店的行为，获取公众的理解、信任、支持和合作。

（3）“平台”作用。酒店与内外部公众良好关系的获得，都是通过公共关系部这个平台的协调沟通实现的，其目标是“内求团结，外求发展”。

（4）“顾问”作用。公共关系部虽然不是一线的营运部门，也不是决策部门，但它是酒店的参谋部、智囊团。管理人员制定重要决策时，要参考公共关系部提供的解决方案。

（三）公共关系部的设置模式

酒店中的公共关系部一般有以下几种常见设置模式。

1. 高层领导直属型

在这种设置模式下，公共关系部直接隶属于酒店的最高层领导（总经理），或者由副总经理兼任公共关系部经理。这是一种直接向最高决策层和管理层负责的模式。公共关系部具有较大的权限，可以直接与最高管理层沟通，并代表最高管理层与其他部门沟通，直接介入决策，具有相当的独立性和自主权，显示了酒店对公关工作的重视，有利于公关部更好地从宏观角度开展工作。

2. 部门隶属型

部门隶属型即公关机构附属于酒店的某一职能部门，处于酒店组织机构的第三层次。如将公关工作归并到销售部、广告宣传部或前厅部等。这种机构设置往往强调了公关工作某方面的职能，而忽略了其他职能的发挥。如在销售部下设公关机构，偏重于公关的促销功能；在广告宣传部下设公关机构，只注重了公关的宣传功能；公关机构设在前厅部，又仅仅发挥了公关的礼宾接待功能。这些设置都有较大的缺陷，无法真正发挥酒店公共关系的作用。

3. 部门并列型

这是将公共关系部放在与其他职能部门同级位置上的一种设置类型，其特点是公共关系部能与其他部门保持密切联系，并互相支持。这种类型的公关机构在酒店中的地位比较高、权力比较大，反映了公关业务在酒店中的独立性和重要性。一般来说，只有较大型的酒店或酒店集团才需要或可能这样来设置公关机构。

4. 部门兼职型

部门兼职型是把公共关系部与营销部合为一体，定名为公关营销部。目前，国内酒店广泛采用这一组织形式。这样设置的优越性在于：一方面，从酒店销售的任务来看，离不开协调酒店内外关系的公关工作，因此，销售中的公共关系十分重要；另一方面，搞好酒店的公共关系，就需要把酒店的经营思想、经营目标及酒店的优质服务和酒店产品向公众和潜在的公众传播，树立良好的形象和信誉，吸引更多的顾客。在现有条件下，酒店将公共关系和销售合二为一有一定的合理之处，但是公共关系并不只是为了销售，更高层次的公共关系工作内容，必定是要从销售工作中独立出来的。

（四）公共关系部的工作内容

公关案例

先搞清楚这些问题

课堂讨论

分组讨论下列问题并分享：

1. 公共关系部经理为什么会觉得“无事可做”？
2. 公共关系顾问提出的问题怎样才能“搞清”？
3. 酒店公共关系部门的岗位职责和工作内容是什么？

酒店公共关系部的工作主要分为三个层次，最低层次的是专门活动的组织，第二层次的是对酒店的 CIS、CS 工作，最高层次的是酒店长期公共关系的维护。围绕这三个公关层次，酒店公关部的工作内容极为丰富。一般而言，酒店公共关系部的工作内容包括常规工作、定期活动和专题活动三个方面。

1. 常规工作

公共关系部的常规工作，是指公共关系部为了实现酒店的总目标和公关目标，在日常组织运行中所从事的一般性工作。大型公关活动的成功，离不开公共关系部常规性工作的充分准备。

酒店公共关系部常规工作的主要内容如下：

（1）参加行业内、酒店内部各种管理会议，了解酒店业各领域发展现状和发展趋势。

（2）观察酒店内部员工的情绪状态，及时发现问题。

（3）每日从各种信息渠道监测酒店内外环境的各种动态，广泛采集、采编信息并向新闻媒体发送各类与酒店相关的新闻稿、图片和相关信息。

（4）协助音像制作人员制作音像制品，并保存音像资料。

（5）同新闻媒体、上级主管部门、相关行政管理机构、有业务往来的公关顾问公司、广告公司以及特殊公众保持密切联系。

（6）选拔、培训、考核公共关系专门人员。

（7）筹划、设计、监制酒店的各种宣传品和纪念品。

（8）代表酒店接待各种来访，接受公众的投诉。

2. 定期活动

公共关系部的定期活动，是指在一个长期的计划中，需要公共关系部按照惯有的工作程序和规律反复开展的相关活动。

酒店公共关系部定期活动的主要内容如下：

（1）制订、检查和调整酒店公共关系调查计划。

（2）了解市场营销和市场竞争状况；协助制订促销计划，开展促销宣传活动。

（3）寻找宣传题材，研究宣传计划，与新闻媒体联系实施宣传。

（4）保存和更新酒店高层管理人员的基本资料。

（5）编辑、出版分别以同行、酒店消费者、内部公众为读者对象的出版物。

（6）编写酒店年度报告。

（7）组织安排内部员工的集体娱乐活动，促进酒店内部沟通。

（8）利用重大节日组织专题活动，与外部公众联络感情。

（9）定期反馈，作出阶段性分析评估。

3. 专题活动

酒店公共关系部的专题活动指公共关系部针对一些特殊性事件，为增强宣传效果，集中人力、物力、财力而进行的专门性公关活动。

酒店公共关系部专题活动的主要内容如下：

（1）组织、布置和指挥酒店的开业仪式和庆典仪式。

（2）策划、组织和委托公共关系展览，委托制作有关酒店情况的各种音像、宣传品，负责编制节目和播放。

（3）设计、委托制作酒店的标志、吉祥物等视觉形象物。

（4）策划和监制酒店公共关系广告，举办纪念性的专门活动。

（5）协助其他企业和社会组织在本酒店内举办社会性活动。

（6）代表酒店参加社会赞助活动；策划和安排“新闻制造”活动，办好记者招待会。

（7）处理突发事件和危机事件。

（8）对专门性的公共关系活动效果进行评估。

（五）公共关系部的优势和缺点

1. 公共关系部的优势

（1）了解内情。酒店内设的公关部对本企业的业务和人事比较熟悉，开展工作能够有的放矢、切合实际。

（2）便于协调。公关部或直接受管理层的指导，或直接与酒店内部各部门沟通，便于调整和协调工作。

（3）效率较高。公关部的工作具有持续性，保证了公共关系工作持续稳定地进行。

（4）成本较低。内设的公关部便于控制预算和成本投入。

2. 公共关系部的缺点

公关部的工作容易受到酒店内部因素的制约，难以完全做到客观公正。公关部的工作一般仅局限于所属的行业，与外界的交往受到一定程度的限制，给公共关系工作的开展带来一定的局限性。公关部的人员有可能是从别的岗位上调过来的非专业人员，由于缺乏专业训练，会直接影响酒店公共关系工作的水平。

二、公共关系公司

（一）公共关系公司的含义

公共关系公司又称公共关系咨询公司、公共关系顾问公司，是由专业的公共关系人员组成的、专门从事公共关系咨询或接受客户委托为其开展公共关系服务，并收取费用的营利性组织。公共关系公司的基本职能是对客户的一切影响公众利益的活动予以指导、建议和监督，帮助客户与社会公众之间的双向信息交流沟通，为客户建立美好的声誉和形象。公关公司是独立于组织之外的公关机构，其产生条件、工作内容与公关部是一致的，实际上是公关部工作的社会化和专业化。

在关系复杂、竞争激烈的现代社会中，各种组织都需要开展公关活动。一些大的组织有能力建立自己比较完整的公关部门，但一些较小的组织却无力建立职能齐全的公关部门。它们可以聘请专业的公关公司，这对小型组织来说可以精简编制、节约开支。即使是内部设有公关部的组织，也往往需要在某个专门问题上求助于同行的专家，这就为公关公司的存在提供了社会条件。

知识拓展

知名公共关系公司

（二）公共关系公司的特点

1. 拥有大量信息

公共关系公司有专门收集信息的人员，有专门从事调查研究和信息分析的专家，拥有不同领域的大量信息，这是公共关系公司开展业务的一个基本条件。

2. 满足不同需要

公共关系公司无论是在人力和物力方面还是在技术知识和经验方面，都占有明显的优势，公共关系公司提供的业务能满足不同层次、不同类型的公众提出的公共关系方面的各种需求。

3. 科学预测变化

因为公共关系公司有庞大的信息库，有专业的公共关系队伍，并与很多社会组织有密切联系，在知识和技术上可以互通有无、互相支持，可以对客户关注的领域或方向提供比较科学的预测。

4. 具有专业水平

公共关系公司拥有一批具有高超专业技能的公共关系专家，他们有丰富的理论和实践经验，可以提供专业水平的服务，并且可以策划、实施高层次、大规模的公共关系活动。

5. 分析客观中立

公共关系公司与一般的社会组织没有利害关系，不受社会组织的各种内外因素的干扰，可以客观地为客户进行分析，向客户提供服务。

6. 业务范围广泛

为了方便和别的城市和国家的公共关系公司进行业务交流，公共关系公司往往会在许多地方设立分支机构，信息传播快、覆盖面广。

（三）公共关系公司的工作内容

公共关系公司的业务范围很广，能参与许多方面的公共关系事务并提出建议，提供服务。

1. 咨询诊断

咨询诊断即总体的公关项目咨询，为客户企业或产品形象调查做公关诊断、设计公关规划、提供专业化的公关顾问，为客户形象设计和决策做参谋。

2. 联系沟通

公共关系公司协助客户与有关公众联络沟通，建立和维持良好的政府关系、社区关系等外部关系。

3. 收集信息

公共关系公司为客户收集有关市场信息、民意测验资料及政治、经济等社会情报。

4. 新闻代理

公共关系公司为客户策划新闻传播，如撰写新闻稿件、组织新闻发布会等。

5. 广告代理

公共关系公司为客户设计、制作公关广告、企业广告及广告投资计划、效果检测分析等。

6. 推介产品

公共关系公司协助客户为推销产品营造有利的市场关系。

7. 会议服务

公共关系公司为客户策划、组织大型会议，如信息研讨会、经验交流会、公众对话会等。

8. 策划活动

公共关系公司为客户策划、组织各种专题公关活动，如周年庆典、挂牌仪式等。

9. 礼宾服务

公共关系公司为客户安排、组织重要的外交活动，如贵宾到访、大型宴会等。

10. 印刷制作

公共关系公司为客户设计、编制、印刷各种文字宣传资料和纪念品，如宣传画册及企业标志、徽记等。

11. 音像制作

公共关系公司为客户制作影片、音频等视听材料。

12. 培训服务

公共关系公司举办公共关系和传播人员的技术培训班，培训公关人员和特定的传播人员。

三、公共关系社团

（一）公共关系社团的含义

公共关系社团是从事公共关系理论和实务研究、学术探讨、咨询服务、教育培训、国际交往等活动的非营利性的群众组织。它对推动会员积极参加公共关系活动，促进公共关系事业的发展起到积极的作用。

公共关系社团主要有综合型社团组织、学术型社团组织、行业型社团组织和联谊型社团组织等几种类型。

（二）公共关系社团的工作内容

1. 联络会员

公关社团有自己的会员，社团应该经常与会员保持密切联系，并与其他公关社团保持纵向和横向的沟通和交往，形成联系网络。

2. 制定规范

制定、宣传公共关系从业规范和职业道德准则并检查执行情况，这是公关社团的一项基础性工作，也是衡量公关社团正规化的重要标准。

3. 专业培训

公关社团将专业培训作为一项经常性的工作。公关社团本身就是一所培训学校。

4. 普及知识

公关社团有义务向公众宣传和介绍公共关系的基本知识，向社会提供公关咨询服务，并且为会员提供公关技巧和管理方面深造的机会。

5. 编辑出版

编辑出版公共关系方面的书籍、报刊，这是宣传公共关系的重要手段。

四、公关公司和公关社团与酒店公关部的关系

公关公司、公关社团与酒店公关部之间存在着紧密关系，就工作性质而言，它们都是以开展公关活动为主，但就工作范围、要求、特点而言，则各不相同。公关公司、公关社团是企业公共关系发展到一定阶段的必然产物，是企业公关职能社会化、专业化的具体表现。公关公司、公关社团就其业务构成而言，较之企业公关机构有明显的不同。

公关公司是为客户提供公关服务的专业性公司，其经营目的带有营利性。公关公司为客户提供服务具有如下优势：第一，它观察问题、分析问题较为公正、客观，是从专业眼光和外部公众的角度去处理客户的公关问题，不受客户内部主观因素的干扰。第二，它提出的建议和方案具有权威性。公关公司由各具专长的专家组成，有着丰富的公关实务经验，与客户相比掌握有更多的专业信息、社会关系和传播媒体，可为客户提供较高水准的专业服务。第三，它提供的服务有较强的灵活性和适应性，可以根据需要随时提供不同的公关服务，不必增加客户的正式人员编制便可应付意外的公关事务，具有时间和空间的机动性和适应性。

由于公关公司不隶属于某一组织，故对客户的情况了解有限，同时公司与客户之间还存在着沟通上的一些困难、障碍，因而也有一些劣势。

公关社团属于非营利性组织，它主要从事公关理论研究和实务活动。一方面，从其成员构成来看，具有广泛性，酒店公关部通常也是某些公关社团的成员，参与社团的相关活动；另一方面，公关社团是自发成立的民间组织，不具有强制性，因而对社团成员不具有约束力。当然，公关社团对酒店公关部还是能提供一定帮助和服务的，如加强企业公关组织之间的联系与沟通，制定、宣传公关从业规范和职业道德准则并检查执行情况，为企业公关人员提供专业培训等。

总之，酒店公关部是酒店公共关系活动的策划者和执行者，公关公司和公关社团能为企业的公关活动提供技术上和理论上的指导与帮助。

任务三　酒店公共关系人员

一、酒店公共关系人员

（一）酒店公共关系人员的概念

公关人员英文为 PR Practitioner。在欧美国家，对公关人员的称呼有 PR Practitioner

（公共关系从业人员）、PR Man（公关人员）、PR Officer（公关官员）；亚洲一些国家和地区有公关小姐、公关先生之类的称呼。酒店公共关系人员指的是专门从事酒店公众信息传播、关系协调与形象管理事务的调查、咨询、策划和实施的人员，不包括业余或兼职的公关人员。公共关系人员是公关组织机构的主体，是公共关系活动的实际承担者。

（二）酒店公共关系人员的构成

酒店公共关系人员一般包括调查分析人员、计划人员、传播人员、文秘人员和设计制作人员。公共关系部人员最好能够一专多能，按岗位需要配备人员。各类专业人员设置的比例、数量应根据公共关系部在组织中的地位、重要性和工作任务的多少来进行调配，做到人人有事做、事事有人做。

二、酒店公共关系人员的任务和职责

（一）酒店内部关系协调

酒店内部关系包括员工关系、股东关系、部门关系以及上下级关系。酒店内部关系协调的具体工作包括：利用内部媒介加强与员工的沟通；组织各种娱乐活动，增进员工之间的感情，增强酒店凝聚力；组织公共关系知识的培训，培养内部员工“全员公关”的意识；编辑出版内部刊物，让员工及时了解酒店内外部情况；创建内部沟通渠道，收集员工意见，做到上情下达和下情上传；及时了解各部门之间的情况，在部门之间起到传达消息的作用；为决策层提供决策参谋意见；为酒店培养公共关系人才。

（二）酒店外部关系沟通

酒店外部关系主要包括顾客关系、政府关系、媒介关系、社区关系、同行业关系等。酒店外部关系沟通的具体工作包括：及时了解顾客的消费偏好和消费趋势；时刻关注政府的政策以及与酒店业有关的各项法律法规的出台，并注意与当地政府保持密切的联系；积极争取新闻媒介、出版机构的配合；积极参加社区活动，争取社区公众的理解和支持；处理好与同行业者之间的关系，在竞争与合作中营造酒店和谐的外部环境，促进酒店的发展。

（三）开展专题公共关系活动

开展专题公共关系活动的具体工作包括：组织安排有关开幕仪式、周年庆典及其他纪念活动；举办记者招待会，安排领导者与新闻媒介接触；举办展览会，组织外部公众参观酒店；开展广告宣传活动，编辑并印发有关的外部刊物；做好民意测验、社会调查活动等。

三、酒店公共关系人员的素质和能力

随着现代文明的不断进步，公共关系人员需要不断地更新知识结构、提高业务能力、进行自我完善并且不断地为组织塑造崭新的、完美的、符合时代特点的新形象。酒店公共关系人员是酒店良好形象的打造者，也是开拓市场的先锋。他们是酒店的代表，也是公众的顾问，他们的能力和素质直接影响着酒店的形象和公共关系活动的开展。因此，酒店公共关系人员需有较高的思想水平和业务能力。

具体来说，酒店公共关系人员主要应具备以下素质和能力。

（一）良好的个人修养

公共关系工作人员个人修养水平的高低往往是树立组织良好形象成功与否的关键因素。提高自身修养是每一位酒店公共关系人员的必修课。

具体来讲，良好的个人修养包括个人形象、高质量的工作作风、高标准的职业道德三个方面。个人形象主要应做到谦虚有礼、说话得体、表情自然、不卑不亢、落落大方。高质量的工作作风包括富有进取精神、高效率、计划性强以及踏实细致等方面。高标准的职业道德包含四个方面的含义：一是要忠于职守，有强烈的职业责任感；二是要实事求是，有诚信的工作作风；三是要顾全大局，有强烈的社会责任感与公关意识；四是要遵章守法，遵守组织内部的规章制度和国家的法律法规。

公关案例

形象就是机会

（二）健全的心理素质

一个人具有健全的心理素质，才能适应多变的环境。这对于酒店公共关系人员来说尤其重要。健全的心理素质主要体现在坚强自信，具有开拓精神、良好的自控能力以及灵活的应变能力。酒店公共关系人员的心理素质一般包括：具有独当一面的工作能力；充满干劲，具有开拓进取精神，敢于大胆创新；思维敏捷，兴趣广泛，对事物变化反应敏感，且充满想象力和创造力；讲究职业道德，诚实可信；头脑清醒，解决问题有魄力；宽容开放，能“异中求同”，与各类人员建立良好关系；处事沉稳，有不急不躁的自我克制力；待人接物真诚、热情；同时，酒店公共关系人员也应是一位称职的管理人员，既善于出主意、想方法，又有实干精神，具备坚忍不拔的毅力。

（三）广博的知识储备

酒店公共关系工作的性质决定了公关人员应该涉猎多方面的知识，培养多方面的爱好。酒店公共关系人员修养深厚、知识广博，才能在各种场合与各种公众交往的过程中应付自如。

1. 要通晓公共关系学的基本理论和实务

酒店公共关系人员除了要精通公共关系的基本理论知识外，还要熟悉酒店公共关系的基本实务知识。公关人员如果没有专业知识，就很难适应瞬息万变的市场情况。

2. 知己知彼，懂得心理学

公关工作是和人打交道的一种工作，公关人员如果能够正确分析各种各样的复杂心理现象，归纳总结出其中的规律，并把它运用于公关实际中，那么他的工作效率便会日益提高。

3. 要熟知法律

公关工作必须依法进行，要遵守国家的法律、法规，不以权谋私，不知法犯法。

4. 既博又专，不断学习

酒店公共关系人员对与酒店公共关系密切相关的学科知识都应有相应的了解，而且应该随时吸收新知识，不断丰富和发展自己。

公关案例

两张火车票

（四）过硬的执行能力

1. 敏锐的洞察能力

酒店公共关系人员要能够及时关注来自相关公众的各种信息，对市场明察秋毫，能够从现象中看出本质，从普通的资料中发现重点，发现潜在的问题，捕捉一切对酒店发展有利的或不利的信息。

2. 较强的信息分析和处理能力

公关工作实质上是一种信息工作，因此公关人员必须有较强的信息分析和处理能力，要有较强的逻辑判断能力，善于从一些普通的资料、数据或信息中分析出存在的问题，善于从杂乱的现象中分析出变化的规律。

3. 较高的组织领导能力

公共关系活动是酒店公关人员与组织内外部公众相互交流的过程，公众的需求和态度也是有差异的。因此，任何公共关系活动的开展，都需要酒店公关人员精心组织，制定详细可行的策划方案和具体的落实措施。

4. 高超的应变能力和自控能力

公关人员要和各种人物打交道，工作对象复杂并各有其特点，必须有耐心、有能力，善于自制、自控，并保持豁达、大度、宽厚、谦和的态度，能够容忍公众的误解，耐心、诚恳、心平气和地解决问题，机智果断地处理事务。

5. 有效的表达能力

优秀的公关人员能够运用最有效的表达方式将组织信息和组织形象传播给目标公众，公关人员需要有扎实的文字功底，较强的文字和语言表达能力，从而提高公关工作的效率。

公关案例

燕子的致歉信

6. 良好的策划能力

开展公关活动必须先进行周密的安排，策划是公关工作的起点，没有策划就没有公关活动方案，就没有方案的实施。良好的策划能够“化腐朽为神奇”，收到事半功倍的效果。

7. 出色的社交能力

衡量一名公关人员能否适应现代社会需求的标准之一，就是看他是否具备善于与他人交往的能力。酒店公关人员要有善解人意的性格和具有感染力、吸引力的个性，能得到公众的尊重与信任，要懂得不同的礼仪和习俗，运用各种社交手段，扩大交际范围，建设良好的工作环境。

知识拓展

公关职场新人秘诀

8. 持续学习的能力

酒店公共关系人员应该善于思考和总结生活和工作中遇到的问题，在失败中吸取教训，在成功中获得经验；学习他人的长处，克服自身的不足；在理论上思考方法，在实践中摸索技巧；在过程中历练，在前进中成长；学会在生活和工作中积累知识、增长能力，不断充实和完善自己。

四、酒店公共关系人员的培养

（一）酒店公共关系人员的培养途径

酒店公关人员的培养主要有院校公关教育、社会公关教育、企业公关培训三种途径。

1. 院校公关教育

20 世纪以来，公共关系作为一种职业而得到迅速发展，进而推动了院校公关教育的发展。大专院校已成为公关教育和研究的主要基地。随着我国公共关系事业的迅速发展，院校公关教育也得到了快速发展。从 1986 年深圳大学正式开设公关课程以来，到目前，几乎所有的高校都开设了公共关系必修或选修课，并有多所高校开设了公共关系专业。

2. 社会公关教育

社会公关教育是院校公关教育的有益补充。社会公关教育的形式多种多样，有长、短期培训班和函授教育等；各类公关培训机构也是多种多样的，有公关培训学校、礼仪学校、文化传播学院和公关咨询公司培训部以及社会团体等。培训教育一般理论性课程较少，主要讲授公关活动过程中一些实用性和操作性技能。学员经过培训，能够很快熟悉公关工作，进入角色。这些培训机构能够迅速培养大批普通公共关系人员。

3. 企业公关培训

酒店人力资源部和公关部对公共关系从业人员进行必要的培训和辅导，使他们能较快提高业务能力。这种模式较前两种模式而言具有适合企业实际、进入角色快、不影响工作安排等特点，但理论性和系统性相对不足。

（二）酒店公共关系人员的训练内容

1. 企业公共关系专业知识

企业公关专业知识是指与酒店公关工作相关的理论、实践知识和技巧，包括企业管理和公共关系两个方面，其知识范围主要包括：酒店企业管理学、酒店市场学、消费心理学、公共关系学及公关实务等。

2. 企业公共关系管理知识

酒店公共关系人员必须熟知酒店各职能部门的一般情况、经营管理状况、主要竞争对手和客户关系状况、国家有关旅游酒店政策法规及来自各方面的信息和情报，为酒店的管理和经营工作当好参谋。酒店公共关系工作是一种组织协调和管理活动，公关人员必须具备一定的管理知识。

3. 企业公共关系一般知识

目前公关工作采用的技术绝大部分是传播技术，无论何种类型的公关工作，都需要大量运用人际传播、大众传播乃至跨文化传播技术，因而公关人员必须了解一些现代传播知识。由于网络技术的发展、国际交往的增多，以及现代公关传播、交流的需要，公关人员还应掌握外语、计算机操作技术，以及公关写作、演讲技能和与之相关的其他学科知识等。

总之，酒店公共关系人员的知识结构应该是一种动态且开放的结构，能够随时吸收新知识，不断丰富和充实自己的知识积累。

知识拓展

酒店公共关系人员职业训练学习内容

（三）酒店公共关系人员的培养方法

1. 实践操作法

实践操作法又称岗位培训法，是公关人员边工作边提高的培养方法。这种方法是在工作中进行的，针对性和实效性较强，对于公关人员从实务中提高公关能力和水平有较大帮助。

2. 示范演示法

示范演示法是指由优秀公关人员进行示范，由学员模仿学习的培养方法。这种方法能帮助学员有效掌握公关技巧。其最大优点是能使学员以最快的速度进入角色。

3. 理论讲授法

理论讲授法是传统模式的培养方法。其优点是可同时培训多位学员，不必耗费太多的时间和经费，理论性、系统性较强。其缺点是学员的参与性较差。

项目小结

本项目着重介绍了酒店公共关系的主体、酒店公共关系机构和酒店公共关系人员等内容。酒店组织是酒店公共关系的主体。酒店必须重视自身形象的塑造。酒店公共关系工作是一项经常性、长期性的工作，在酒店中，为了完成公关工作的具体任务，需要有专门的公共关系部门和人员来行使公关职能。公共关系部是组织内部设立的以专门从事公共关系工作为职能的机构，它是酒店公共关系活动的具体策划者和组织者。公共关系部在酒店中的地位表现在六个方面，即信息采集、对外宣传、公众协调、环境监测、趋势预测和公关培训。公共关系公司、公共关系社团是公共关系职能社会化、专业化的具体表现。酒店公共关系工作要达到塑造酒店良好声誉，做好酒店内外沟通，扩大酒店影响力，促进酒店发展的要求，就必须使用和培养修养良好、心理健全、知识广博、能力过硬的公关人才。

思考与探究

1. 作为公共关系主体的酒店具有哪些特征？

2. 调查本地一家酒店公关部门的机构设置及岗位职责。

3. 某酒店公关部自企业建立初期就成立了，但其主要的工作就是迎来送往。小张是该公关部的一名员工，他认为公关部的作用没有很好地得到发挥，决定向总经理提建议，你认为他应该从哪些方面来提建议？

4. 如果让你制订一份酒店公关部的年度工作计划，你觉得这个年度工作计划应该包括哪些方面的内容？

5. 假如你以某酒店公关人员的身份为本酒店联系当地官方媒体报道本酒店的婚宴产品，你将做哪些准备工作？将如何和对方打交道？你希望媒体报道的内容、形式是怎样的？

6. 人们常说："公关人员应当有企业家的头脑、宣传家的技巧、艺术家的气质和外交家的风度。"请谈谈你对这句话的理解。

案例分析

讨论分析：

1. 广州大厦多方位公关策略的关键何在？是如何落实的？
2. 你觉得多方位公关策略的推广需要酒店自身具备哪些条件？
3. 现代酒店为什么要树立全员公关意识？

案例分析

广州大厦"多方位公关品牌战略"

技能实训

某酒店要招聘公关部专业人员，请你帮助该酒店设计一些面试的问题，要求能够考查应聘人员的公共关系从业素质。

项目三

酒店公共关系的目标公众

任务一 酒店公众及其分类

任务二 酒店公共关系内部公众

任务三 酒店公共关系外部公众

导　语

公共关系也称公众关系，酒店公共关系的工作对象就是相关公众。只有了解目标公众，才能制定正确的目标、策略和方法，酒店公共关系工作才能建立在科学的基础之上。酒店公关活动具有明确的指向性，它要求公关工作要围绕一定的对象来开展。其工作对象不仅有顾客，还有政府部门、其他社会组织、社区居民、内部员工和股东，甚至还有竞争对手。公众是酒店赖以生存和发展的基础，没有他们，酒店公共关系就成了无源之水、无本之木。因此，我们需要正确认识酒店的公关对象，了解他们的特点、心理和需求，并通过有效的沟通与之建立良好关系，营造有利于酒店发展的内部和外部环境，为企业可持续发展奠定良好的基础。

学习目标

- 掌握公众的基本概念，了解公众的一般心理和行为，认识确定目标公众的重要作用
- 了解酒店公共关系内部公众的含义、基本特征，知晓内部公众的分类
- 掌握各种内部公众的公关策略
- 了解酒店公共关系外部公众的含义、基本特征，了解外部公众的种类
- 掌握顾客公众的特点及顾客关系的处理策略
- 熟悉和掌握政府公众、同行公众、媒介公众、社区公众、名流公众、国际公众公关策略

关键术语

公众　酒店公众　首要公众　稳定公众　顺意公众　潜在公众　内部公众
外部公众　员工公众　股东公众　顾客公众　媒介公众　政府公众　社区公众

任务一　酒店公众及其分类

一、酒店公众的概念及特征

（一）酒店公众的基本含义

从公共关系学的一般意义上说，公众即与公共关系主体利益相关，并相互影响和相互作用的个人、群体或组织。“公众”这个概念涵盖了公共关系工作的所有对象，凡是公共关系传播沟通的对象都可称之为公众。因此，公众是公共关系对象的总称。

酒店公众是与酒店相互联系、相互作用的个人、群体和组织的总称。凡是与酒店有利益关系的个人或组织都可以称为公众。酒店公众是酒店公共关系的对象，即酒店公共

关系客体。在酒店公共关系活动中，利益是连接酒店和相关公众之间的纽带。

（二）酒店公众的基本特征

1. 群体性

酒店面对的是广泛的公众群体，酒店和公众群体形成的公众关系和公众舆论构成了酒店企业赖以生存和发展的公众环境，其涵盖面非常广泛。酒店的生存和发展都离不开一定的公众环境。企业对任何一类公众的疏忽都可能致使公众环境发生变化，产生不利的负面影响。因此，酒店在开展公共关系活动时，不能只注意其中某一类公众，而忽略了其他公众，应该把所有公众当作一个整体看待，用系统的观点理性分析和对待各类公众。

知识拓展

酒店为什么要非常重视公众

2. 同质性

同质性是指酒店公众中，由于共同的目的、需求、意向、问题等，使一群人或一些组织有相同或类似的态度和行为。例如：某酒店由于菜肴质量问题，导致在此进餐的消费者发生食物中毒，从而使这些本来互不相识的人面临一个共同的问题，即同质性的利益关系，他们共同关心的是酒店对此恶性事件的处理及对个人利益的维护。酒店公众的同质性决定了酒店公关工作的出发点是分析公众，在分析的基础上划分类别，研究各类公众的性质、特点、需求特征等，并根据研究结果制订工作计划，提高公共关系活动的针对性。

3. 多样性

酒店公众的存在形式是多种多样的，既可以是个体，也可以是群体，还可以是团体或组织。不同的公众在性质、组成、数量、范围、发展阶段等方面也不尽相同。不同的公众对酒店的态度也是各不相同的。公众的多样性决定了公共关系的沟通方式和传播媒介选择的多样性。

4. 可变性

社会环境是一个动态可变的系统，处于其中的公众也是不断变化的。公众的性质、形式、数量、范围和存在形式会不断发展变化。比如，客人对酒店提供的服务感到不满而进行投诉，酒店通过积极有效的处理最终取得了客人的谅解。在这个过程中，逆意公众转化为了顺意公众。公众的价值观念、消费行为、思维方式也会发生变化。如有关“黄金周”放假的规定，使有条件外出的旅行人数猛增。政治、经济、文化、军事等社会环境的变化也会引起公众的变化。酒店公关人员必须以动态的、发展的眼光认识和看待公众，根据公众的变化制定相应的对策。

公关案例

蜀天星月宾馆积极引导绿色消费

5. 相关性

酒店公众的相关性，是指公众与企业在利益上存在着相互影响、相互制约的关系。公众的意见、观点、志向和行为，对酒店具有实际的或潜在的影响和制约，甚至决定着企业经营的成败。企业的决策和行为对公众也具有现实的或潜在的影响力，即公众的动机、态度具有可导性。酒店开展公关活动的关键就是寻找和确认这种相关性，运用各种公关方式或手段来影响或改变公众的行为，防止不利于组织发展的公众行为出现。

二、酒店公众的分类

酒店公关工作如果没有目标公众，就是无的放矢。其结果不仅是公关对象不明确，而且所制定的公关策略、方法也会因缺乏针对性而影响实际效果。因此，公众的划分是开展公关工作的前提和基础。酒店公众的构成是复杂的，在制定公关目标、策略和方法时，必须对公众的构成进行分析，了解公众分类标准和方法，从而正确认识自己的公众对象。

（一）酒店公众的类别

1. 按公众对酒店的重要程度分类

根据重要程度的不同，酒店公众可分为首要公众和次要公众。

首要公众是指在特定时期对企业的生存、发展和公共关系活动成败有着重大影响、起着决定性作用的公众。比如，酒店中的 VIP 客人就是首要公众。这类公众是酒店公共关系工作的重点对象，企业必须高度重视，要投入大量的人力、物力和财力来维持、改善和巩固与这部分公众之间的关系。

次要公众是指对企业的生存和发展有一定影响，但并不起决定性作用的公众。这类公众数量较多，而且在一定条件下也有可能转化为首要公众，因而次要公众也不能放弃。

2. 按公众与酒店关系的稳定程度分类

根据稳定程度的不同，酒店公众可分为临时公众、周期公众及稳定公众。

临时公众是指因酒店某一临时因素偶然形成的公众，其多数是第一次知晓酒店的人群。如因参加旅行团，或出差，或因天气原因暂住酒店的顾客等。公关人员一定要主动抓住时机向他们宣传自己，给这些临时公众留下良好的印象，赢得他们的信任和支持。

周期公众是指按一定规律和周期出现的公众。如定期到某酒店度假的顾客、节假日在酒店聚餐的顾客等。公众周期的出现是有规律的、可预测的，其中一部分有可能转化为稳定公众。酒店可根据这类公众的规律性做好必要的准备，有计划地开展公共关系活动。

稳定公众是指与酒店有稳定的、持久的合作关系的公众。如酒店长住客、回头客及长期合作单位等。这类公众由于兴趣、爱好、习惯等因素的影响，比较集中地与酒店建立某种稳定的联系，是企业的基本公众。酒店往往对稳定公众采取一定的优惠政策和保证措施，以示亲密关系，同时运用各种方法保持与这类公众的良好关系。

3. 按公众对酒店的认同程度分类

根据认同程度的不同，酒店公众可分为顺意公众、逆意公众和中间公众三类。

顺意公众是指对酒店的政策、行为、产品和服务持认同、赞赏和支持态度的公众。一般来说，与酒店长期交往的客户均属顺意公众，是企业赖以生存的基本公众。在某些情况下，这部分公众会成为企业的代言人。酒店应当维持和发展与这部分公众之间的良好关系，运用他们良好的口碑效应宣传本酒店的产品和服务。

逆意公众是指对酒店的政策、行为、产品和服务持否定态度的公众。

中间公众是指对酒店的政策、行为、产品和服务持中间态度和观点，或意见不明朗的那部分公众。

酒店公共关系工作一方面要尽量减少逆意公众，转变其敌对态度，即使不能使其成为顺意公众，也应争取其成为中间公众；另一方面要努力做好与中间公众的沟通，争取他们对酒店的好感，引导他们成为顺意公众，防止他们向逆意公众转化。

4. 按酒店对公众的态度分类

根据酒店对公众的态度的不同，酒店公众可分为受欢迎的公众和不受欢迎的公众以及被组织追求的公众。

受欢迎的公众是指主动接近酒店，乐意与企业合作并能给企业带来利益或存在共同利益的公众。例如，自愿投资的股东、旅游院校的师生、为本企业做正面宣传的新闻媒体工作者等。酒店要保持与他们的密切联系，加强和巩固与他们之间的融洽关系。

不受欢迎的公众是指那些违背酒店的利益和意愿，对企业构成现实或潜在威胁的公众。如许多高星级的酒店不欢迎那些衣冠不整和带宠物的客人。对于这类公众，企业应采取审慎的态度，尽量向他们阐明企业的态度，保持适当的距离，以避免或减少他们对企业的反对态度。

被组织追求的公众是指那些符合组织的利益和需要，但他们却对组织知之甚少或不感兴趣的公众。对于一个商务酒店来说，那些大公司中经常进行公务旅行的职员就成了其追逐的对象。对于这类公众，酒店要通过多种渠道与他们取得联系，加强沟通，争取他们为组织带来利益。

5. 按公众受酒店影响程度分类

根据受酒店影响程度的不同，酒店公众可分为非公众、潜在公众、知晓公众和行动公众。

非公众是指既不受组织的影响又不对组织产生任何作用及后果的公众。

潜在公众是指与组织有关系但其本身并未意识到问题存在的公众。由于潜在公众在一定条件下可能与酒店发生利害关系，因此公关人员要未雨绸缪，加强预测，做到防患于未然，将问题解决在萌芽状态。

知晓公众是指明确意识到了问题的存在，希望了解信息，并希望问题能够解决的公众。如当酒店因工作、服务不周到而给客人带来不便时，客人对这一问题表示关注或表现出不满时，公关人员就应采取积极主动的姿态，及时了解问题，并将问题发生的原因及解决措施及时告诉客人，以满足其知晓心理，使客人对酒店产生信任，从而化不利为有利。

行动公众是指在意识到问题的存在后采取行动，并强烈要求酒店解决问题的公众。行动公众由知晓公众发展而来，他们不仅意识到问题的存在，而且开始采取行动来解决他们和酒店之间存在的问题。这时，公关人员对客人提出的投诉、索赔等问题要及时解决，这种反应不能停留在语言或文字上，而必须有实际行动。面对行动公众，除采取相应的行动外别无选择。

6. 按公众与酒店的归属关系分类

通过长期的研究，我们认为根据公众与酒店的归属关系的不同进行分类比较恰当。按照公众与酒店的归属关系的不同，酒店公众可分为内部公众和外部公众。

内部公众就是处于企业内部与其有归属关系的员工，同时还包括员工的家属和股东。他们与组织联系最直接、最密切，是酒店公共关系中最基本、最主要的公众，与酒店是部分与整体的关系。

外部公众是与企业不存在归属关系，但是与组织有密切关系或利益关系的公众。外部公众主要包括顾客公众、媒介公众、政府公众、同行公众、社区公众和国际公众。

（二）酒店公众分类的作用

1. 有助于确定公共关系调研和形象评估的范围

酒店公共关系工作是从调查研究开始的。要正确评估酒店形象，确定公共关系问题，首先必须确定目标公众。只有这样才能避免因公众环境不清而造成酒店公关工作的盲目性和浪费。

2. 有助于制定正确的公关政策和成功的公关方案

正确的政策和成功的方案是公关活动的灵魂。科学的决策和周密的策划是建立在对目标公众的了解和分析基础之上的，通过对目标公众的把握，可以为制定不同的政策、策划有针对性的方案提供依据并指明方向。

3. 有助于酒店公共关系活动有效组织和正常运行

酒店公关工作的成功，要靠组织实际的公共关系活动来体现，传播沟通活动的许多环节都离不开对目标公众的认真研究和分析。

4. 有助于科学评价酒店公共关系工作的效果

只有确定目标公众，才能准确判断酒店公关工作的针对性、适应性、有效性，才能正确收集公众的评价和反应，才能准确分析公共关系传播的效果。

任务二 酒店公共关系内部公众

一、内部公众的含义和基本特征

内部公众是酒店内部沟通、传播和协调的对象，与酒店关系最密切，是酒店公共关系最重要的目标公众。酒店内部公众的素质、能力和状态，直接关系到酒店工作效能的发挥，也直接影响企业的竞争力。因此“内求团结”是酒店公共关系工作的起点，其目的是有效增强组织成员的主体意识和形象意识。

（一）内部公众的含义

内部公众是酒店内部与企业具有法定关系的人的集合体。酒店公共关系的内部公众主要包括内部员工、全体股东和员工家属。内部公众既是内部公共关系工作的对象，又是外部公关工作的主体，是与组织自身相关性最强的公众。

内部公众是构成组织的最基本单元，是酒店赖以生存和发展的基石，同时也是酒店唯一具有能动作用的生产要素，是酒店一切活动的具体策划者和实施者。酒店的生存离不开其内部公众，内部公众也需要在酒店的工作中实现自己的价值。

（二）内部公众的基本特征

1. 身份双重

内部公众既是酒店对内公共关系的客体，又是酒店对外公共关系的主体，具有双重身份。一方面，当酒店实施对外公共关系活动时，由内部公众进行具体的运作，内部公众的言行、素质和能力代表酒店的形象，在这个过程中，内部公众承担着活动主体的角色；另一方面，酒店必须对内部公众开展公共关系活动，增强他们对企业的认同感和归属感，激发他们的工作热情，调动他们工作的积极性，在这个过程中，内部公众扮演着活动客体的角色。这种双重身份是内部公众区别于外部公众最为显著的特征。

2. 相对稳定

相对于外部公众而言，内部公众的构成具有一定的稳定性。外部公众的形成，往往是由于他们与酒店存在着利益关系，当利益关系消失后，其外部公众的身份也就随之被其他身份所替代。内部公众与企业具有合约关系，至少在合约范围内，他们的关系是相对稳定的。如果企业为员工的发展提供了足够的空间和条件，他们不会考虑跳槽。股东也是与组织利益休戚相关的，为了获得自己的投资回报，他们势必会密切关注企业的发展，长期与企业保持联系。内部公众的这种稳定性特征，为企业目标的实现提供了保障。

3. 易于管理

企业的发展离不开内部员工的努力，而员工的发展也离不开企业的整体环境。内部公众有责任和义务在工作中自觉规范和约束自己的行为，为企业营造和谐有序的环境。企业可以利用其权威性制定各种规章制度来约束员工的行为，使其行为向着有利于企业的方向发展。如果员工的行为损害了企业的利益，企业可以利用规章制度对其进行惩罚。因此，相对于外部公众来说，内部公众更易于管理。

二、内部公众关系及公关策略

（一）员工公众

员工是酒店的构成人员，包括一线服务人员、后台保障人员、管理人员等。员工是酒店与外部接触的触角，其言谈举止不同程度地代表着酒店形象，他们时常站在对外公关的第一线。当企业内部员工的积极性被广泛调动起来时，他们就会积极主动地充当对外公关人员的角色，这时酒店对外公关的成功才有最大保障。

1. 员工关系的重要性

员工是酒店的基石。员工不仅是内部公共关系活动的重要公众，也是外部公共关系活动的重要力量。员工关系是酒店最重要的内部公共关系。良好的公共关系应从内部做起，而良好的员工关系是整个酒店公共关系工作的起点。良好的员工关系有利于营造和谐的内部发展环境。无论是公共关系活动的开展，还是组织经营目标的实现，都离不开员工们的积极参与。良好的员工关系能够激发员工的潜力和热情。员工是酒店中唯一有生命力的生产要素，是酒店的核心所在。融洽而和谐的氛围能够激发员工的工作热情，使他们积极地投入工作，寻求新的方法提高工作效率，以灵活的方式与公众进行沟通交流。良好的员工关系有利于增强主体意识和形象意识。对于酒店来讲，员工是服务工作的直接承担者，他们与顾客接触的机会较多，员工自身的素质和水平的高低会直接影响顾客的感受，进而会影响酒店的服务质量。因此，只有让员工满意，才能让顾客满意。酒店业是一项服务性行业，员工的工作强度大，报酬相对较低。如果员工不能够从组织那里得到足够的关心和理解，往往会对工作失去兴趣，甚至会选择离开。良好的员工关系有利于增强酒店的凝聚力。随着我国社会主义市场经济的蓬勃发展，酒店业的竞争也愈演愈烈。酒店在激烈的市场竞争中求得生存和发展的一个最基本的前提，就是内部员工的团结合作。良好的员工关系有利于培养员工的团队精神，增强凝聚力，从而提高酒店的市场竞争力。

2. 建立良好员工关系的目的

酒店公共关系工作的目标之一就是“内求团结”，“内求团结”是公共关系工作的起点，也是“外求发展”的基础。围绕实现这一目标，首先要培养员工对组织的认同感，即通过信息双向沟通，使员工更好地理解和自觉执行企业的各项规章制度和措施。其次要提高员工对工作的责任感，要使员工认识到组织重视每一位员工的贡献，珍惜每一位员工的创造性，从而调动广大员工的工作主动性和积极性。再次是培养员工工作的自豪感，要使员工知道自己所在的组织在社会上、同行业中的地位，知道企业所取得的成绩及对社会、国家的贡献，了解企业的发展愿景，从而激励员工为维护酒店良好的社会形象而努力工作。最后是培养员工对企业的向心力和归属感，关心员工福利，重视员工发展，充分发挥员工的才能，让员工感受到企业的温暖，强化员工与企业之间的感情联系。

3. 处理员工关系的基本策略

（1）满足员工的物质需要。

物质基础是生活的基本保障，对员工来说至关重要。员工物质方面的需要主要包括工资、奖金、津贴、提成以及各种福利。首先，要制定科学合理的分配制度和奖惩制度，真正做到“劳有所得、多劳多得、多能多得、奖惩得当”，从分配制度上保证合理性、公平性和激励性。其次，要增加员工收入，改善员工福利。酒店应该根据社会的发展、员工需求的增长，通过各种手段和方式，使员工的收入不断提高，并改善各种福利措施，如带薪假期、改善工作环境、提高医疗保障等，来提高员工的工作积极性。

（2）满足员工的精神需要。

> 公关案例
>
> 令客人喜出望外计划奖

在员工的基本物质需要得到满足之后，精神层面需要的满足更能提高员工的工作积极性。因为希望获得尊重和实现自我价值是每个正常人的心理需求。这是挖掘劳动潜能、调动员工积极性的重要手段。

第一，尊重、信任员工。人力资源是组织最宝贵的财富，管理者必须重视每个员工。管理者对每个员工要时时表现出关心，不能对员工歧视或随意摆布。同时，管理者要重视对员工的激励，对员工取得的每一点成绩和进步都应给予及时、充分的肯定、表扬或奖励。要大力宣传员工的成绩，肯定员工的贡献，承认员工的价值。

第二，提高管理的透明度，鼓励员工参与决策。员工对企业的向心力和凝聚力，在一定程度上取决于企业对员工的信任。企业向员工表达信任的最佳方式，就是提高管理的透明度，让员工参与企业的决策和管理。员工感觉受到重视，就会更加忠诚于企业，为企业利益服务。酒店公共关系工作本身是一项开放性极强的工作，需要集思广益。

第三，重视信息的双向沟通，就是我们常说的“上情下达”和“下情上传”。内部公关要充分利用信息的双向沟通，使管理者与员工达成相互理解。信息共享是形成内部良好公共关系的关键，如果员工对企业情况不了解，特别是对与员工切身利益相关的情况不了解，或者高层管理者对员工的情绪、意见、要求、建议全然不知或一知半解，那就必将形成管理者与员工之间的隔阂。企业应采取多种形式，让员工了解企业的发展动向，如经营销售业绩、服务质量状况、管理层人事变动、奖金福利政策、客人及外界对组织的评价等情况，使其参与到企业决策中来。员工只有充分了解企业的情况，才能与企业同呼吸、共命运。另外，公关部门也需将员工的情绪、意见、愿望、要求以及合理化建议等及时归纳综合，反映给最高管理层或有关部门，以作为管理者决策的依据。

第四，为员工提供各种培训和深造机会。从员工个人发展角度分析，每一位员工都希望得到职位提升，以满足自己受人尊重的需要以及个人价值实现的需要；酒店应该为员工规划职业生涯，根据用人需求和员工职业发展意向，通过开展培训、岗位轮训、鼓励支持员工学习深造及参加职业资格考证等形式，帮助优秀员工进入关键岗位。

第五，关心员工个人生活，增进感情交流。作为社会的个体，员工都有被人关心、受人重视的需要，酒店应针对这方面的需要，开展有关公共关系活动。例如，建立员工俱乐部，让员工在业余时间参加活动，增进互相了解；组织集体娱乐活动，如郊游、联欢会等，为员工提供丰富业余生活和交流情感的机会；主动为员工解决食堂、住宿、医疗、保险方面的问题，关心员工家属，解除员工工作的后顾之忧等。

（3）培养员工的向心力。

酒店要大力营造独特的、共同认可的企业文化，培养员工与酒店荣辱与共的归属感与向心力，具体包括以下方面：设计酒店的口号、歌曲、徽章及制服等，增强员工心理、精神上的归属感；通过广告、捐款等形式参加一些社会公益活动，提高企业的知名度和美誉度，激发员工的自豪感；举办周年庆典、展览会、成果报告会等，展现企业的发展成就，感谢员工的支持和合作，以鼓舞士气；定期邀请员工家属到企业参观访问，介绍企业的历史和成就、员工家属在企业中的地位及所起的重要作用，感谢他们的支持，以取得今后更多的合作。

知识拓展

酒店“激励十法”

（二）股东公众

股东即投资者，股东关系是酒店与投资者的关系。它涉及组织的财源即投资来源，因此也是一种重要的内部公共关系。在我国，股东公众主要有以下四类：持有可转让、可买卖的股票形式的个人股东，他们分散在社会的各个阶层，不直接参与经营，但关心企业的决策与发展，关心企业的盈亏变化；购买本企业股票的员工；以企业为单位开展多种经济联合或集资入股而产生的集体股份；中外合资企业、中外合营企业中的国家股东、集体股东和个人股东。

1. 建立良好股东关系的目的

股东拥有部分股票资本，他们的利益与企业的利益息息相关。他们既是企业的支柱、财源和经济基础，又是企业活动最热心、最积极的关心者和赞助者。因此，如何改善与维护企业与股东的良好关系，对于企业经营的成败具有极大的影响。建立良好股东关系的目的，在于通过加强酒店与股东之间信息的双向沟通，争取现有股东和潜在投资者对企业的了解和信任，创造有利的投资环境，稳定已有的股东队伍，吸引新的投资者，不断扩大企业的财源。酒店公关部门的任务，就是要想方设法树立企业在股东心目中的良好形象，积极促进企业与股东之间的信息交流，鼓励股东关心企业的经营活动，积极投身到企业活动中来，并为企业的建设和发展出谋划策，而不是袖手旁观，坐分红利。

2. 处理股东关系的基本策略

股东是企业的财源，他们分散在社会各阶层、各行业，信息灵敏，也是企业的信息源。股东都希望通过企业的经营获得投资回报，因此，他们对企业的经营情况都会比较关注，常常成为企业的宣传员和推销员。酒店应该充分认识到股东的主人翁地位，既要把他们当作"自己人"看，又要自觉开展针对股东的公共关系活动，以维持与他们的良好关系。

（1）建立良好的股东关系。建立良好股东关系的关键在于企业要尊重股东，及时与其沟通信息。股东购买了企业的股票，就是企业的主人，自然希望及时了解企业的信息。酒店应当及时主动地将与股东切身利益密切相关的经营、管理、分配等信息向广大股东公布，提高酒店的透明度，获得股东的支持。在涉及有关大额资金的运用和企业发展的重大问题上，应让股东及时知晓，并主动征询他们的意见。企业可以通过主动致函、召开会议、邀请股东体验新产品等形式，加强信息沟通与交流，充分保障股东的知情权。

（2）吸引和鼓励股东参与企业的经营活动。酒店在让股东享有信息知晓权利的同时，还应吸引和鼓励股东参与企业的经营活动。鼓励他们多多关心企业的运行情况，为企业献计献策，提供合理化建议；通过良好的公关服务，吸引他们对企业的兴趣，坚定对企业的信心，使他们成为酒店良好形象的宣传员。

（3）维护股东的基本权益。酒店一方面要保护股东的经济利益，及时发放红利；另一方面要完善股东大会、理事会、监事会管理机制，听取股东关于企业发展与建设的意见，实施科学管理，接受股东对酒店的各项经济活动的监督，使股东资金有所回报。

（4）增加感情投资。股东对酒店来说，不仅是投资者，同时也是消费者。从公关角度看，不应将股东关系仅仅当作财务关系来对待，而应将他们视为企业的主人，是企业的内部公众和最可靠的顾客群。酒店应该经常走访股东，加强彼此之间的感情联络，利用股东广泛的社会关系来扩大企业的知名度与美誉度，争取扩大客源，提高社会效益和经济效益。

公关案例

太太奖金

（三）家属公众

家属是员工的工作后盾。家庭在有着5000年文明的中国具有更深层次的含义。员工工作的动力很大部分源于家庭的激励，员工很大部分回报是回馈于家庭。所以，要想员工工作得更好，没有后顾之忧，就要多关心其家庭，给予员工家庭以足够的关爱与帮助，往往会有出其不意的效果。

酒店在处理与家属公众关系时，可采取以下措施：在不涉及个人隐私的情况下，收集员工家属的基本信息，如生日、职业、家庭状况、就学就业情况等，及时给予关心与帮助。在企业与家庭利益冲突的时候，尽量周全考虑员工家庭的实际情况。

任务三　酒店公共关系外部公众

一、外部公众的含义和基本特征

社会组织的高度分化，使任何组织都无法脱离社会环境而独立存在。层次不一、种类复杂的外部公众是酒店生存发展的重要外部因素。外部公众的理解和支持，是酒店正常运转的必要条件。酒店除了要处理好内部公众关系之外，还需要处理好与外部公众的关系，争取外部公众对企业的理解、信任和支持，建立有利于企业发展的外部公众环境。

（一）外部公众的含义

酒店外部公众是指与酒店不存在归属关系，但有着密切联系和一定利益关系的个人、团体和组织。虽然外部公众不如内部公众与酒店之间的关系那么密切，但是，由外部公众组成的外部环境却在时刻影响着酒店的生存和发展。因此，他们是酒店公共关系的重要目标公众。

（二）外部公众的基本特征

1. 构成复杂

酒店不仅要和涉及吃、住、行、游、购、娱等各个方面的机构打交道，还要和具体的外部公众个体和群体建立联系。构成外部公众的客体在种族、性别、年龄、文化水平、风俗习惯、收入水平、工作环境等方面各不相同。这些因素决定了酒店公共关系工作的复杂性。

2. 动态变化

外部公众与酒店不存在归属关系，没有合约上的限制和约束。外部公众往往是由于与酒店之间存在一定的利益关系而形成的，当这种利益关系结束时，这一公众也就不再是酒店的外部公众。酒店与其外部公众之间的关系总是处于一种动态的发展变化之中，酒店所面对的外部公众的性质、形式、数量和范围都会随着企业内外部环境的变化而变化。

3. 需求多元

酒店外部公众的构成是复杂的，复杂的公众对酒店的需求和期望也不尽相同。酒店在协调公共关系时要考虑到公众需求的多样性，尽量满足各个公众群体的各种需求，获得社会的认可，提升企业形象。

4. 不易管理

酒店对外部公众的活动没有任何直接指挥和控制的权力，酒店不可能像对待内部公众那样通过制定一些规章制度来对其进行约束。因此，外部公众具有不易管理的特征。这就需要酒店不能消极被动地等待，而应该积极主动地开展公共关系活动，满足外部公众各方面的需要，争取他们的理解和支持。

二、外部公众关系及公众策略

（一）顾客公众

在现代社会，顾客泛指一切物质产品、文化产品及服务的购买者、消费者，是与企业直接产生利害关系的外部公众。酒店的顾客是指购买和使用酒店产品或服务的个人、团体或组织。顾客是与酒店具有直接利益关系的外部公众，是酒店公共关系的重要对象。

1. 对顾客公众做好公共关系的意义

良好的顾客关系能够为酒店带来直接的经济利益。一个组织的存在价值，很大程度上在于其产品或服务是否能够得到顾客的接受和欢迎，酒店尤其如此。目前，酒店市场的竞争日趋激烈，企业的经济效益需要在市场上实现，而顾客就是市场，有了顾客才有市场。虽然与顾客的沟通并不等同于市场经营中的销售关系、直接的买卖关系，但良好的顾客公共关系的确有利于企业市场销售关系的构建，能够给企业带来直接的利益。因此，顾客公众是酒店公共关系对象中利益关系最直接、明显的外部公众。顾客关系是企业市场经营的生命线。

顾客公共关系要求酒店将顾客的利益和需求摆在首位，通过满足顾客的需求来换取企业的利益。在与顾客打交道的过程中，争取他们的关注和理解是至关重要的。在争取顾客的注意力、影响顾客的消费选择和消费行为的市场信息传播竞争中，公共关系日益成为疏通渠道、理顺关系、清除障碍、联络感情、吸引公众、争取人心的传播手段。

良好的顾客关系体现企业正确的经营理念和行为。酒店的性质决定了其必须树立“顾客至上”的经营管理理念，企业的一切政策和行为都必须以顾客的利益和需求为导向，而这种经营理念和行为必然表现为企业良好的顾客公共关系，即企业在市场公众心目中具有良好的声誉和形象。比如，一些世界著名的酒店集团之所以能够受到顾客的青睐，就是因为它们树立了“以客为先”的经营理念，通过完善的个性化服务和超值服务赢得了顾客的尊重，正是这种良好的顾客关系诠释了它们的服务理念。

2. 处理顾客关系的基本策略

（1）确立“顾客第一”的观念，强化为顾客服务思想。酒店要在思想和行动上将顾客放在第一位，把尊重和维护顾客的权益作为自己工作的准则之一。酒店的一切经营行为都必须以顾客的利益和需求为导向，把顾客放在首位，努力满足顾客的需要。

（2）提供优质产品和服务。酒店产品主要是以无形服务的形式表现出来，是顾客评价衡量服务质量的重要标准。在市场经济条件下，酒店必须以顾客需求为导向，不断创新产品，为顾客提供一流的产品和一流的服务。

（3）加强与顾客的沟通，做好市场调查。顾客需求是无限的、多样的，顾客消费心理和消费习惯受地区、性别、年龄、文化素养、经济能力、价值观念等多种因素的影响，不同层次的顾客具有不同的消费心理和消费习惯。因此，只有了解顾客的需求意愿、消费心理、消费习惯和对酒店的意见，才能搞好市场预测，使产品和服务更好地满足顾客的需求，使顾客感到满意，对酒店产生好感。酒店应该积极疏通与顾客之间的沟通渠道，通过各种形式向顾客征询意见，改进工作方法，提高服务质量。

公关案例

一杯白开水

（4）制订有针对性的顾客关系计划。根据酒店的政策、产品、服务、顾客的数量、类型、特点以及酒店拥有的资源，制订切实可行的顾客关系计划，其内容包括：根据顾客消费特点撰写产品和服务说明书；向顾客宣传酒店整体形象，包括产品、服务的动态等；检查向顾客所做的宣传和说明，确保真实性；提出改进员工服务态度和质量的具体措施；进行顾客关系调查、分析顾客意见，提出改进方案等。

（5）及时妥善处理顾客投诉。处理顾客投诉是酒店公关工作的重要内容之一。一旦出现投诉，酒店应按一定的程序，以积极、友好的态度，慎重、耐心、诚恳地解释和解决实际问题，平息顾客的不满，稳定顾客的情绪，最大限度地减少或弥补顾客的损失，尽量缩小纠纷引起的不利影响。处理投诉时要特别注意：接待人员首先要诚恳耐心地倾听，要在感情和心理上理解投诉顾客；顾客倾诉之后，接待人员应对顾客表示感谢；在查清事实的基础上，与顾客交流意见，达成谅解，要尽量令顾客满意；发现顾客投诉具有普遍意义，并且还有更多顾客不明真相时，要刊登启事，尽快纠正差错，弥补顾客的损失。

（二）媒介公众

媒介公众是指新闻传播机构及其工作人员，如报社、杂志社、广播电台、电视台及其编辑、记者。新闻媒介是信息的把关者（Gate Keeper），是传播时代的“无冕之王”，对企业信息的传播及舆论导向具有至关重要的作用。媒介公众是公共关系工作对象中最敏感、最重要的一部分。

1. 媒介公众的重要性

新闻媒介是企业与广大公众沟通的重要中介，又是企业需要特别争取的公众对象。从对外公共关系实务工作层次来看，新闻媒介往往被置于最显著的位置，甚至被称为对外传播的首要公众。正像一位酒店职业经理人所说的：“我的成功七分得益于酒店，三分得益于媒体。”

媒介能帮助酒店传播形象，创造无形资产。大众媒介具有传播速度快、覆盖面广等特点，对推销和塑造酒店的形象具有重要作用。许多企业往往通过电视、广播反复播放其广告或有关信息，使自己的形象在消费者心目中牢牢扎根。媒介能帮助酒店保持正确的舆论导向，排除误解与障碍。新闻媒介具有权威性、客观性、及时性、独立性等特点，通过新闻传播，能使某个人或某企业一夜成名、妇孺皆知，也可使某个人或某企业臭名远扬、一败涂地。

2. 处理媒介关系的基本策略

"加强联系、密切合作、以诚相待、一视同仁"是维系良好媒介关系的原则。

（1）加强与新闻媒体的联系，增进相互了解。酒店只有经常保持与新闻媒介机构的接触，才能促进双方信息的沟通交流，增进彼此之间的感情，并建立良好的关系。酒店公关人员要主动保持与新闻界的联系，定期寄送有关资料，并经常组织一些参观、访谈、游览、联欢活动。适时召开记者招待会、新闻发布会，向新闻界提供有关企业的重要信息。

（2）了解新闻媒介的工作特点。了解各类新闻媒介的职业性质和工作特点，熟悉各种新闻媒介关注的领域、报道特色、面对的公众、发行时间和渠道、发行地区和数量、流通渠道以及编辑风格等，甚至要掌握一些记者和编辑的爱好，这样才能在与新闻界打交道时做到得心应手。

（3）主动正确对待新闻媒介。无论是规模大、名望高的新闻媒体，还是规模小、名望低的新闻媒体，无论是曾经报道过酒店成绩和正面形象的新闻机构，还是报道过本酒店问题和负面形象的新闻机构，都应该一视同仁、平等对待。

（4）主动引起新闻媒介的关注，支持与配合其工作。酒店公关人员可以通过主动撰写投送新闻稿、及时发现新闻、善于制造新闻等方式，引起新闻媒介的关注。在日常同新闻媒介的接触中，要主动配合新闻媒介的工作，为其提供采访的机会，提供事实真相，对其工作表示充分的理解和支持，以此换取新闻媒介对酒店工作的支持。

（三）同行公众

1. 处理好同行关系的意义

同行公众是指酒店的合作者和竞争者。在现代市场经济条件下，竞争与合作无处不在，这是由资源的稀缺性所决定的。无论是竞争还是合作，对酒店业的整体发展都是至关重要的。良好的同行关系有利于保障公众利益，有利于保障酒店的利益，有利于促进行业的共同发展。

2. 处理同行关系的基本策略

（1）端正态度，更新合作与竞争观念。酒店的生存和发展离不开其他组织的支持与合作，酒店之间应遵循互利互惠的原则互相合作，努力达到"双赢"的局面。另外，竞争不代表你死我活、两败俱伤，相反，竞争是市场发展的动力。在现代社会，没有了合作就没有整个行业的发展，而没有竞争，整个行业就失去了活力。因此，合作与竞争同等重要。

（2）制定相关政策法规，营造公平的合作与竞争环境。酒店之间的合作虽然是以共同利益为基础的，但是由于各个组织都有各自的利益和目标，因此在合作过程中双方之间难免会产生矛盾。行业之间可以通过完善经济合同来明确各自的权、责、利关系，以确保各个酒店自身经济利益的实现，正确处理各种可能发生的纠纷和矛盾，促进合作关系在法律制约下更加稳固和谐。此外，行业管理部门应该确定一些各企业都应遵守的竞争原则，如坚持竞争者之间的地位、机遇平等性原则，不搞地方保护主义；事业上的竞争不妨碍正常的交往、合作和理解；竞争坚持优胜劣汰的原则；坚持竞争的合法性和正当性，对于非法、恶意竞争，应给予惩罚和制裁等，保证竞争公平而有序地进行。

（3）遵循平等互利的原则，促进共同发展。无论是竞争还是合作，酒店都应该把相互之间的关系建立在平等互利的基础之上，在工作中相互理解、相互信任、相互尊重、相互支持、相互帮助，在和谐的合作和竞争环境中，共同努力奋斗。在合作中求生存，在竞争中求发展，争取实现各个企业的共同发展。

（四）政府公众

1. 政府公众的重要性

政府公众是指政府各行政机构、各级官员和各职能部门的工作人员，即酒店与政府沟通的具体对象。任何组织作为社会系统的组成要素，都必须服从政府的统一管理。酒店作为独立的实体，与各级政府职能机构有着不可分割的联系。只有符合社会经济的发展要求，才能得到政府在财政、税收、信贷等方面的支持，政府的认可和支持具有高度权威性和影响力。政府还是一个有效的协调机构与信息库。它通过有效手段，协调企业与其他社会组织在经营中发生的冲突与摩擦。在政府的帮助下，企业可以寻找合适的合作伙伴，以加速企业的发展。政府与酒店之间是一种行政领导、指导协调、检查监督、扶持服务的关系。企业协调好与政府关系的目的，就是更好地争取政府各职能部门的支持和帮助，为企业形成有利的政策、法律和社会管理环境。

2. 处理政府关系的基本策略

（1）遵纪守法，顾全大局。充分认识政府职能；认真研究、准确掌握、坚决贯彻政府的政策政令法规，使企业的一切活动在政策法令许可的范围内进行；及时、全面、准确地掌握政府的有关方针政策，从宏观上自觉接受政府的调控和指导；要注意政策法令的变动情况，随时调整企业的目标、计划和公关活动。

（2）主动承担社会责任。除了追求经济利益外，还要承担企业的社会责任与义务。积极投身社会公益事业，积极利用自身劳动密集型企业的优势为社会提供更多的就业机会等，帮助政府解决难题，树立和改善企业在公众心目中的形象，获得政府公众的理解和支持。

（3）保持联系，注重沟通。酒店应向政府有关部门及时提供信息、通报情况，保持经常的沟通，让政府部门熟悉本企业、了解本企业，争取政府对企业的支持和帮助，获得有利于企业发展的更多机会。

（五）社区公众

1. 社区公众的重要性

社区公众是指酒店所在地的区域关系对象，包括当地的管理部门、地方团体组织、左邻右舍的居民百姓。社区关系亦称区域关系、地方关系、睦邻关系。社区是一个组织赖以生存和发展的基础，“天时、地利、人和”是任何一个组织获得成功的必要条件。只有与所在社区的个人、群体或组织处理好关系，酒店才能够谋求更大的发展。社区关系直接影响着酒店的生存和发展环境，社区如同酒店扎根的土壤，没有良好的社区关系，酒店就会失去立足之地。良好的社区关系有利于塑造酒店良好的公众形象。社区可以为酒店的发展提供充足的劳动力资源，酒店的发展也能够促进社区就业问题的解决，双方可以实现共赢。社区是酒店相对稳定的购买力市场。

2. 处理社区关系的基本策略

社区公众属多层次、多种类且分散型的社会公众，要搞好社区关系，必须抓住共同利益这个根本。

（1）与社区采取睦邻友好政策，做好信息沟通工作。通过各种方式，将本酒店的宗旨、发展目标、管理状况等传递给社区公众，增加酒店的透明度，争取社区公众对酒店的支持与合作。及时收集社区公众对酒店形象的反馈，在了解社区公众看法的基础上，客观地分析本酒店的外部形象。

（2）积极参加社区的公益活动，主动解决社区困难，为社区的发展尽职尽责。在适当时机进行资助或赞助活动，如改造社区环境、发展福利事业、赞助文化和体育事业、支持办学等。利用适当的时机，邀请社区公众参观本酒店，或邀请他们参加联谊活动，请他们为酒店的发展献计献策，为酒店赢得较好的口碑。及时了解社区的需求信息，尽力提供可能的帮助，向社区开放本酒店中的一些服务设施和娱乐设施等。

（3）主动承担必要的社会责任和义务，爱护社区，在社区的物质文明和精神文明建设方面发挥重要作用，为社区造福。酒店应加强自身完善，不做有损社区利益的事情，如对废水、垃圾等的处理一定要妥善，防止环境污染。

（六）名流公众

名流公众是指那些对于公众舆论和社会生活具有显著影响力和号召力的社会名人，比如政界、工商界的首脑人物，科学、教育、学术界的权威人士，文化、艺术、影视、歌坛和体育方面的著名人物，新闻出版界的舆论领袖等。他们人数虽少，但传播的作用很大，能迅速聚焦舆论，影响力很强。通过社会名流去影响公众和舆论，往往具有事半功倍的效果。建立良好的名流关系的目的，是借助名流的知名度扩大企业的公共关系网络，扩大企业的公众影响力，提升企业的社会形象。

酒店可以利用社会名流的知识和专长为组织发展建言献策。社会名流往往具有一定的知识和专长，酒店与社会名流建立良好的关系，能充分利用他们的见识、专长为酒店的经营管理提供有益的咨询和建议。

酒店可以利用社会名流的关系网络赢得客源。名流在社会上的影响力是其他普通公众所无法匹敌的，他们大多具有广泛的人际关系网络，酒店可以凭借他们的社会资源为自己吸引和招徕更多的客源。有些社会名流虽然不能够直接为酒店提供客源，但由于他们与社会各界有广泛的联系，或对某一方面的关系有特别重大的影响，酒店能通过他们与有关公众对象疏通关系，扩大社会交往范围。

酒店可以利用社会名流的声望提高知名度与美誉度。社会名流往往具有一定的社会声望，酒店通过与他们建立良好的关系，就能够凭借其在社会上的影响力而提高自己的知名度和美誉度。著名的旅游酒店有很多接触社会名流的机会。对于这些酒店来说，要很好地抓住这样的良机，通过为名流提供高质量、完善的服务来赢得他们的认可，并通过他们的影响力来提高酒店的美誉度。

（七）国际公众

国际公众主要指企业在公共关系活动中面对的不同国度和不同文化背景的外国公众，包括对象国的企业、政府、媒介、商人、旅游者等，其中主要是旅游者。旅游者来华的主要目的是观光旅游。他们来自世界各地，具有一定的经济实力。从传播学角度讲，他们是积极受众。从公关的角度看，他们是酒店公共关系的行为公众。酒店业作为窗口行业，更应在国际旅游者心目中树立良好的国际形象。酒店要争取国际公众的了解、理解、认可和支持，塑造良好的形象，创造良好的国际声誉。此外，在华工作的外国人士也是酒店涉外公关的重要对象。由于他们对我国了解程度较深，并具有自己的独到见解。与他们建立良好关系，争取他们的信任、好感与支持，酒店将从中受益。

酒店要把自己的经营特色、技术力量、独到的经营观念和独特的外观形象，通过各种渠道和富有创意的传播手段，在国际上亮相，引起国际公众的注意，并留下深刻印象，使酒店的知名度、美誉度得到提高。酒店涉外公关活动还要注意监测对象国政治、经济、市场、社会舆论、公众需求的变化等，在监测的基础上进行分析、预测，为酒店制定总体目标和决策提供咨询依据。酒店还要随时搜集、汇总各种信息情报，编纂和印刷企业专刊，制作和发行宣传材料，加强宣传攻势，在旅游主要客源国多做公关宣传活动，吸引更多的国际旅游者，开拓国际旅游入境市场。

公关案例

茶叙外交：“大莲花”里的茶香

项目小结

公众是公共关系学中的一个重要概念，是公共关系对象的总称。酒店公众是与酒店相互联系、相互作用的个人、群体和组织的总称。酒店公众是酒店公共关系的对象，即酒店公共关系客体。在市场经济条件下，酒店必须重视公众的利益、了解公众的意见、满足公众的需求、树立公众意识。酒店公众对象的构成非常复杂，公关工作的首要任务是要区分公众类别、明确目标公众，在此基础上制定组织的公关策略和方法。

酒店公共关系目标公众可以分为内部公众和外部公众。内部公众主要包括酒店内部员工、全体股东和员工家属。外部公众主要包括顾客公众、媒介公众、同行公众、政府公众、社区公众、名流公众和国际公众等。这些公众各有特点、各有作用，酒店只有协调好与各类公众之间的关系，才能赢得企业生存、发展和壮大的良好空间。

思考与探究

1. 为什么要对公众进行分类？一般有哪几种分类方法？

2. 酒店的目标公众有哪些？这些目标公众各自对酒店施加什么影响？

3. 请你帮助某五星级酒店制定一份内部员工沟通制度。

4. 有客人投诉酒店大堂地面打蜡时，不设护栏或标志，以致客人摔倒导致骨折。假如你是该酒店的公关经理，你会如何处理这件事？

5. 假如你是某酒店的公关人员，要联系当地一家知名报社报道酒店本季度主打产品，你将做哪些准备工作？和对方如何打交道？你希望报社报道的内容、形式是怎样的？

6. 以当地某一酒店为背景，分析该企业有哪些社区公众，并撰写一份如何处理好与这些社区公众关系的建议书。

案例分析

案例分析

向善而行，向美而行：绿城系酒店首届“慈善公益月”活动收官

讨论分析：

1. 这种公关活动对酒店来说有何意义？
2. 酒店为什么要履行社会责任和义务？
3. 酒店要与社区形成良好关系，需要做哪些公关工作？

技能实训

绘制组织公众图

任务概述：选定一家酒店进行公众分析，并绘制酒店的公众图。

要求：对选定的酒店进行调研，分析与它们工作相关的公众对象，并进行分类。

任务：对选定的酒店进行公共关系目标公众分析，并画出酒店的公众图。

实施步骤：

1. 教师组织学生对所选定的酒店开展公众分析。
2. 仔细区分内外部公众，并制定公关制度。
3. 以清晰的图形在班级展示。

关键提示：

1. 熟悉公共关系的三要素、公众特征、公众的分类方法。
2. 要求结合选定的酒店进行公众分析。
3. 对选定的酒店进行沟通、访谈，并罗列公众类别。
4. 要求罗列的公众具有针对性，以利于今后工作的展开。
5. 公众图制作美观、清晰，效果佳。

任务小结：通过对本任务的实施，使学生明确所选定酒店的公众，并进行仔细分析，为今后一系列公共关系活动的开展打下扎实的基础。

项目四

酒店公共关系传播

任务一 酒店公共关系传播概述

任务二 酒店公共关系传播媒介

任务三 酒店公共关系传播效果

导　语

传播是公共关系工作的重要手段，是公共关系的基本要素，是促进公众了解和信任组织的一种手段。传播媒介是沟通公共关系主体与客体之间的桥梁，能否有效地利用各种传播媒介，是酒店成功开展各种公共关系活动的关键。酒店必须运用传播这一手段与社会公众相互沟通、相互了解和相互适应，巧妙地运用信息传播去影响公众，引发公众行为，造就有利的舆论环境。研究和有效运用公共关系传播，对于卓有成效地推进酒店的公关工作有着十分重要的意义。

学习目标

- 掌握传播的含义、基本特征、类型
- 学会根据不同传播媒介的特点，选择适合特定公共关系活动的传播媒介
- 了解酒店公共关系传播中的影响因素
- 初步掌握传播效果分析方法

关键术语

传播　公共关系传播　人际传播　大众传播　组织传播　传播媒介

任务一　酒店公共关系传播概述

酒店公共关系活动从本质上说是一种信息传播活动，它是酒店开展公关活动、营造组织环境的手段，离开了传播，酒店就难以与公众发生联系。

一、传播的含义

传播译自英语 Communication ，源自拉丁语 Communis（Community)，原意为“通信、传达、交流、交换、沟通”等，通常指人与人之间通过一定的符号进行的信息的双向交流与共享的过程。传播是伴随着人类的诞生、发展而发展的，是人类普遍存在的一种社会行为，世界有了人类就有了传播。我们听、我们看、我们说，甚至我们想，这都是在传播或被传播。从某种意义上说，人类就是在传播活动中发展起来的。

酒店业是一个开放性、服务性行业，需要与公众进行良好的沟通，否则就会影响到服务质量和组织形象。酒店公共关系传播是指酒店组织与公众之间通过一定的媒介和渠道，达到信息交流、融通和分享的活动和过程。

二、传播的基本特征

传播作为信息交流的过程，具有以下主要特征。

（一）社会性

传播是人类为维持社会生活而进行的一种社会行为，任何传播行为都离不开社会，人类社会也离不开传播行为。公共关系传播正是现代社会组织同各界社会公众、社会环境进行信息交流的活动。

（二）双向性

传播是双向互动性行为。传播者在向传播对象传播信息时，也随时接收来自对方的反馈信息，并不断地调整自己的传播行为。传播是一种双向、互动的、循环的作用过程。

（三）工具性

信息传播是人们相互联系的工具和纽带，人们通过信息传播加强联系和沟通。酒店公共关系工作者利用传播原理、传播手段为企业服务。

（四）广泛性

传播行为无处不在，无时不有。小至日常生活琐事，大至报道信息、宣传政策、传授知识、国际交往等，都需要进行传播。公共关系人员要借助不同的传播方式，巧妙地传播信息。

（五）共享性

传播活动的过程就是将信息分享的过程。传播不同于传递，传递是将某物送出去，而传播则是实现共同拥有。最有效的传播就是能与传播对象共享信息内容，在立场、观点、行为等方面达成共识。

三、酒店公共关系传播的作用

（一）及时传递信息

为了更好地让公众了解企业的发展动态，酒店公关部门不仅需要搜集信息，而且需要传播与企业发展相关的信息。这些信息包括与产品和服务相关的信息、与组织人事更迭相关的信息、与组织重大决策相关的信息等。

（二）密切联系公众

酒店业是服务性行业，客人与酒店之间直接接触的机会多，为了提高员工的忠诚度和顾客的满意度，就需要与企业的内、外部公众进行有效沟通，了解内、外部公众的想法和对企业的意见、建议，同时，通过开展生动活泼的活动，吸引内、外部公众参加，联络感情，与他们建立良好的关系。

（三）化解公关危机

在当今的市场环境中，危机时有发生。危机对于组织来说，既是挑战也是机遇。酒店公共关系传播过程中的危机主要表现为组织与公众的争执、公众之间的纠纷、意外伤害以及其他一些难以预测的事件。在处理危机的过程中，离不开内、外部公众的理解和支持，危机能否化解取决于企业能否实现与组织内、外部公众的有效沟通，信息在其中起着至关重要的作用。

四、酒店公共关系传播的基本要素

（一）传播的基本要素

依据传播的完整性要求，任何一种传播活动都必须包含下列基本要素。

1. 传播者

传播者是信息传播的提供者与发布者，又称“信源”，即信息的发源地。传播者的任务是搜集信息、筛选信息、加工信息、实施传播、收集和处理反馈信息等。在酒店公关传播中，传播者是酒店组织。

2. 传播对象

传播对象是指传播过程中信息的接收者和反应者。从信息运动的角度看，传播对象是信息的归宿和目的，故被称为信宿。公关中的传播对象一般是公众，既可以是社会组织，也可以是个人。

3. 传播内容

传播内容是指被传播的信息中所包含的意义，传播的实质是信息的沟通。在酒店公关传播中，传播内容大体可分为两类：一类是告知性内容，即向公众报告企业的目标、宗旨、纲领、方针、经营思想、实力、行为、产品和服务质量等组织的有关情况，使公众知晓了解；另一类是劝导性内容，即劝说呼吁公众采取组织所希望的某种行动，如参加酒店发起的某种活动、购买酒店的产品或接受酒店的服务等。

4. 传播渠道

传播渠道指的是传播的中介和途径，即“信道”，是信息的搬运者，也是传播过程中的各种因素连接起来的纽带，如报纸、电视、互联网等。

5. 传播反馈

传播反馈也称信息反馈，指传播对象接收到信息后，将自己的反应性信息传递给传播者的行为。传播者可以利用反馈来检验传播的效果，调整和改进下一步的工作。

（二）酒店公共关系传播的基本要素

酒店公共关系传播的基本要素主要包括以下方面。

1. 酒店组织

酒店公共关系传播的主体是酒店组织，是信息的发出者。酒店必须经常向那些与企业的发展有某些直接或间接利害关系的人、群体和组织发布信息，主要目的是影响或改变公众的态度，有利于公众了解企业的政策、目标和行为。

2. 目标公众

酒店公共关系传播的对象包括内部公众和外部公众。内部公众和外部公众构成了酒店公共关系的主要内容，这些关系的处理直接影响到酒店的发展，甚至影响到酒店的生死存亡。因此，在现代化的酒店组织管理中，从总经理、部门经理到工作人员，都应该树立正确的公共关系意识，必须将公共关系意识变成全体成员的意识并贯穿到经营管理的全过程中去，充分发挥公共关系的管理职能，树立企业的良好形象，达到企业经营管理目标。

3. 组织信息

这是酒店公共关系传播的内容，酒店组织收集信息、处理信息，向公众发出信息，是公共关系传播活动的主要工作。正确的信息、明确表达及适时发出均体现了公共关系操作的高超艺术性。

4. 传播渠道

酒店公共关系有着丰富的传播渠道，既包括人际传播、组织传播，又包括大众传播等。酒店组织可以根据传播对象的特点、公关目标的要求及组织的经济实力有针对性地选择传播渠道。

5. 反馈

酒店公共关系的传播要与公众实现双向互动交流。对于酒店来说，公众的反馈是组织继续传播的依据，公众对其产品和服务的意见和态度是组织今后改进工作的动力和方向。同时，公众的需求在不断发生着变化，这就要求酒店随时了解公众的心理需求，运用双向沟通的方式展开公关调查。

五、酒店公共关系传播的类型

传播是实施公共关系的手段。根据传播途径的不同，传播可以分为几种基本类型：自我传播、人际传播、组织传播、群体传播和大众传播。酒店公共关系活动的各个环节中涉及各种传播方式。下面列举几种常见的传播方式，并分别阐述它们的公共关系意义。

（一）自我传播

1. 自我传播的定义及特点

自我传播又称自身传播，是发生在一个人体内的一种信息交流活动，是人受到外界信息刺激后，在头脑中进行的传播活动。其表现为自言自语、自问自答、自我发泄、自我陶醉、自我斗争和沉思默想等。自我传播是个人内心的思想活动，是一切传播活动的基础。

2. 自我传播的公关意义

酒店公共关系人员要具有自我意识和自我觉醒，要正确认识自我，正确对待自我，经常完善自我，从而更好地代表酒店处理公众关系。

（二）人际传播

1. 人际传播的定义及特点

人际传播是在两者或两者以上之间进行的直接交流、传播信息的行为。人际传播包括面对面的人际传播和非面对面的人际传播两种情况。前者如交谈、讲课、举行报告会等；后者如打电话、写信、发电子邮件等。人际传播是最常见、最普遍、渗透人类生活一切方面的一种最基本的传播方式，也是人与人社会关系的直接体现，是组织传播和大众传播的基础。

《人际传播社会交换论》一书中指出，人际传播是一种社会交换，社会交换的主要是六种资源：物品、金钱、服务、信息、地位、爱。人际传播交换的主要是后三种资源。人际传播具有交流充分、反馈及时、信息真实等优点。其缺点是：传播范围小，传播的影响力有限，不能满足大规模的传播要求。

2. 人际传播的公关意义

人际传播媒介有利于双方充分交流，便于加深相互之间的了解，增进感情。

（三）组织传播

1. 组织传播的定义及特点

组织传播就是各种相互依赖关系结成的网络为了应付环境的不确定性而创造和交流信息的过程。具体而言，组织传播是组织内部成员之间、组织与组织之间、组织与外部环境之间交流信息的活动。组织传播可以沟通、疏导组织内部上下之间、成员之间的关系，建立、发展组织与组织之间的联系。

组织传播有特定的主体，活动具有公众性，传播对象多且复杂，传播具有明确的目的性和可控性。组织传播是酒店联系内外公众，疏通与密切各种关系的重要手段，也是酒店公共关系传播的主要方式。

2. 组织传播的形式

组织传播包括组织内传播和组织外传播两种形式。

（1）组织内传播。

组织内传播专指组织内部的信息交流活动，这种传播的目的是加强组织内部的联系与协作，使组织成员团结一致，提高组织的整体绩效。按组织内传播与组织的关系密切程度可以分为：组织内传播的正式传播和组织内传播的非正式传播。组织内传播的正式传播是指信息沿着一定组织层级（部门、职务、岗位及隶属或平行关系）、环节在组织内流通的过程，一般分为横向传播和纵向传播。横向传播双向性强，互动渠道畅通；纵向传播则有单向流动的性质，又分为上行传播和下行传播两种；组织内传播的非正式传播是指越过组织内的权力等级和制度限制，自由地向任何方向运动的信息传播通道。组织成员借此满足自身的社会需要，如私下交流、个人互访等。

（2）组织外传播。

组织的存在与发展要依赖于组织与外部环境之间的物质、能量和信息的交流。这种交流实际包含着信息流或物质流的输入和输出两个过程。就信息输出而言，宣传活动是一种比较常见的信息传播活动，如公关宣传（新闻发布会）、广告宣传和企业标识系统（CIS）宣传等。

3. 组织传播的公关意义

酒店内部成员的关系通过交流达到和谐，是酒店与外部交流顺畅的基础。酒店与外部环境通过传播达到和谐，也有利于酒店的健康发展，有利于树立酒店的良好形象。酒店与公众沟通，很大程度上依靠信息传播，酒店与公众之间的误解也往往是由于信息不畅造成的。

（四）群体传播

1. 群体传播的定义及特点

群体传播是指人们在某一小群体范围内进行的信息传播活动。如专题报告、演讲会、展览会、商务活动等。其优点是传播速度快、范围大、反馈及时，易于创造热烈气氛和舆论，形成轰动性传播效果。

2. 群体传播的公关意义

酒店公关人员要与大众进行沟通，群体传播是最常应用的手段。一般情况下传播的对象都是有目的性和共同兴趣的，更能达到传播的效果。

（五）大众传播

1. 大众传播的定义及特点

公共关系的大众传播，是指专业化的媒介组织运用先进的传播技术和产业化手段，以社会上一般大众为对象而进行的大规模的信息生产和传播活动。它以大众报刊的出现为标志，之后经历了电报、电影、广播、电视、网络传播的进步，目前已渗透到社会的各个角落。

> **知识拓展**
>
> 什么是大众传播

大众传播是影响力巨大的信息传播，是公共关系工作中最常见的、最现代化的传播类型。这种传播方式具有如下特点：

（1）广泛性。

大众传播拥有大量的受众，涉及不同的地域、不同的阶层，分布在不同的空间和地点，相互之间没有紧密联系；大众传播能在短时间内使很大范围的社会层面获得信息，其传播的速度非常快，覆盖的范围相当广。无论是从时间还是空间效果来看，大众传播均是影响力最大的一种传播方式。一条信息可以传播到一个地区、一个国家，甚至全球范围，从而产生巨大的影响。这是人际传播方式所不能比拟的。

（2）间接性。

大众传播过程是运用现代化的传播媒介如广播、电视、互联网等进行信息传播的，传播过程中传播者和受众不直接接触。

（3）专业性。

专业性是指传播机构的专业化和传播手段的技术化。现代大众传播是个专业化很强的行业。它由专业机构或专门人员从事，如报社、杂志社、电台、电视台、网络平台和其中的记者、编辑们。同时，大众传播借助于现代印刷、摄影、电话、电传、无线电、激光等技术手段，操作难度和技术含量很高。

（4）高效性。

高效性指信息量大，传播速度快。大众传播使用现代传媒，大量高速地复制和传递信息。网络和其他电子媒介同步传播能够使所有信息瞬间即至，具有强大的公众舆论影响力。所以，大众传播已成为公共关系工作最有效的手段。

（5）反馈难。

由于大众传播多是单向的，缺乏直接和有效的反馈通道，所以反馈的过程比较长，很难得到及时、准确、充分的反馈。其受众广泛而不确定，针对性较差，且和传播者之间没有直接的、即时的联系，因此，信息反馈间接而缓慢，传播者很难及时、准确得到反馈。

2. 大众传播的公关意义

大众传播公众人数多、范围广，可以迅速扩大企业的知名度。同时，由于大众传播具有客观性，容易获得公众的信任和认可。因此，酒店要利用大众传播的特点，与公众建立良好的关系，树立企业品牌形象。酒店公关人员不仅要熟悉传媒机构的特点，还要了解大众传播操作实务的规程，同时还要和编辑、记者建立良好的工作关系和个人关系。

以上几种传播类型在信息传播的数量、质量、速度、范围、效果上相互补充和渗透，但不能相互替代。在酒店公共关系工作中，公共关系工作人员应根据实际情况，选择不同的传播类型，有时也可综合运用各种传播类型，目的就是取得最佳的传播效果。

任务二 酒店公共关系传播媒介

传播只有通过媒介才能进行，在大众传播中，媒介更是必不可少。掌握媒介的特点和使用规律，对于酒店公共关系工作具有重要的意义。

一、传播媒介的基本概念

传播媒介，也称传播渠道、信道、传播工具等，是传播内容的载体。没有传播媒介，信息就无法实现传播。

传播媒介有两层含义：一是指传递信息的工具和手段，如电话、计算机及网络、报纸、广播、电视等与传播技术有关的媒介；二是指从事信息的采集、选择、加工、制作和传输的组织或机构，如报社、电台、电视台、网络平台、自媒体等。一方面，作为技术手段的传播媒介的发达程度决定着社会传播的速度、范围和效率；另一方面，作为组织机构的传播媒介的制度、所有制关系、意识形态和文化背景决定着社会传播的内容和倾向性。这里所讲的酒店公共关系选择的传播媒介是指传递信息的工具和手段。

二、传播媒介的分类

（一）按传播媒介的物质形式划分

1. 符号媒介

语言、文字、图像、声音等在传播学中被称为符号，将它们组成特定的编码系统，则是符号媒介，它包括语言媒介、文字媒介和技术媒介三种。符号媒介是现代社会运用最广泛的传播媒介，也是公共关系工作中最重要的媒介。酒店公共关系人员必须具备一定的符号编码技术，如写作、设计等。

2. 实物媒介

实物本身就是传递信息的载体。实物媒介指实物中包含的信息，包括产品、公共关系礼品、象征物（吉祥物）等。实物媒介具有较强的可视性、可信性，但传播范围较小。

3. 人体媒介

人的谈吐、行为、服饰等都可以传递一定的信息。人体媒介是一种特殊的传播媒介，易于建立双方情感，树立组织形象。

公关案例

酒店伴手礼，请带我回家

（二）按传播媒介的社会属性划分

1. 大众传播媒介

大众传播媒介是指在社会分工中，专门负责向社会传播公共信息的各种媒介，如新闻媒介和政府有关统计、公报等。

2. 自控传播媒介

自控传播媒介是指企业自己控制和掌握的媒介，如内部报刊、电视台、书籍、板报、墙报、宣传橱窗、网站、手机 App、微信公众号等。

公关案例

这些酒店的制服堪比米兰时装秀

3. 人体传播媒介

人体传播媒介是指以人的语言、行为、外在形象（表情、服饰、举止）、内在素质和社会影响作为信息传递的载体，如酒店形象大使、形象代言人、酒店金钥匙代表等。

三、酒店公共关系传播媒介类型

（一）印刷媒介

印刷媒介是指将文字、图片等书面语言、符号印刷在纸张等介质上以传播信息的大众传播媒介，如报纸、杂志、宣传册、传单等。印刷媒介的信息量大，可对信息做较详尽的表述和表现；它易于保存及重复阅读，成本低廉，篇幅也不受限制。不过，印刷媒介传播信息时效性较差，不如电视、网络迅速、及时，同时不够形象、生动，并要求读者具有一定的文化水平和阅读能力，这在一定程度上限制了其受众面。

（二）电子媒介

电子媒介主要是指以广播、电视、电影、音像、视频等形式传输声音、文字、图像的传播工具。电子媒介如广播、电视等具有传播速度快、覆盖面广、适合不同文化程度的广大受众的优点。特别是电视，能同时传播音像、色彩、文字信息，综合了人的听觉和视觉效果，声情并茂，能引起受众的兴趣。其缺点是限于特定的时间内，信息稍纵即逝，且制作成本高。

（三）新型媒介

新型媒介又可分为网络媒介和手机媒介，这两类传播媒介既有共性，又有个性。

1. 网络媒介

网络媒介作为一种新型媒介，结合了印刷媒介和电子媒介的优点，又克服了它们的弊端。网络的出现，改变了人类的传播意识、传播行为和传播方式，并影响到人类社会生活的方方面面。网络媒介代表了现代传播科技的最高水平，是人类传播史上的又一个里程碑。

网络媒介方便、快捷和低廉，其主要方式有电子邮件、网络电话、网页、网络论坛、博客、即时通信、手机 App、专业网站和评价系统、企业局域网等。

知识拓展

为什么使用电子邮件？

（1）电子邮件。

电子邮件（E-mail）是指通过电子通信系统进行书写、发送和接收信件，是目前最常见、应用最广泛的一种互联网服务。电子邮件是一种重要的传播媒介，与传统邮件相比，它具有传输速度快、内容和形式多样、使用方便、费用低、安全性好等特点，广泛用于日常工作交流、传递公司的产品与服务信息、获取外界信息和展示企业形象等。

（2）网络电话。

网络电话又称 VOIP 电话、Internet Telephone 等，是通过互联网直接拨打对方的固话和手机，包括国内长途和国际长途，有着自身的特点以及传统业务所无法比拟的长处，并已成为互联网应用领域的一个热点。网络电话是建立在互联网基础上的新型数字化传输技术。

（3）网页。

企业是网页传播的主要使用者，其借助于网页来达到传递信息、实现交流的目的。对于已建立网站的企业而言，需要建立“关于我们”或“如何联系我们”的网页。这个网页应包括客户可能需要的企业的有关电子邮件地址，而且从网站中的其他网页都能链接到这个联系网页。其次，有效的网页沟通必须由精通网络技术的相关人员担任邮箱的管理者，解答沟通中出现的问题。

（4）网络论坛。

网络论坛（BBS）简单理解为发帖、回帖讨论的平台，是互联网上的一种电子信息服务系统。它提供一块公共电子白板，论坛的所有成员都可以在上面写，大家可以互相讨论、交流观点、寻求帮助、发布信息或提出看法。它是一种交互性强、内容丰富且及时的互联网电子信息服务系统，用户在 BBS 站点上可以获得各种信息服务，进行讨论、聊天等。

（5）博客。

博客（Blog）是一种通常由个人管理、不定期张贴新的文章的网站。博客上的文章通常根据张贴时间，以倒序方式由新到旧排列。许多博客在特定的主题上提供评论或新闻，其他则被作为比较个人的日记。一个典型的博客会结合文字、图像、其他博客或网站的链接及其他与主题相关的媒体，能够让读者以互动的方式留下意见。大部分博客内容以文字为主，有一些博客专注于艺术、摄影、视频、音乐、播客等各种主题。随着社会发展，越来越多的人利用碎片时间以文字、图片、视频等形式与他人沟通。经过一段时间的发展，博客逐渐演变为微博。

微博是微型博客（MicroBlog）的简称，即一句话博客，是一种通过关注机制分享简短实时信息的广播式的社交网络平台。微博是一个基于用户关系分享、传播和获取信息的平台。用户可以通过 WEB、WAP 等各种客户端组建个人社区，以 140 字（包括标点符号）的文字更新信息，并实现即时分享。微博作为一种分享和交流平台，更注重时效性和随意性。与博客相比，微博更能表达出每时每刻的思想和最新动态，而博客则更偏重于梳理自己在一段时间内的所见、所闻、所感。

（6）即时通信。

即时通信（Instant Messaging，IM）是一种可以让使用者在网络上建立某种私人聊天室的实时通信服务。大部分的即时通信服务提供了状态信息的特性——显示联络人名单、联络人是否在线及能否与联络人交谈。目前在互联网上受欢迎的即时通信软件包括微信、腾讯 QQ、飞信、易信、阿里旺旺、YY、Skype、Google Talk 等。

（7）手机 App。

手机 App 就是应用软件，现在主要指的是 iOS、Mac、Android 等系统下的应用软件。很多服务企业都开发了自己的手机 App，用户下载后可以方便地了解企业信息、产品信息，提出建议以及参与会员卡积分等活动，也可以与企业保持密切沟通，是一种便捷的沟通方式。

知识拓展

学习强国 App

（8）专业网站与评价系统。

目前国内的互联网活跃着一批专业运营旅游业务的网站，包括酒店预订、机票预订、旅游度假一站式解决。这些专业网站市场巨大、客户群体众多、合作资源广泛、营销手段多样，是很多酒店进行营销的合作渠道，也是很多客人在选择旅游企业时经常光顾的专业网站。其中，国内的旅游运营商包括携程、途牛、飞猪、艺龙、美团网等，国外知名的旅游网站有 Booking.com、Airbnb.com 等。

（9）企业局域网。

企业局域网是基于网络的企业内部信息化计算机结构，网络建立在企业各部门的计算机上，离公司较远的用户可以通过合法的网上途径访问存储在总公司服务器中的公司信息。对于员工来讲，从企业局域网上获取信息更为快捷、准确、有效。建立这样的一个企业内联网，可以使来自各个部门的员工或是团队领导、各事业部都能在企业局域网上找到与其各自相关的或者是共同需要的知识或信息，如薪资福利方面的信息、组织内部员工的联络方式、针对不同员工设置的各种培训课程、企业的商业动态、竞争对手的信息等。同时，在内网技术支持下，员工可以和同事们以内网为媒介一起讨论一些小项目，从而促进组织内部的双向沟通。

网络媒介的优点如下：（1）超越时空，范围广泛。信息传播在电子空间进行，全天候开放，可以同步传播也可以异步传播，突破了时空障碍。（2）高度开放，尽显个性。信息量巨大、费用低廉、不分国界、不分民族种族，任何人都可以利用网络平等地获取信息和传递信息。BBS、网络博客、播客及微博、微信的出现，使互联网成为一个平民化的大众传播媒介，传播的主动权不再为编辑和记者独有。旅游组织可以通过电子邮件、网络论坛、博客或者微博与公众进行讨论，并根据反馈优化传播内容。（3）综合媒体，双向互动。网络媒介兼有大众传媒和人际传媒的优势，可以在大范围和远距离双向互动，增加了传播中的反馈。

网络媒介的缺点主要有信息的真实性得不到保证、信息过度泛滥、有用和无用信息充斥在一起、存在个人信息安全问题等。

2. 手机媒介

手机媒介是以手机为视听终端、手机上网为平台的个性化信息传播载体。常见的形式有“手机短信”“手机报”“手机网站”“手机音频广播”“手机视频”“手机电视”“手机小说”“手机 App”“手机博客”“手机微博”等。它是以大众为传播目标，以定向为传播效果，以互动为传播应用的大众传播媒介。被公众认为是继报刊、广播、电视和互联网之后的“第五媒介”。手机媒介是目前为止所有媒介形式中最具普及性、最快捷、最为方便、具有一定强制性的媒介平台。

知识拓展

微信——移动互联时代重要的信息传播平台

手机媒介的基本特征如下：（1）多媒介融合。手机媒介融合了报纸、杂志、电视、广播、网络等所有媒介的内容和形式，成为一种新的媒介。手机媒介的传播方式也融合了大众传播和人际传播、单向传播和双向传播、一对一和一对多、多对多等多种形式，形成一张相对复杂的传播网。与此同时，手机还可以配合报纸、电视、广播、网络等媒介进行互动，利用媒介组合发挥作用，实现“全媒介”传播的新局面。（2）移动性与便携性。手机最大的优势是携带和使用方便。手机的便携性也使得信息的送达率达到最大化。（3）传播范围广、速度快。手机媒介作为网络媒介的延伸，具有网络媒介互动性强、获取快、传播快、更新快及跨地域传播等特性。同步和异步传播有机统一，其传播受众极其丰富。（4）信息传播的即时性、互动性。手机媒介可以随时随地发出和接收信息，不仅可以进行个体间联络，还可以进行群体间联络，用户既是受众又是内容生产者，具有传播者和受众高度融合等优势。（5）私密性与个体性。手机是“带着体温的媒介”，具有私密、随身的特点，并且手机媒介的信赖程度较高。同时，手机媒介消除了大众传播与人际传播的主从关系，使新闻传播更多地表现为个体行为。在新闻传播的速度和广度上，手机用户之间的人际传播已经不亚于大众传播，特别是对于社会性突发事件和地震、海啸、疫病等灾害事件，手机用户进行人际传播常常比大众传播迅速、广泛。

手机作为公共关系宣传的媒介也有明显的不足。例如，手机存在屏幕小、传播虚假不良信息、侵犯个人隐私等问题。随着 5G 时代的到来，酒店公共关系利用手机媒介进行传播大有可为。

四、酒店公共关系与传播媒介选择

酒店公共关系传播是信息交流的过程，也是酒店开展公共关系工作的重要手段。酒店组织是公共关系工作的主体，公众是公共关系工作的客体，传播就是二者之间相互联系的纽带和桥梁。酒店离不开传播，离开了传播，公众就无从了解酒店组织形象，也无法吸引公众消费。酒店作为一种与信息传播活动密切联系的行业，对信息有着天然的和密切的依赖性。尤其是在现代社会，更是离不开无处不在的大众媒介。

传播媒介对酒店公共关系的作用是双重的，传播媒介不仅是酒店公共关系的重要手段，也是酒店公共关系的主要目标。酒店公关活动一方面要借助传播媒介来推广和造势，另一方面媒介又是酒店公关的对象和任务。酒店可以选择的传播媒介很多，每种媒介所发挥的作用各不相同，酒店只有恰当地选好传播媒介，利用传播手段开展公关活动，才能赢得公众的好感和舆论的支持，才能提升知名度、美誉度，进而获得良好的经济效益和社会效益。信息传播不到位或者错误的信息传播都会给公众带来不良导向，从而降低酒店公关的效果，影响企业形象。

酒店选择公共关系传播媒介的原则如下。

（一）以实现公共关系传播目标为前提

不同的社会组织、不同历史时期，传播目标具有很大的差异性，在选择媒介时，不能千篇一律，一定要从实际出发。

（二）以满足传播内容为依据

不同的传播内容要选择不同的媒介。浅显的内容选择电子传媒，反之选择印刷媒介。信息内容侧重于声音，可选择广播或手机音频；侧重画面的呈现，可选择电视、网络或手机视频；内容比较专业，可选择杂志或书籍等；内容有一定的隐私性，可选择电话、书信、邮件或内部书刊；内容保密性弱，需广泛宣传，可选择互联网、电视、报纸。

（三）以传播对象实际情况为条件

公共关系对象具有差异性的特点，比如文化层次、生活习惯、自然环境等，传播对象的这些实际情况都会影响传播媒介的选择。传播对象的文化素质较低，可选择广播、电视；文化水平较高，且传播的内容比较专业，可选择杂志或书籍；传播对象的人数极少，就没有必要使用传播媒介来传播，以免浪费；若传播对象属于流动作业者，广播、手机是比较合适的传播媒介。

（四）以自身经济实力为支撑

充分考虑自身的经济实力，量力而行。不能因为媒介选择问题而影响组织其他工作的日常运行。一般情况下，电视所需费用最高，报纸次之，自媒体最便宜。

任务三 酒店公共关系传播效果

传播效果是传播过程的最终结果，也是对任何传播过程的总体评价。古人云：“良言一句三冬暖，恶语伤人六月寒。”孔子也说过：“一言而兴邦。”这些都从一定意义上说明了传播的效果。酒店公共关系工作其实就是一种传播沟通行为，其传播的目的是向公众传递信息，沟通感情，影响公众的态度和行为，最终顺应企业的期望。因此，酒店公共关系传播的有效性，是以公众按照酒店意欲达成的结果而产生其情感、思想、态度和行为方面的变化为依据的。

一、酒店公共关系传播的层次

在酒店公共关系活动中，酒店通过传播与公众沟通，希望最终获得理想的效果。传播效果一般可以表现为信息、情感、态度、行为四个层次。

（一）信息层次——传递信息

信息层次是公共关系传播最基本的层次。酒店通过各种传播媒介，将组织的信息传播给公众，让公众更多地了解组织，成为组织的知晓公众。

信息层次传播的首要任务是提高酒店的知名度和美誉度。因此，在信息传播时必须客观真实。只有客观真实的信息，才能使公众更准确地了解和认识酒店，并对其产生信任和好感。酒店要尽量加大信息传播的频率和强度，让更多的公众接收到酒店的信息，让接收者受到强烈的信息刺激，形成深刻印象。

（二）情感层次——联络感情

情感层次主要是针对知晓公众进行传播。通过组织与公众之间的情感交流和沟通，使公众对组织不仅要了解，还要产生依赖感和信任感，对内部公众产生向心力和凝聚力，对外部公众产生吸引力和感召力。

情感层次是传播的中间层次，也是最为复杂的传播层次。首先，要善于借助新闻媒介的作用。作为大众传播媒介，新闻媒介容易使公众对酒店产生信任，影响力和感染力大。其次，要加强即时沟通和情感交流。例如，一封感人肺腑的信函、一段情真意切的欢迎词、一场热烈非凡的联欢会、一次盛情难却的答谢宴会，都能够与公众更好地联络感情，达到以情动人、以诚感人的良好效果。最后，要掌握高超的传播技巧，运用专业的传播手段提高传播的效率，收到良好的传播效果。

（三）态度层次——改变态度

态度决定一切。公众是酒店的支持者还是反对者，主要取决于公众对组织所持的态度。公众在了解组织的信息后，便形成了对组织的态度或看法，这种态度或看法可能具有两种相反的趋向。人的态度一旦形成就具有相对稳定性，从而转化为心理定式，难以改变。因此，公共关系工作的任务就是要通过传播，使公众对组织的态度趋向正面。

（四）行为层次——引发行为

行为层次是传播的最高层次，公众对组织形成了态度后必定产生相应的行为。当酒店形象良好、公众对组织的态度积极友善时，要通过传播使公众对组织产生积极的行为，如拥护酒店决定、购买酒店产品和服务等。当酒店形象不佳、公众对组织的态度消极抵触时，要通过传播改善公众对组织的态度，抑制消极的行为发生，如员工消极怠工、顾客投诉等。

行为层次的传播要求目的性强，信息明确，便于公众采取行动。同时，要加强信息传播的即时性，要在公众行动前传播相关信息。

以上四个层次相互联系。信息层次是其他层次的基础，公众只有了解了组织的信息后才能产生情感，进而形成态度，而态度又是行动的先导，不同的态度会引发不同的行动，因此必须做好每一个层次的传播。

二、影响酒店公共关系传播的因素

公共关系传播的目的就是促使人们改变态度，对传播的信息产生认同感，改变人的态度总是与劝导者、被劝导者和传递的信息有关。因此，要想提高传播的效果，也要从传播者、传播的信息和传播的媒介、传播的对象、时空环境等方面入手。

（一）传播者

传播者是信息传播的起点，是实现有效传播的首要因素。

1. 传播者的权威性

传播者的权威性对于传播的效果有着重要的影响。影响权威性的因素包括专业性、社会地位、职业、年龄等。如专业的机构和专业人士传播的信息更容易被接受，也更容易改变人们的态度和看法。因此，在公共关系传播时，应尽量请权威机构和专家学者发表意见或者代言，增加公众的信任度。另外，传播者的知名度和社会影响力也会对传播产生重要影响，社会知名人士如知名学者、社会名流等对传播都会产生巨大的影响力。

2. 传播者的客观性

传播者的立场、观点越客观、公正，越能够受到受众的认可。因此，公共关系传播应尽量选择持客观立场和观点、公信力强的传播者，如新闻媒体、公证机构等。

3. 传播者的亲和力

要想吸引人们的眼球，就必须选择那些亲和力强、受公众欢迎的人物来进行宣传。传播者的亲和力强、受公众欢迎程度高，其传播效果就好；相反，传播者亲和力差、不受公众欢迎，则传播效果也不佳。因此，在选择传播者时，一定要考虑其亲和力和受公众欢迎的程度，尽量选择品德优秀、公众形象好的传播者。

（二）传播的信息

在传播过程中，如果信息接收者对信息传播者及信息的内容不信任，将严重影响传播的效果。一般来说，信息内容权威性越高，接收者对之就越信服。比如，酒店在做宣传时，都会利用其国家和省级评定的星级（等级）来提高其信息的可信度。

（三）传播的媒介

传播媒介是信息的载体，也是影响传播有效性的重要因素。因此，酒店公共关系人员先要了解和掌握各种媒介的特征，如媒介的性质、传播范围、公众的认可度等，并根据公共关系传播的需要选择恰当的媒介。

（四）传播的对象

1. 研究传播对象的需求

酒店所面对的公众范围十分广泛，其内在需求也是千差万别，为了提高传播的效果，首先必须对传播对象的特点有个全面的了解，这样才能够做到有的放矢。

2. 了解传播对象的接受能力

传播对象的教育背景、年龄和所处的社会文化背景等都会影响其对信息的接受能力。酒店要根据传播对象的实际情况来选择合适的媒体，同时兼顾传播对象对信息的接受习惯。

（五）时空环境

1. 时间因素

从时间的角度分析，真正衡量传播效果的是单位时间内所传播的有效信息量。要想实现有效传播，传播者首先要遵时守信，尤其是在进行人际传播时，姗姗来迟或者无故失约都会给公众在心理和情感上产生负面影响，影响传播效果。其次，要在有限的时间内把更多的信息传播给公众，要求传播者具有较强的信息加工能力和表达能力。最后，要掌握传播的时机。传播时机对传播效果也有一定的影响，应避免在连续紧张工作后或人们的体力、情绪不佳时进行传播，因为这时人们的思绪比较乱，难以有效接收信息。

2. 空间环境

从空间的角度看，传播信息总是在具体的物理空间之中进行的，不同的空间环境会使人对信息有不同的感受，并产生不同的传播效果。如传播双方的距离、空间、氛围等都会影响传播的效果。因此，人际交流的双方要保持一定的距离，要创造良好的交流氛围。

三、改善酒店公共关系传播效果的方法

改善传播效果的方法主要有以下几种。

（一）美化

美化就是给人物或事物加上一些美好的评价或修饰，从而使人产生一个美好的印象，因而无须验证就予以接受或赞赏。在政治宣传、文艺广告和商业广告中，我们常常可以体会到这种手法。

运用美化的基本条件如下：

（1）美化对象要可信，即具有被美化的条件。

（2）美化要适度，用词要慎重。过分美化或脱离实际的胡乱吹捧是对传播对象的欺骗和愚弄，将导致传播的最终失败，使传播对象对传播者及其传播内容产生不信任感和逆反心理。

（二）典型示范

典型示范是指请具有一定声望、名誉或经验丰富的人对传播对象现身说法，来证明和评价人物、事物和观点。在各种广告中，我们常可以看到一些名人在使用某种物品后，用自己的感受来证明这些物品使用效果很好，目的在于利用“名人效应”来吸引和说服传播对象。

（三）引证

有选择、有针对性地引用名人名言、名句，或是列举已有公论的经典事例或理论，也是在公关传播中说服对方、增强传播力量的一种有效方法。这种方法有目的、有倾向性地引用一些对自己有利的事实、论点来证明自己的观点、方案或产品，无疑会产生一定的引导效应，让公众相信和接受传播信息。例如，在广告传播中大量引用权威部门或

权威人士的鉴定意见，或引用大量数据，抛弃那些于己不利的意见和数据，这是引证的具体运用。

（四）重复与强调

重复就是让传播信息多次反复地出现，从而让公众记忆和接受。当一个观念被传播者不厌其烦地向传播对象多次灌输后，就会使对方产生条件反射，就会产生“不用想起，不会忘记”的效应。但要注意在一定时间段内重复的次数不能太多、频率不能太高，否则可能招致传播对象的反感甚至厌烦。

强调则是从加强信息的强度、对比度、新鲜度的角度入手，增加信息刺激的强度，以引起人们的选择性注意。如报纸上粗大的套红标题、高层建筑物上竖起的巨幅广告等。

（五）经验说明

事物发展的前车之辙总是后车之鉴。经验说明的方法就是让事实说话。在公关传播中，采用历史法、经验法、教训法、事实法和现身说法等方法，是效果最直接、可信度最强的方法。一般来说，有事实印证就要让其他方法放在次要位置，因为事实说话最有力。这也是最受传播对象欢迎的一种方法。

总之，恰当地运用一定的传播方法，能帮助我们克服各种传播障碍，准确、顺利地完成信息传递，获得理想的传播效果，实现公共关系计划，达到组织的目标。

四、酒店公共关系传播效果的评价

传播效果是指传播者所发出的信息对传播对象的影响和传播对象对传播内容的反应；传播效果的评价是指对传播对象影响的范围和程度进行分析与衡量。对传播效果的评价可采取以下两种方法来进行。

（一）传播前评价法

传播前评价法是指在传播前进行的一种事先评价法。公关信息都有一个特定的目标，传播前可根据这个既定的传播目标进行直接评价，即邀请部分受众对准备好的几种传播方案（包括传播方式、媒体选择、传播内容、传播时间等）进行直接评价，比较哪一种传播方案与传播目标最为接近，各种传播方案可如何改进，最后确定实施最佳传播方案。

（二）传播后评价法

传播后评价法的具体做法有两种：一是收集反馈意见，检查传播对象的接受程度，以评价传播效果；二是认识程度测试，抽样调查传播对象，让他们回忆信息的中心内容，以测定传播对象对公共关系信息的认知程度，找出传播目标的形象与公众认知形象的差距，以此来评价传播效果。

传播效果在很大程度上受到传播要素的影响和制约，任何一个传播要素不能发挥正常功能，都会导致传播效果失衡。因此，在评价传播效果时，应对传播诸要素的功能进行检测并作出综合性分析，以提高传播效果。

项目小结

本项目着重介绍了酒店公共关系传播知识、传播媒介和传播效果等内容。传播是公共关系主体与客体联系的纽带和媒介，也是酒店开展公共关系活动的基本手段。离开了传播，也就不会有公共关系活动的存在。因此，酒店的公关部门和公关人员要了解和掌握传播的要素，了解各种传播媒介的特点，掌握各种传播的方法和技巧，使酒店的信息得到有效的传播，实现酒店的公共关系目标。

思考与探究

1. 酒店公共关系的传播要素有哪些?
2. 试比较分析几种公共关系传播媒介的长处和不足。
3. 酒店应当如何利用新闻媒介进行公共关系传播?
4. 网络作为一种新型媒体，如何利用它来进行网络公关?
5. 酒店自控媒介有哪些？它们各有什么作用?

案例分析

案例分析

新侨饭店一碗面为何成“网红”？

讨论分析：

1.“永君妈妈的那碗面”属于酒店公共关系传播中的哪一层次?

2.“永君妈妈的那碗面”采用了什么方法进行有效传播?

3.“永君妈妈的那碗面”是如何展现传播者的亲和力的?

4.“产品 + 故事 + 讲故事”的传播模式对你有什么启发?

技能实训

通过《中国旅游报》等媒体或网络查询了解一下近三个月来媒体所关注的有关酒店行业、企业的新闻，选择两则你自己感兴趣的新闻进行分析，看看它采用了哪些有效传播的方法，与同学和老师分享，并作出自己的评价。

模块二 2

酒店公共关系实务篇

项目五

酒店公共关系工作程序

导 语

酒店公共关系人员在开展公关工作时，首先要考虑的问题是从何处入手、如何开展。要使公共关系工作卓有成效，就必须遵循一定的程序，分阶段、按步骤地开展公共关系工作。

1952 年，美国学者斯科特·卡特利普和艾伦·森特在其《有效公共关系》一书中提出："组织与公众的良好关系必须经过精心的策划，必须经过特定的步骤和过程。"这一步骤和过程即公共关系调查、公共关系策划、公共关系实施和公共关系效果评估，我们通常称之为公共关系的"四步工作法"。其中，调查是公关活动的重要前提和基础；策划是公关活动的核心；实施是公关活动中实践性最强的一个环节，是信息传播的过程；评估为进一步开展公关活动提供依据。"四步工作法"是一个环环相扣、首尾相连的有机循环体。

学习目标

- 了解酒店公共关系调查的意义、内容和各种调查方法
- 掌握公共关系调查的基本程序，学会撰写酒店公关调查报告
- 掌握酒店公共关系策划的程序与方法，学会策划酒店公共关系活动
- 熟悉酒店公共关系实施的步骤
- 了解酒店公共关系评估的内容、程序和方法

关键术语

公共关系调查　公共关系策划　公共关系实施　公共关系评估

任务一　酒店公共关系调查

一、酒店公共关系调查的含义

（一）什么是公共关系调查

公共关系调查是社会调查的一种表现形式，是指社会组织运用科学方法，搜集公众对组织主体的评价资料，进而对主体公共关系状态进行客观分析的一种公共关系实务活动。公共关系调查运用定性和定量的研究方法，准确地了解公众对组织的意见、态度和反映，发现影响公众舆论的因素，并从中分析和确定社会环境状况、组织的公共关系状态及其存在的问题，为组织制定切实可行的公共关系筹划方案提供客观的依据。

公共关系调查是企业在开展公关工作的关键前置环节，也是公关活动的"圆心"。公共关系调查运用定量、定性分析来了解企业公关历史、现状，结合公众对企业的意

见、态度、反馈等要素，分析并预测企业内外关系的发展态势。它为公共关系目标的确立和公共关系计划的制订提供了基本依据，也为公共关系方案的实施提供了根本保证。

公共关系调查与市场调查在调查目的、调查对象和调查内容上有明显的区别，两者不可混淆，具体详见表 5-1。

表 5-1 公共关系调查与市场调查对比表

比较项目	公共关系调查	市场调查
调查目的	了解与组织有关的社情民意、公众意见、形象评估等，分析研究公众对组织的整体要求	了解商品形象，分析研究购买者的需求与动机、购买意向与行为及购买后的感受等，以寻求维护和开拓市场的方法
调查对象	组织的相关公众	一般是商品的需求方、竞争者及其他相关部门
调查内容	组织的环境调查、组织知名度和美誉度调查、公共关系活动调查和社会环境调查等	为达成市场目标所进行的社会环境调查及包括产品供应调查、购买需求调查、产品价格调查、竞争者状态调查、销售渠道及促销调查等在内的微观市场调查

（二）酒店公共关系调查的概念

酒店公共关系调查是为搜集有关酒店公共关系状况、公众需要和社会环境等方面信息而进行的调查。酒店公共关系调查可分为一般性公共关系调查和特殊性公共关系调查。一般性公共关系调查是公关工作调查，通过了解情况，掌握资料，来制订公关工作计划，目的在于发展组织自身。特殊性公共关系调查是公共关系事件调查，目的在于解决现实中存在的问题。

二、酒店公共关系调查的意义

任何一项重要的工作都离不开调查研究，公共关系工作更是如此，无论是对重大发展战略的科学决策，还是处理日常的公共关系工作，都始终贯穿着细致的公共关系调查。只有通过公共关系调查，才能获得大量丰富的、真实准确的、动态鲜活的信息，才能根据这些信息决定采取什么样的工作方针和决策。

知识拓展

“没有调查，没有发言权”

（一）帮助酒店进行科学合理的决策

通过酒店公共关系调查研究，才能及时掌握目标公众需求的变化特点，为企业制订各项行动计划和进行科学决策提供依据。只有依靠调查研究，才能有效地防止计划的盲目性和决策的任意性，避免主观主义和形而上学，提高企业的管理水平。

（二）了解酒店在公众心目中的形象和地位

有效的公共关系调查可以使酒店准确地了解其在公众心目中的形象和地位，了解公众对组织的知晓程度以及对组织的评价，从而增强公共关系活动的针对性。

（三）促进酒店及时把握公众舆论

公众舆论是指公众对共同关注的事物所持有的意见或评论，具有强大的影响力。积极的公众舆论有利于组织的发展，消极的公众舆论有损组织的形象，甚至会造成组织的危机。通过公共关系调查，监测公众舆论，有利于酒店及时采取行动，扩大积极舆论，缩小消极舆论。

（四）提高酒店的公关管理水平

通过公共关系调查，能促进企业不断改善管理，提高社会效益和经济效益。进行酒店公共关系调查能够及时了解酒店在市场竞争中的地位，并通过对比调查，反映出综合管理水平上的差距，为提高酒店的竞争能力和管理水平指明方向。

三、酒店公共关系调查的内容

（一）酒店组织自身状况调查

酒店自身的状况是公共关系人员的案头必备资料，无论是撰写新闻报道、解答公众提问、编写组织通讯、制作宣传材料，还是举办展览会、记者招待会，都需要随时查阅和引用这些调查资料。

酒店的自身状况包括以下方面：

（1）酒店的基本情况。如名称、性质、规模、机构设置、法人代表、资产规模、发展历史等。

（2）酒店的成员状况。如文化程度、年龄、性别、职务、职称结构等。

（3）酒店的运行状况。如业务和产品、经营目标、经营方针、管理模式、组织文化、市场状况、企业效益等。

（4）酒店的现状与发展趋势。如市场状况、市场优势与潜在危机、长远目标与规划等。

（5）酒店的形象。如形象状态、形象定位等。

（6）酒店的实力状况。物质实力：物质层面的经营场地、先进设施设备，以及拥有的附属物质情况；技术实力：涵盖专业工作人员的技术和知识体系构成，以及相关器材、经验、技术、专利等；财务实力：包括企业的固定资产、流动资产，以及其总额、人均利润率等；待遇状况：员工薪资、奖励机制、补贴标准，以及其他福利待遇情况。

（二）社会环境调查

任何组织的生存和发展都要受到社会环境的影响和制约，所以酒店必须对自己所处的社会环境进行调查分析，使酒店能够适应环境的发展变化，获得更好的发展。

1. 宏观环境调查

宏观环境调查是对组织所处的政治环境、法律环境、技术环境和社会文化的认识。酒店在开展公关活动前，应对社会、政治、经济形势进行冷静分析，对市场和公众的社会心理进行认真研究。在市场活跃或疲软的不同环境下，公关活动的内容和效果是大不一样的。

2. 市场环境调查

（1）市场需求状况。这包括市场规模、容量，社会购买力和民众消费状况，同类产品和服务的消费者数量及消费间隔、变化、经济能力等。

（2）市场竞争状况。这包括市场中竞争对手和潜在竞争者的生产能力、产品和服务特色、销售策略、公众形象、上下游关系、宣传力度、公关策略等。

公关案例

肯德基
“苏丹红事件”

3. 行业环境调查

（1）行业基础状况。行业内相关企业的数量、发展状况、市场地位和影响力等方面的概况。

（2）特定企业状况。深入调查特定目标企业的经营方针、技术实力、资金实力、人员构成、经营能力、产品与服务具体状况，以及其在公众中的形象和行业地位。

（3）合作机构状况。行业内企业之间存在的合作意向，以及项目状况、项目类型、预期成效等，并通过调查得出是否有企业愿意合作的可能性。

（4）竞争对手状况。企业所属行业中的竞争对手及潜在竞争者的历史、优势、关系网络、关系状态，以及关键人物、技术、合作或竞争关系等。

（三）公众舆情调查

企业在公众舆论中的情况能够反映出品牌美誉度与口碑传播力的情况，同时也能够显示出企业形象在公众内心的亲和度与抗拒度等。

1. 酒店形象调查

所谓酒店形象，就是社会公众对酒店的全部看法和评价。酒店形象调查工作一般从三个方面进行：一是酒店的自我期望形象调查；二是酒店的实际社会形象调查；三是对前两种形象之间的差距进行分析。自我期望形象是公共关系所要达到的目标，而实际社会形象则是公共关系工作的出发点或起点。

（1）酒店自我期望形象调查。

酒店的自我期望形象，是指酒店自己所期望的在公众心目中建立的形象，它是酒店公共关系工作的内在动力、基本方向和目标。期望值越高，酒店要付出的努力就越大。对这一方面的调查分析应从以下两个方面入手：

第一，领导层对酒店形象的期望。酒店的决策者和领导者，对于酒店形象的期望水平、酒店目标的形成、酒店形象的选择及建立，具有决定性的意义。因此，要明确酒店形象，必须首先调查酒店领导层对酒店形象的期望，通过研究他们所拟定的各项目标和政策，领悟领导层的决心和意图；通过研究领导层的思想和经营管理手段，预测出领导者对酒店形象的期望水平和具体要求，以此作为设计酒店形象的重要依据。

第二，员工对酒店的要求和期望。员工是酒店赖以生存的细胞，酒店的目标和政策必须得到广大成员的认同和支持，才能有效地转化为实际行动。因此，要通过调查分析，详细了解员工对酒店的要求、看法及各种批评建议，了解他们对领导层提出的总目标的信心和支持程度，发动全体成员寻找酒店的薄弱环节及改善措施。

（2）酒店实际社会形象调查。

酒店实际社会形象，就是社会舆论和公众对酒店的认识和评价。酒店的员工和管理者对自身形象的估计往往带有主观色彩，容易产生片面性，并且多半估计过高。社会公众对酒店的看法和评价往往较为客观，更能真实反映酒店的本来面貌。

酒店的社会形象好坏，取决于它的知名度和美誉度的高低。知名度是社会公众对酒店认识、了解和知晓的程度。如公众对本酒店的名称、标记、产品或服务等了解的程度和范围如何。美誉度是社会公众对酒店信任和赞赏的程度。如公众是否喜欢酒店的产品、服务及销售方式；是否信任酒店、酒店的员工及其产品、服务，信任度如何。

（3）形象差距分析。

将酒店的实际社会形象与自我期望形象进行比较分析，找出二者之间的差距，可采用"形象要素差距图"进行分析。缩小和弥补这个差距，是酒店今后一段时间内公共关系的工作目标。

2. 目标公众调查

酒店对目标公众的调查包括调查公众构成情况和公众评价情况。

公众的构成情况包括公众的范围、类型、特征，公众的需求、动机、行为特征以及对企业的关系状态和重要程度等。

公众评价情况包括公众对企业接受程度、合法权益、获取信息、被重视度等的评价，对酒店管理水准的评价，对酒店领导行为的评价等。

四、酒店公共关系调查的程序

调查是一种过程，它由相关的几个基本步骤构成。在调查过程中，这几个基本步骤都必须按照一定的程序施行，其目的就是确保前期调查的科学性和调查结论的可靠性。

（一）明确调查目的

这是公共关系调查工作的第一步。调查目的不同，调查方法也不同。在开展调查活动之前，首先要明确调查目的，调查者通过对组织面临的现实的公共关系问题进行探讨，根据实际需要，确定调查的目的。调查目的指导着整个调查的总方向，制约着调查的全过程，所以，只有明确调查目的，才能有针对性、有目的地进行公共关系调查，避免盲目行动导致的工作失误。

（二）制定调查方案

酒店公共关系调查方案就是对某项调查本身的策划设计。调查方案包括以下内容：

（1）调查目标。公共关系活动的目标是由调查的内容决定的，内容在方案中要明确提出。

（2）调查提纲。根据调查任务的需要设计一个详细的调查提纲，将所要调查的问题详尽地列举出来，使调查任务具体化。如要想了解组织员工情况，就需要了解员工年龄、学历、工作经验、工作报酬等。

（3）确定具体的调查范围、调查对象以及调查对象的选取方法。如确定对员工的调查是针对整个组织还是技术阶层或管理阶层、是采用普查的方法还是采用抽样的方法等。

（4）确定调查方法。在制定调查方案时，应规定采用什么组织方式和方法取得调查资料，具体调查方法有访谈法、观察法、问卷法和实验法等。调查采取的方式、方法不是固定和统一的，往往取决于调查对象和调查任务。大、中型调查往往采用多种调查方式和方法。

（5）明确调查实施部门及人员分工。在调查方案中要明确调查活动的承担部门及人员分工，并制订对调查人员的培训计划。

（6）经费预算。在进行调查经费预算时，一般需要考虑以下内容：调查方案设计费和策划费；问卷设计费（包括测试费）、印刷费、装订费；抽样设计费、实施费；调查实施费用（包括试调查费用、调查员劳务费、受访对象礼品费、督导员劳务费、异地实施差旅费、交通费、误餐费以及其他杂费）；数据录入费（包括问卷编码、数据录入、整理）；数据统计分析费用（包括统计、制表、作图等花费）；调查报告撰写费；资料费、复印费等办公费用；管理费、税金等。在一个调查中，通常调查前期的计划准备阶段费用安排占总预算的 20%，实施调查阶段的费用安排占总预算的 40%，后期分析报告阶段的费用安排占总预算的 40%。

（7）确定调查时间、进度和地点。确定调查活动的起止时间和活动的具体地点。调查地点是指到哪里去调查，它通常与调查单位相统一。在设计调查方案的过程中，需要制定整个调查工作完成的期限，通常一项较具规模的调查活动，仅仅从问卷的印制到整个活动的完成，最少也要有 45 ～ 60 个工作日，一些大规模的调查会持续半年到一年。对于有时间性的调查，或规模小的调查等，所需时间多少可以进行弹性安排。

（三）收集调查资料

收集调查资料是整个酒店公共关系调查工作的重点，它的主要任务就是按计划的要求与安排，系统地收集各种资料（包括数据和被调查意见）。

调查资料通常分为原始资料和现成资料两类。原始资料也称第一手资料，这是调查人员通过各种调查方法进行实地调查所取得的资料；现成资料也称第二手资料，是由他人收集的现有的资料。

（四）整理分析资料

整理分析资料是酒店公共关系调查过程中极为重要的一环。一般来说，通过调查所得到的资料还比较零碎、分散，并不能系统而集中地说明问题；某些资料还可能有片面性与谬误等。因而在取得资料后，必须对资料进行系统科学的整理和分析，去粗取精，去伪存真，分析综合，严加筛选，并合理地进行推理。只有这样，才可能客观地揭示事物的内在联系，得出正确的调查结果。

资料的整理分析，主要包括以下工作。

1. 检查核对

检查资料是否齐全而无遗漏，是否有重复与矛盾，甚至有与事实不相符合的情况。一旦发现上述情况，要及时复查核实，并予以剔除、删改、订正和补充，即剔除错误的资料、删除重复的资料、修改订正差错的资料、补充遗漏的资料。调查中检查核实的部分工作是在收集资料时就要完成的。一边收集，一边检查核实，这样便于及时进行订正和补充。

2. 分类汇编

资料经过检查核实后，为了便于归档查找和统计方便，还应按照调查的要求进行分类汇编，即进行分类登录，然后按类摘抄、剪贴、装订、归档，以备查阅；还可将整理后的信息输入电脑。整理资料数据要做到准确、清楚、及时，这是衡量信息资料价值的重要标准。

3. 分析论证

对分类汇编的资料进行分析，得出结论，并依据资料所得出的结论进行论证。分析一般包括定性分析和定量分析。所谓定性分析，是以资料或经验为依据，运用演绎、归纳、比较、分类和矛盾分析的方法找出事物的本质特征或属性的过程。所谓定量分析，是运用概率论和数理统计的测量、计算及分析技术，对社会现象的数量、特征、数学关系和事物发展过程中的数量变化等方面进行描述的过程。为了取得比较符合实际的结论，不仅要进行定性分析，而且要进行定量分析；要在定性的基础上尽量根据不同要求把资料量化，制成统计表或统计图，或计算百分比、平均值等，然后运用这些量化资料进行分析，力求对调查的事物有较深刻的认识，并把有关材料迅速提供给领导部门，作为策划的依据。成功的企业在日常公共关系工作中经常运用以上方法。

（五）撰写调查报告

撰写调查报告是公共关系调查的最后程序。调查报告是公共关系成果的集中体现。撰写调查报告的目的，是为制订科学的公共关系计划方案提供依据，为领导者决策提供参考，寻求领导的支持和帮助。

调查报告是对调查过程的回顾和对调查成果的总结，主要包括以下内容：

（1）调查题目、调查委托人、调查主持人、调查日期。

（2）调查的原因和目的。

（3）调查的具体对象。

（4）调查所采用的基本方法。

（5）调查的结果及有关数据、各种答案的比例。

（6）问卷回收率及抽样误差。

（7）分析结果。

（8）调查者提出的建议。

（9）附件，包括问卷样本、统计数据、背景资料等。

调查报告着重于用调查资料来阐述问题，用资料来支撑结论。撰写调查报告时，要实事求是，资料的取舍要合理，推理要合乎逻辑，同时还要在结构、主题、语言上下功夫。调查报告写好后要及时报送，供决策者决策时参考。

五、酒店公共关系调查的方法

酒店公共关系调查方法，是指为了达到公共关系调查目的而采取的调查方式、途径、手段、措施以及基本技巧等。科学的调查方法是进行有效调查的手段。要进行酒店公共关系调查，就必须掌握其调查方法。公共关系调查的方法多种多样，根据不同标准可以划分为不同类别。下面介绍一些最为常见的调查方法。

（一）访谈法

访谈法又称访问法、谈话法，是社会调查中最古老、最常用的方法之一，是调查人员根据事先预定的主题和内容与调查对象进行面对面的访问和交谈的调查方式。

1. 访谈法的分类

（1）个别访谈法。

个别访谈法就是同某些有代表性或者有深刻见解的个人进行交谈，从中获取信息。个别访谈法一般有两种方式：一是调查员按照事先拟好的调查大纲，逐项发问，让被调查者回答，后期记录整理；二是调查员通过与被调查者的自由交谈，了解所需的信息资料。个别访谈法有两个明显的缺点：一是耗时耗力；二是所获取的信息具有个别性，不能完全代表全体。

（2）小组访谈法。

小组访谈法一般以 6 ～ 8 人为宜，在进行小组交谈时，要事先拟订交谈计划，要求调查员具有熟练的谈话技巧，要善于启发引导，善于综合归纳谈话的内容，同时，又要做到边问边记。小组访谈法的优点是省力省时又省钱，小组成员间相互激发，易获得更有价值的材料。其缺点是小组谈话容易落入俗套，陷入一种开会式的形式中而了解不到真实的、有价值的信息。

2. 访谈提纲的设计

访谈提纲一般包括以下方面：访谈调查目的——为何谈，访谈问题设计——应该问什么问题，明确访谈对象——该问谁，确定访问员——由谁去访问，确定访谈时间和地点——何时何地访问，确定访谈记录方式——怎么记，确定访谈报告方式——怎么写。

（二）观察法

观察法是调查者进入调查现场，用自己的感官及辅助工具，观察和记录被调查对象的表现，从而获得第一手资料的调查方法。俗话说“耳听为虚，眼见为实”。观察法是通过调查者亲眼所见来获取信息，信息的可信度比较高。

1. 观察法的特点

（1）制订周密的观察计划。

它作为调查者有目的、有计划的认识活动，与人们日常生活中随意的、无计划的观察活动不同。公共关系调查的观察，是在组织的调查目的和假设的指导下进行的，需制订周密的观察计划，对观察的内容、手段、步骤和范围作出具体的规定。

（2）利用一定的观察工具。

观察法需要利用一定的观察工具。观察者除了通过视觉、听觉、嗅觉、触觉等感官认识和感知被调查的对象外，还要借助于观察仪器，如照相机、摄像机、录音笔等记录调查的结果。

2. 观察法的实施过程

（1）制订观察计划与提纲。

（2）设计观察监测记录表格。

（3）进入观察现场，做好观察记录。

3. 观察法的优缺点

观察法的优点是它具有直观性、可靠性和灵活性。由于观察者亲自到调查对象的现场直接与调查对象进行接触，有利于排除各种误会和干扰，从而获得第一手信息资料。

观察法的缺点是它的表面性和偶然性。由于调查面相对狭窄，有时受到一定客观条件的限制，因此有可能出现某些片面性。此外，观察法所投入的人力较多。

（三）文献调查法

文献调查法是指调查人员通过查阅各种文献，对媒介所传播的有关组织形象或组织发展信息进行调查、统计分析的一种间接的调查方法。

1. 文献资料的分类

文献资料的主要类型如下：

（1）书面文献。

书面文献是指用文字或数字记录的资料，包括各种公开或不公开发行的书籍、报纸杂志、信件、档案、报告、会议文献、统计资料等，是一种最广泛的文献资料的类型。

（2）声像文献。

声像文献是指运用录音、录像和摄影技术直接记录声音与图像的资料形式，包括电影、电视、录音、录像、照片等媒介形式。

（3）电子文献。

电子文献主要是指用电子计算机阅读和查阅的文件，包括磁盘文献和网络文献。

2. 文献调查法的主要步骤

（1）建立索引、查阅文献资料。使用文献调查法收集资料，文献就是调查对象，要注明调查对象的地址。在大量搜集与调查主题有关的各类文献资料的过程中，要利用检索工具查找资料或者请资料的管理者提供线索。在查阅文献时，要把文献发表或形成的时间、作者情况、出处等记录下来，以备查询。

（2）鉴定、筛选。文献资料收集上来后不能马上使用，要先检查、判断资料的可信程度，从大量的资料中选出有价值的资料，进行分类。

（3）归纳、总结。将分析研究的问题概括为简明的结论，形成较系统的观点，用文字报告的形式总结其成果和理论。

文献调查法是利用手头可以查找到的历年统计资料、档案资料、样本资料乃至报纸杂志刊登的工商广告之类的第二手资料进行研究分析的方法。这种方法往往被人们所忽视，但事实上这是一种十分有效的调研方法。

3. 文献调查法的优缺点

文献调查法主要是书面调查，获取资料比较方便，受外界因素的干扰比其他调查方法小，既省时省力，又节省开支，是比较经济的调查方法。文献调查法缺乏具体性、生动性。有些资料也会因为当时撰稿人或记录者的倾向性使文字材料不真实。调查者很难把所需要的资料找齐、找全。

（四）问卷调查法

问卷调查法是指由公共关系调查人员向调查对象提供问卷并请其填写，然后对回答结果进行分析的一种调查方法。问卷是一份精心设计的问题表格，用来调查公众的多种行为、态度和倾向。在酒店公共关系调查中，常常采用问卷的形式收集资料。

1. 问卷的设计原则

不论设计哪类问卷，提问时都要做到以下几点：

（1）问题要具体，不要笼统、抽象。例如问："您认为中国酒店业的发展前景如何？"这样的提问太笼统了。

（2）问题用语要明白易懂，尽量不要用专业术语。例如问："您的旅游动机如何？"此问题过于专业化。

（3）问题要客观中立，避免倾向性。例如问："你喜欢对身体有益的酒店娱乐保健活动吗？"此问题带有一定的倾向性。

（4）问题要单一，不要在一个问题里面问两种事情。例如问："您的爷爷奶奶是否喜欢外出旅游？"如果爷爷喜欢旅游，奶奶不喜欢旅游，此问题便难以回答。

（5）问数字要准确，不要交叉。例如问年收入，应列出"5 万元以下；5 万～ 10 万元；11 万～ 15 万元；16 万～ 20 万元……"不应交叉。

（6）选择题所列项目要互斥，不要出现包容。

例如问："你认为乡村旅游最适合哪类人群？"

A. 年轻人　　B. 老年人　　C. 男人　　D. 女人

这个问题中，C、D 选项与 A、B 选项就存在包容的情况。

（7）不要用形容词、副词，尽量用量词。例如问："您是否经常乘坐飞机？"对于"经常"这类副词，每个人的理解是不一样的。

（8）所列项目要穷尽各种可能情况，不能穷尽的要加一项"其他"。

2. 问卷的基本结构

问卷一般由前言、主体、结语三部分构成。

（1）前言。

前言是对调查的简要说明，它用以向被调查者解释调查的目的、性质，以及向被调查者作出必要的承诺（如保密等），回复答卷的时间和方法；发起者、委托者、填写注意事项等。其主要目的：一是引起被调查者的重视和兴趣，使他们愿意回答；二是打消被调查者的顾虑，使他们敢于回答。

（2）主体。

主体是问题的陈述和排列，是需要问卷设计者精心策划的部分。一般来说，主体包括两部分内容：一是被调查者的基本情况，如被调查者的年龄、性别、职业、文化程度等，根据调查需要，选择列出，其目的是便于进行资料分类和具体分析；二是调查主要内容和信息，是关于被调查者对某个事件、某个组织或某项产品的态度和意见的提问。

从被调查者回答问题的自由度来看，问卷中的问题又可分为封闭式问题和开放式问题。封闭式问题是一种事先对问题确定了可供选择的答案的问题，被调查者根据各自的情况进行判断，在其中选择一个或多个自认为恰当的答案。这种问题多用来调查事实、态度、行为等方面的情况，一般有是非式、单项选择式、多项选择式等几种格式。开放式问题是一种自由回答的问题，即只提出问题，不提供答案，答案由被调查者自由回答或填写。开放式问题可以帮助调查者掌握较丰富的材料，深化对被调查事物的认识，但由于开放式问题的答案不标准，不利于定量统计。

调查问卷中问题的主要类型及举例见表 5－2。

表 5－2　调查问卷中问题的主要类型及举例

问题类型	举例	
封闭式问题	是非式	你喜欢旅游吗？是（　　）否（　　）
	多项选择式	该度假酒店吸引您前来光顾的原因是（　　）。 A. 自然风光优美　B. 娱乐项目丰富　C. 价格合理　D. 交通便利 E. 服务设施完善　D. 其他
	单项选择式	你爱喝咖啡的理由是（　　）。 A. 提神醒脑　B. 一种习惯　C. 很时髦　D. 说不清楚
开放式问题	填空式	本次旅游与您同行的有几个人？（　　）
	问答式	您认为该酒店还有哪些需要完善的地方？

（3）结语。

简短地对被调查者的合作表示真诚的感谢，也可以征询一下被调查者对这次调查本身有何看法及感想。

3. 问卷的试调查

问卷的试调查是一个不可忽略的环节，运用问卷在几十人的小范围内作试调查，可以找出问卷中存在的问题，还可以测试问卷中的问题能否让调查者获得自己所要了解的情况。

4. 提高问卷回复率的技巧

（1）争取高知名度、权威机构支持。主办调查的组织名气大、信誉好，问卷回复率就高。

（2）挑选恰当的调查对象。一般应选择有一定文字理解和表达能力、有较强的参与意识、较少接受问卷调查的对象。

（3）调查的主题有吸引力，容易引起被调查者的兴趣，回复率可能很高。

（4）采用回复率较高的形式。发送问卷、访谈问卷的回复率一般较高。

知识拓展

问卷法的运用

5. 问卷调查法的优缺点

问卷调查法的优点是标准统一、形式规范、易量化、易比较、易获得大量信息、调查范围广，特别是利用网络问卷调查覆盖的地域范围更为广泛；问卷一般匿名填写，信息真实性强，易于分析统计。问卷调查法的缺点是问卷回收率较低、缺乏深度（问卷不能印得太厚、太长）、难以搜集不能言表的材料等。

（五）抽样调查法

抽样调查法是从调查对象的总体中按照一定比例抽取一部分作为调查样本加以调

查，从而推算出总体情况的调查方法。

1. 抽样调查法的分类

抽样调查法可分为随机抽样和非随机抽样两种。

（1）随机抽样。

随机抽样是采取一定的统计方法抽取样本，使样本的确定不受人们主观意志支配和干扰，总体中的每一个个体被抽样选定的机会是等同的。例如，调查者要在 300 名员工的酒店里抽取 30 人的样本，就可以用他们的工号以 10 为间隔来抽取一个样本。随机抽样法又可以分为单纯随机抽样、系统抽样、分层抽样、分群抽样四种，在抽样调查中往往将以上方法结合使用。

（2）非随机抽样。

采用随机抽样方法抽取样本时，每一个个体被抽取的机会都相当，人为原因造成调查误差的可能性也比较小，但这种方法需要调查者掌握一定的抽样技术，所需时间较长，投入较高。因此，在公共关系调查中，常采用便利抽样、判断抽样、配额抽样等多种非随机抽样的方法来确定调查的具体对象。

知识拓展

配额抽样法的运用

2. 抽样调查法的优缺点

抽样调查方法是目前国际上公认和普遍采用的科学的调查手段。它可以和问卷调查、访谈等方法配合使用。这种调查方法的优点是能避免人为误差、代表性强、针对性强、调查次数少、成本低、效率高，是公关调查经常采用的一种方法。其缺点是需要调查者对调查总体情况十分了解，且需掌握一定的抽样技术，所需时间较长。

（六）其他常用调查方法

1. 实验法

在特定的环境下，将调查项目人为放置其中，并观察、收集相关信息进行对比分析，调查目标可以采用单一、组对、多组的方式开展，组对方式最为有效且最为常用。

不同环境下的实验被定义为实验室法或自然实验法。实验室法是指在实验室中通过仪器设备进行调查研究；自然实验法是指人为在自然条件下诱导调查对象参与到实验当中。收集信息时实验室法更容易控制和管理，自然实验法下调查对象的反应更客观。

在实践活动中最常见的就是新品发布会和展销会，但两者的区别在于目的不同。新品发布会属于企业为了解市场和公众对新品的态度和反应，以求收集生产和经营调整的依据；展销会是利用场景环境的便利条件完成对消费者的调查，并借展销会完成竞品情况、市场反馈、销量对比等的调查分析。

2. 专家法

邀请公关及调查目标领域的相关专家，采用多人访谈（座谈）的形式或组建专门的专家小组，对调查目标展开讨论、咨询并收集经过筛选判断的有利信息，在此期间可以配合问卷、访谈调查法等来与专家进行互动，提高访谈效率、降低访谈成本。

3. 追踪法

追踪法是深入追踪、挖掘调查目标的历史、现状，以及推测其未来的状况的调查方法。此种方法具备长期、不间断的特性，是对目标的动态发展、变化规律及其发展趋势的把握。如面向竞争对手的追踪调查中，持续不间断地对其进行专项调查，便会得出其在经营和销售层面的策略模式，甚至可以追溯至关键人物并继续深入挖掘关系网络，进而获得更多的信息。

总的来说，不同的调查方式与调查形式各有优缺点。为保证酒店公共关系调查所获得的资料的准确性、客观性和科学性，应综合使用调查方法，集中各种调查方法的优点，避开缺点，充分而准确地搜集信息资料，为后续工作做好铺垫。

任务二 酒店公共关系策划

酒店公共关系策划是公共关系工作程序的第二步，通过酒店公共关系的调查，明确了组织公共关系存在的问题及目标要求，接下来就要设计、谋划如何解决这些问题，达成具体的运作过程，从而使酒店的公共关系处于最佳状态。

一、酒店公共关系策划的含义

策划也称谋划、筹划。在《中国公共关系大辞典》上，策划被定义为：“是指人们在为了达成某种特定的目标，借助一定的科学方法和艺术手段，为决策、计划而构思、设计、制作策划方案的过程。”

酒店公共关系策划是在公共关系调查之后，酒店公共关系人员根据酒店形象的现状和目标要求，分析现有条件，充分发挥想象力和创造力，谋划、设计最佳行动方案的过程。

二、酒店公共关系策划的意义

美国学者科维曾形象地说：“如果把公关活动比作演戏，策划就是创作剧本，一个出色的剧本很容易在演出时获得成功，吸引公众；相反，一个平庸的剧本，无论导演和演员如何尽力，也很难化腐朽为神奇。”一般来说，经过科学的、周密的公关策划活动，会为组织带来丰厚的回报。

（一）有利于实现组织目标

酒店公共关系策划的过程是根据酒店公共关系的状态和问题对公共关系工作进行谋划的过程，是确定酒店公共关系目标以及寻求实现目标的有效手段的过程。根据时间、资金、人力和物力进行策划可以将酒店公共关系的目标具体化。策划中切实可行的预算和工作程序计划表，可以确保公共关系过程有条不紊地开展，确保对财务做到有效的控制，最终使得公共关系活动目标得以顺利实现。

（二）组织树立形象的法宝

高水平的公共关系策划可以帮助酒店抓住机遇、渡过难关，是酒店参与竞争、树立自身形象的法宝。现代企业的竞争，已经从产品的竞争转入信誉的竞争、形象的竞争。实践证明，公共关系策划的水平代表着公共关系工作的水平，哪个企业公共关系策划工作搞得好，哪个企业就会赢得公众的信任。

（三）公关价值的集中显现

酒店要想在竞争中脱颖而出，可持续地发展，要想在本行业内处于不败之地，要想得到公众的认可，就要做到“人无我有，人有我新，人新我优，人优我变”。系统而周密的酒店公共关系策划往往富有创造性和新奇性，能够与时俱进，并在此过程中树立组织的形象。很多组织的成功案例都表明，策划是公共关系价值的集中体现。

三、酒店公共关系策划的原则

酒店公共关系策划的原则是在科学认识和把握公共关系原理的基础上确定的。其目的在于：公共关系人员在进行公共关系策划时，既要不断创新，发挥想象力，又要科学地规范公关策划活动。一般来说，酒店公共关系策划应遵循以下基本原则。

（一）公众利益优先原则

酒店公共关系策划必须把公众利益放在第一位，维护公众利益、以公众为本。因为只有处处维护公众利益，策划才能得到公众的认可和肯定，实现公共关系的目的，这样的策划才有可能成为有效的策划，才能确保组织更长远的利益。任何损害公众利益而只是为了谋取单方利益的策划，都得不到公众的信任，也会使组织形象大打折扣。

（二）灵活创新原则

一次成功的公共关系策划必须是一次创造性和开拓性的活动，策划过程中推崇标新立异、另辟蹊径、独树一帜。随着时代变化、环境改变，即使是同一组织，其公共关系策划也不尽相同。酒店公共关系策划要以其新颖、独特的内容吸引公众。敢于创新，才能做到人无我有；善于创新，才能达到人有我新。

（三）目标导向原则

目标导向原则是酒店公共关系策划的基本原则。目标导向是指酒店的公共关系策划活动必须在一个明确的目标指导下进行，要有的放矢，不能盲目计划。公共关系策划的每一个环节和步骤必须围绕企业的目标进行，否则策划就毫无意义。

（四）真实可行原则

酒店在策划公共关系活动时，必须以实事求是的态度，尽可能全面客观地掌握事实材料，注意信息的真实准确，反对不切实际、不讲效益的花架子。为此，要求酒店公共关系策划人员必须以调查的实际情况为基础，从客观事实出发，以客观实践为检验标准，力图满足公众实际需要。酒店公共关系策划在考虑向公众传递组织形象的有关信息，以及搜集公众反馈信息向酒店决策层传递时，都要保证信息从质上真实可靠、客观全面、及时准确，从量上不擅自削减和擅自夸大，做到保质保量、客观真实，这样才能保证公共关系策划切实可行。

四、酒店公共关系策划的内容和程序

公共关系策划必须遵循一定的工作程序。根据系统工程所提供的方法，我们把酒店公共关系策划归纳为 8 个基本步骤：确立公关目标、设计公关主题、分析目标公众、策划活动项目、捕捉活动时机、选择传播媒介、预算经费开支、审定活动方案。

（一）确定公关目标

公共关系目标是酒店公共关系活动要到达的目的，是指导公共关系活动的依据，也是评价公共关系活动方案实施效果的标准。目标的确定要根据酒店的实际情况，要保证目标的可行性和可控性，不能好高骛远难以实现，也不能目标太低失去激励作用。另外，公共关系目标也要有一定的弹性，以保证公共关系能够顺利地实施。公共关系的目标一般有传递信息、联络感情、改变态度和引发行为四个方面。

（二）设计公关主题

公关案例

部分酒店品牌口号

主题是酒店公共关系的思想纽带和核心，主题能否抓住人心、吸引公众，是酒店公关活动策划成败的标志。根据具体公关目标设计鲜明、简洁、亲切的主题，有利于逐渐推进每一项公共关系活动目标的达成和总目标的实现。

公共关系主题的形式应多种多样，表现形式可以是一个句子、一个短语，但是都力求言简意赅、朗朗上口、新颖别致、亲切温馨。例如，亚朵酒店的主题“总有不期而遇的温暖”，既简洁又亲切，既能传情达意，又新颖别致。

（三）分析目标公众

目标公众是公共关系工作的具体对象。在酒店公共关系策划中，目标公众的确定是有效开展策划工作的重要条件。目标公众的确定要考虑到组织活动的需要、组织活动的目标、组织自身的实力和能力。在人力和财力不足的情况下，酒店往往不能面对众多的公众，所以确定目标公众要优选与组织关系密切、影响程度大的公众作为目标公众。例如，酒店周年庆典专题活动，其目标公众主要是新闻媒体、旅游业人士、政府部门、重要的客户等，而学校和房地产公司等与本活动关系不大的公众就不是目标公众。

（四）策划活动项目

所谓策划公共关系活动项目，即围绕公共关系目标而策划的在不同时期进行的各种形式的活动。很多酒店在经营时过于死板，将酒店做成了一潭死水，说不出哪里不好，就是觉得没有生气，在这种情况下，酒店最需要做的就是精心策划活动。口说无凭，行动有效。再好的政策、产品、服务，都要有推向用户的理由和行动。

1. 酒店公共关系活动项目类型

按照活动策划内容的不同，酒店公共关系活动项目可分为以下几类：

（1）以形象传播为中心的宣传性活动项目。

这类活动项目包括新闻发布会、记者招待会、展览会、酒店广告、宣传橱窗、庆祝活动、新闻报道、专题采访、经验介绍等。这种公共关系活动要求具有轰动效应，产生“人人都知道我”的效果，因此传播尤其重要，而且传播的频率要快、渠道要广、方式要新、内容要奇。

（2）以建立社会关系网络为中心的交际性活动项目。

这类项目包括招待会、座谈会、工作午餐会、宴会、茶话会、联谊会、酒会、交谈、拜访、祝贺、信函往来、名片交换、签名活动等。

（3）以提供优质服务为中心的服务性活动项目。

这类项目有咨询服务、预订车船机票、客房服务、消费教育、消费指导等。这类公共关系活动就是一切从顾客出发、一切为顾客着想，以实实在在的行动获得顾客的好感，进而达到促销的目的。

（4）以社会公益活动为中心的社会性活动项目。

这类项目有传统节日活动、重大节日或纪念日庆祝活动、开业庆典、周年纪念、剪彩仪式、社区各项活动、赞助社会福利事业、支持赞助体育比赛、文化活动、公共服务设施的建设和维修等。

（5）以收集、整理、分析、提供各类信息为中心的征询性活动项目。

这类项目有市场调查、民意测验、访问重要用户、设立监督电话、处理举报和投诉、进行组织发展环境的预测等。

另外，从活动策划的目标来分类，酒店公共关系活动项目可分为引流类活动策划、成交类活动策划、促销类活动策划、留存类活动策划、产品宣传推广类活动策划、渠道刺激类活动策划等。

2. 酒店公关活动项目选择注意事项

公共关系活动项目繁多，酒店公共关系策划可根据自身的条件，创造性地开展各种形式的公共关系活动。在选择活动项目时要注意以下事项：

> **知识拓展**
>
> 如何做好酒店活动策划

（1）项目的设计要符合酒店的性质和特点，要针对公关目标和公众对象。

（2）项目的设计要考虑到酒店的需要和可能，以最小的投入获得最大的收益。

（3）项目的设计要考虑到执行过程中可能会出现的异常情况，使之具有一定的弹性和适应性，避免不良后果的出现。

（4）项目的设计要注意适当分配各项目的活动时间，既要使各项目的活动兼顾，又不影响重点项目的实施；既要注意各项目计划的平衡性，又应有高潮起伏，避免平均、拖拉、平淡。

（5）项目设计要注意保持各项目的连续性，以利积累成果，使得每一项目都成为表现、烘托主题的有用要素。

（6）项目设计要具有特色和竞争性，能充分吸引公众的注意力，引起公众的兴趣，给公众留下深刻的印象。

（五）捕捉活动时机

在公共关系活动中，人们常常见到这种情况：公共关系活动的目标和主题非常明确，目标公众也相当准确，活动项目的选择也令人满意，但活动的结果却使组织感到失望。其中最重要的一个原因就是活动的时机选择不当。时机，就是“机会”的意思。

它对公共关系的活动效果有重要的影响。我国古代就有“机不可失，时不再来”的名言，说的就是这个道理。所谓“机会”，从普遍意义上看，凡涉及事情成败的关键因素，如时间的疾缓、形势的安危、实力的强弱、士气的高低、情况的明蔽等，均可称为“机会”。

1. 酒店可利用的活动时机

一般来说，酒店可以利用的时机有以下几种：

（1）酒店创办或开业之时。

（2）酒店更名、迁址或与其他组织合并之时。

（3）酒店周年庆典或周年性纪念活动之时。

（4）酒店开发新产品、新服务之时。

（5）重大社会事件或社会活动出现之时。

（6）酒店发行股票之时。

（7）酒店召开重要国际、国内会议之时。

（8）国际、国内举行各种节日和纪念日庆典之时。

（9）酒店组织形象出现危机之时。

公关案例

大连新世界酒店开业公关活动

2. 选择活动时机的注意事项

寻找和确定酒店公共关系活动的时机十分重要，酒店公共关系人员在选择时机时一定要注意以下方面：

（1）尽量选择那些能够引起目标公众关注和具有新闻价值的时机。

（2）善于利用重大节日和重大事件烘托和扩大公共关系活动的影响，还要学会避开重大节日和重大事件对公共关系活动所产生的负面影响。

（3）随时注意观察事态的发展变化，掌握对自己组织有利的信息，时机一旦成熟，就要采取果断的行动。

时机的选择是一种技巧和方法，没有固定的模式，策划者应根据具体情况去把握时机，以求收到良好的预期效果。

公关案例

为地球发声：超200家开元酒店共同熄灯一小时，用行动践行可持续发展

（六）选择传播媒介

媒介是公共关系活动传播信息的载体。当今社会，报纸、杂志、广播、电视、互联网等都是酒店业公共关系活动所倚重的媒体。随着现代科学技术的发展和人们观念的迅速转变，对传播媒体的要求更倾向于综合、立体和全方位，这就要求策划人员必须知晓各种媒介的优点和缺点，并善于巧妙地组合，形成优势互补，依据具体情况择优而用。

1. 根据酒店公共关系工作的目标去选择

选择媒介首先应着眼于酒店公共关系的目标和要求。如果酒店的目标是提高知名度，则可以选择大众传播媒介；如果酒店公共关系的目标是缓和内部紧张关系，则可以通过人际传播与群体传播，通过会谈、对话等方式加以解决。

2. 根据不同公关对象来选择传播媒介

不同的对象适用于不同的传播媒介，要想使信息有效地传达到目标公众，就必须考

虑到目标公众的经济状况、受教育程度、职业特点、生活方式及接收信息的习惯等，根据这些情况决定选用什么样的媒介。如对流动性较大的出租汽车司机最好采用广播；年轻群体对数字技术有着高敏感度和高依赖性；要引起儿童的注意和兴趣，制作电视节目和卡通片效果最好；对喜欢阅读思考的知识分子，可以多采用报纸、杂志、书籍等传播媒介。

3. 根据传播内容来选择传播媒介

无论是个体传播、群体传播还是大众传播，每种形式都有鲜明的特点和一定的适用范围。选择传播媒介时，应将信息内容的特点和各种传播媒介的优劣势结合起来综合考虑。如内容简单，同时又有时效要求的快讯可以选择各种网络数字媒体，它覆盖面广，传播速度快；对较复杂、需要反复思索才能明白的内容，最好选择印刷媒介（报纸、杂志、图书等），可以使人从容研读，慢慢品味；对开张仪式、大型公共关系活动的盛况，采用直播方式，生动、逼真，能产生非常好的效果。

公关案例

运用数字科技赋能增强浸润式传播实践对青年的吸引力和感召力

4. 根据经济条件来选择传播媒介

组织的公共关系活动经费有限，成功的酒店公共关系策划，应选择恰当的媒介和方式，以较少的开支取得最好的传播效果。

（七）预算经费开支

公共关系策划中对经费的预算极为重要，预算可以对开支有所控制，保证公共关系活动在合理的经费安排下顺利进行。美国学者罗伯特·罗雷在《管理公共关系学：理论与实践》一书中指出："公共关系活动往往由于以下原因归于失败：第一，没有足够的经费，难以为继，关键时刻不得不下马；第二，因经费不足，只得削足适履，大幅度修改原计划；第三，活动耗资过大，得不偿失。"

一般来说，酒店公共关系策划中的预算经费包括日常行政费、劳务报酬、器材设施费、活动开支、不可预见费等，具体如表 5－3 所示。

表 5－3 酒店公共关系策划预算经费

预算经费	具体费用
日常行政费	房租，水电费，通信费，差旅费，交通费，办公用品费，资料购置、传递和复印费，保险费等
劳务报酬	企业内部公共关系人员的工资、奖金和各种补助，组织外聘专家、顾问的咨询费，临时工作人员的劳务费等
器材设施费	购置、租借或维修各种视听器材、摄影器材、通信器材、计算机、复印机、录音器材、工艺美术器材的费用，制作各种纪念品、印刷品、音像制品所需的实物或者用品的费用
活动开支	公共关系活动中需要的费用，包括广告宣传费、公益事业赞助费、公共关系调查费、人员培训费、接待费、展览费等
不可预见费	是指为防止意外事件、突发事件发生而预算的机动费用，一般占总费用的 20%

（八）审定活动方案

在完成上述策划后，酒店公共关系策划人员应针对各种不同的方案进行反复比较，选定最佳方案。审定活动方案一般要经过以下三个步骤。

1. 方案优化

方案优化就是提高方案合理性的过程，目的在于寻求尽善尽美的方案。方案的优化一般可从增强方案的目的性、增加方案的可行性和降低消耗三个方面去考虑。对方案的优化可采用重点法、轮变法、反向增值法和优点综合法。

（1）重点法。

当我们对同一方案进行优化时，可先分析目的性、可行性和耗费三个方面，哪一个方面增加或减少对该方面的合理性影响最大，就把影响最大的方面定为重点。如果我们方案中的目的性和可行性都很强，就是费用太高，我们就可以将耗费定为重点；如果是目的性和耗费都很合适，只是可行性差，我们就应以增强可行性为重点。总之，就是要重点地突破薄弱环节，以使方案整体优化。

（2）轮变法。

在影响整体的要素中，将一个要素作为变数，其他要素作为定数，对作为变数的要素做数量的增减，以期在其他要素不变的情况下提高合理值，直至不能再增加。然后，换另一个要素作变数，又将原来的那个要素与其他要素一起作定数，依此类推，直至最后合理值不能再提高为止。

（3）反向增益法。

这种方法是在影响整体的要素中，以一个要素的较小变动去求得其他要素的较大变动，达到“舍寸进尺”的目的。

（4）优点综合法。

这种方法是将各个方案中可以移植的优点综合到被选择的方案中，使得被选上的方案优中加优，达到最优。

2. 方案论证

方案论证就是行动方案拟订好以后所进行的可行性论证。一般由企业高层、专家和实际工作者对计划的可行性提出问题，由策划人员答辩论证。方案论证主要有以下四个方面：

（1）对目标进行分析，即分析目标是否明确，实现的程度如何。

（2）对限制性因素进行分析，即分析公共关系计划在哪些条件下可以实行，在哪些条件下不能实行。

（3）对潜在问题进行分析，即预测公共关系计划实行时可能发生的潜在问题和障碍，分析防止和补救的可能性。

（4）对预期结果进行综合效益评价，判断该计划是否付诸实施。

3. 书面报告与方案的审定

公共关系计划经过论证后，必须形成书面报告——策划书，其结构与内容如图 5 - 1 所示。公共关系策划书写好之后，必须上报酒店决策层，经过酒店高层审核和批准后，策划阶段结束，接下来便进入公共关系计划的实施阶段。

结构	内容
• 封面 • 序言 • 目录 • 正文 • 附录	1. 活动宗旨和主题 2. 项目创意 3. 实施时间安排 4. 实施人员安排 5. 活动经费安排 6. 媒体安排 7. 活动场所和设施安排 8. 其他

图 5－1　酒店公共关系策划书的结构与内容

任务三　酒店公共关系实施

酒店公共关系的计划和方案审定后，便进入酒店公共关系活动的第三个阶段——实施阶段。公关工作的最终目的是解决问题，而不是研究问题，实施是解决问题的中心环节。公共关系的实施是四步工作法中最为复杂、最为重要的一个关键环节。重视和研究公共关系实施工作对提高公共关系工作效率和效益具有重大的现实意义。

一、公共关系实施的含义

公共关系实施是在公共关系调查、公共关系策划的基础上，将公共关系策划书的内容变为现实的过程，是为实现公共关系活动目标创造性地开展公共关系工作的过程，是传播信息和与目标公众双向沟通的过程。

二、公共关系实施的意义

（一）公共关系实施是实现公共关系目标的关键步骤

公共关系调查和公共关系策划是一个了解问题和分析问题的过程，而公共关系实施是解决问题的过程，只有通过有效的公共关系实施才有可能实现组织的公共关系目标。

（二）公共关系实施决定了公共关系目标的实现程度

实践表明，一个好的公共关系策划方案可能因无效的实施而无法达到预期的效果，而一个有着欠缺的公共关系策划方案也会因为有效的实施而得到完善。因此，公共关系策划的实施，不是“照葫芦画瓢”那么简单，而是一项富有创意性的工作，其实施效果如何，直接影响到酒店公共关系目标的实现程度。

（三）公共关系实施是后续工作的参考依据

酒店的公共关系工作是连续不断的，此次公共关系策划的实施结果，会为下次的公共关系策划奠定基础，成为后续工作的参考依据。总结成功的经验和教训，都有助于以后的公共关系活动的有效展开。

（四）公共关系实施可以检验策划工作的水平

公共关系策划方案只有通过实施才能发现其问题。如收集资料是否全面、准确；分析是否科学，是否具有针对性；策划的技巧和方法及策划的创意是否新颖；等等。

三、酒店公共关系实施的原则

为了保证公共关系计划的有效实施，必须遵循如下原则。

（一）目标导向原则

目标导向原则是保证实施活动不偏离组织目标和策划方案目标的一个重要原则。在酒店公共关系工作展开中要注意从实现整体目标出发，统筹全局，不能因过分拘泥于某一个阶段或局部的工作，而忽略了与整体目标的一致性。要随时体察和防止过分重视局部而忽视了整体的倾向，及时调整，以保证每个局部工作紧扣整体目标。

（二）整体协调原则

整体协调原则是指在酒店公共关系计划实施过程中使各环节之间、部门之间及酒店和公众之间达到平衡、和谐、一致、合理、配合、互补和统一的状态的原则。整体协调的目的在于使全体实施人员在思想观念和行动上保持一致，保证实施活动的同步与和谐，做到整个实施部门统一意志、统一行动，高质、高效地完成实施工作。

（三）进度控制原则

进度控制原则就是根据整个公共关系计划和目标的需要，按照一定的程序，掌握工作进度的原则。在酒店公共关系计划的实施过程中，由于分工不同的实施人员在完成自己分管的工作时，常常会出现工作不同步的现象，因此，酒店应随时检查各方面的工作进度，对于超前或滞后的情况进行全面协调，保证各方面工作平衡推进。

（四）反馈调整原则

反馈调整原则是指通过监督控制机制及时发现公共关系实施中的目标、方法、手段等偏差甚至错误，并及时进行调整与纠正。用反馈后所获得的认识来调整整个公共关系计划实施的活动，也就是根据过去的实施状况来修正、调整未来的行为。从某种程度上说，反馈也是对酒店公共关系活动计划的评估。例如，酒店公共关系中要对服务质量信息做及时的反馈，一般通过向公众征询服务质量的意见和建议，根据目标公众意见及时修正公共关系计划，之后再将修正后的方案付诸实施，实施后再将实施结果与原定的目标进行比较，来确定下一步的公共关系策划和实施。

四、酒店公共关系实施的步骤

公共关系策划的实施必须有条不紊地进行，可按照以下步骤实施。

（一）设置组织机构，落实人员和经费

根据公共关系策划书的要求设置实施机构，机构的规模应当与公共关系工作或公共关系专题活动的任务相匹配。机构设置的原则是精简和高效。然后是确定参与实施的人员。人员的选择要根据酒店公共关系任务的要求，结合参与者的专业素质和能力素质进行选拔。酒店公共关系活动经费和必要的物资，在活动开展之前就要安排好，避免在活动中后续资金或物资供应不上，导致活动中断。

（二）安排实施人员的培训与分工

在活动开展之前，公共关系策划者和组织者必须对参与实施的所有人员进行培训，让所有的参与者都能够明确此次公共关系工作和活动的目的、任务、要求，了解此次活动对酒店的意义。对活动中需要的有关技术也要进行训练，以期实施人员能够熟练掌握，这对提高活动的准确性和效率是十分必要的。酒店公共关系工作或活动往往是一项系统工程，需要各部门、各环节相互协调、相互配合，为避免有相互推诿的现象发生，在公共关系活动开展前就要对酒店的各职能部门和工作人员做合理的分工。

（三）做好公共关系实施的动态调整

公共关系策划在实施过程中，由于内外部环境的变化或原策划中的疏漏等，会出现原策划方案与现实有不相符合的地方，需要对原策划方案进行调整、修改，以保证在较合理的情况下，顺利完成规定的任务。因此，要做好实施过程中的监控和动态调整。

五、酒店公共关系实施的障碍

公共关系实施过程实际上是进行传播沟通的过程。在传播沟通中，由于语言、习俗、心理、观念、组织等方面的原因，使得传播沟通不可能如愿以偿。因此，了解实施过程中的传播障碍和及时排除沟通过程中的障碍是保证公共关系计划有效实施的关键。

影响公共关系实施的因素众多而复杂，其中主要包括以下三种障碍。

（一）目标障碍

目标障碍是指酒店公共关系计划中所拟定的公共关系目标不正确或不明确，进而给公关计划的实施所带来的障碍。因此，要想有效地开展实施活动，就必须对公关目标进行检查。检查的内容主要有五个方面：一是计划目标是否切合实际和具有可操作性；二是计划目标是否可以进行比较和衡量；三是计划目标是否指出了所期望的结果；四是计划目标是否是实施者职权范围内所能完成的；五是计划目标是否规定了完成的期限。若这五个方面有问题，实施人员应主动与计划拟定者取得联系，并促使其修订。

（二）沟通障碍

酒店公共关系实施的过程实际上是一个传播和沟通的过程。传播和沟通不畅会影响实施效果。在酒店公共关系实施过程中，常见的沟通障碍有以下几种。

1. 语言障碍

语言障碍主要是指由语言差异而造成的隔阂、语义不明造成的困惑和失误、一词多

公关案例

客人为什么都走了？

义造成的歧义等。在公关传播中，要非常注意不同的文化背景和具体的语言情境，正确、准确地运用语言。

课堂讨论

分组讨论：这位请客的主人在沟通上有什么问题？

2. 习俗障碍

习俗是在一定的文化历史背景下形成的，不同的国家、民族都有着不同的生活习惯、道德习惯、礼貌礼节、宗教信仰、审美传统等，因此容易造成误解，给沟通带来障碍。中国的古话“入境而问禁，入国而问俗，入门而问讳”是很值得我们借鉴的。

3. 观念障碍

每个人有不同的社会地位、受教育程度，不同的民族、种族、宗教和人生阅历，就会有不同的观念。观念不但制约着人际沟通的形式，还制约着人际沟通的内容，保守、封闭、极端的观念常常造成无效沟通。

4. 心理障碍

心理障碍是指由于人们在认识、情感、态度等心理因素上的差异造成的沟通障碍。公众心理复杂多样，而且随时变化。公共关系活动要把握公众的心理需求，如果违背公众心理愿望和想法，就会造成沟通失败。

5. 组织障碍

在酒店公共关系实施过程中，大量的实施工作要靠酒店内部人员的团结协作、共同努力才能完成。因此，合理的组织结构就成为有效进行内外沟通的关键。如果组织结构过于庞大，内部层次过多，易使信息失真，造成实施的困难。

造成沟通障碍的因素很多，除以上五种外，还有诸如知识经验水平差异大，沟通方式和方法、技术以及政治等方面的障碍等。

（三）突发事件的障碍

公关案例

男子开敞篷跑车冲进酒店大堂

突发事件一方面表现为人为的纠纷危机，如公众投诉、新闻媒介的批评、人身伤亡事件、他人对组织的陷害、公众对组织的误解等；另一方面表现为不可抗力引起的突发事件，如洪水、地震、飓风等。这是公共关系计划实施中最大的障碍之一。酒店如果不善于处理突发事件，不但会使整个公共关系计划难以实施，甚至会影响到本组织的生死存亡。

克服实施障碍的方法很多，主要有以下几方面：健全组织机构，提高实施人员素质，增强团队战斗力，合理配置各个环节，加强对实施人员的培训和管理，让酒店公共关系实施有良好的人员保证和畅通的渠道；加强对公众心理、习惯、观念的调查和了解，尽可能地缩短组织和目标公众的心理距离，尽可能地减少沟通障碍；克服干扰因素和制约因素，变反面影响为正面影响。

任务四 酒店公共关系评估

在公共关系工作程序中，效果评估是最后一个环节，也是一个很重要的环节，它对整个公共关系工作起到承上启下的作用。

公关评估是指有关专家或机构根据一定的标准和方法，对公共关系的整体准备、策划、实施过程和实施效果进行测量、评估和判断的一种活动。公共关系评估主要用来总结经验和吸取教训，为新的公关活动提供背景材料。

一、酒店公共关系评估的意义

（一）增强组织内部的凝聚力

一般来说，通过对酒店公共关系效果评估，并将评估的信息传递给内部职工，使组织的成员了解组织开展公共关系活动的目标，了解到组织所拥有的良好的社会声誉及在社会中的地位，这无疑会使员工受到鼓舞，增强他们的自信心和荣誉感，并转化为向组织的总目标努力的动力。

（二）促使公关工作得到完善

通过公共关系效果评估工作，可以检查和发现酒店公共关系工作中存在的不足。对于比较成功的公共关系活动，我们要在肯定成绩的基础上去发现存在的问题，并分析问题产生的原因和解决的对策，使其对后续的公共关系工作起到借鉴的作用，使后续的公共关系工作少走弯路，效率更高，更完善。对于不成功的公共关系活动，更应当积极地进行评估和反思，找到失败的根源，汲取经验教训，对后续的公共关系工作意义更重大。充分总结过去的失败教训，可以在一定程度上帮助我们避免失败和规避风险。

（三）获得决策层的重视和支持

通过酒店公共关系评估，能够全面、系统地总结公共关系工作的成果，展示公共关系工作对酒店发展产生的促进作用，让酒店高层看到开展公共关系工作取得的明显效果，从而使他们更加重视公共关系工作。

二、酒店公共关系评估的标准

公共关系效果评估是一种总结性的评估，是对公共关系成效的一次全面结论式的评估。建立正确的评估体系是确保评估客观性和有效性的基础。公共关系效果评估标准的制定会因组织评估角度的不同而不同。酒店公共关系评估的标准可根据准备过程、实施过程和实施效果三个阶段采取多层次的评估标准。

（一）准备过程的评估标准

（1）背景材料是否充分与准确（在活动尚未开始时）。

（2）公关活动是否适应形势的要求（是否符合公众及媒介的要求）。

（3）检验信息的传递形式是否有效。重点是检验信息传递资料及宣传品设计是否合理、新颖，是否能达到引人注目、给人以深刻印象的要求。具体包括文字语言的运用、图表的设计、图片视频及展示方式的选择。

（二）实施过程的评估标准

实施过程的评估是评估研究工作中的主要部分，可以发挥监控、反馈的作用。如发现哪些决策是正确的、哪些是错误的、哪些决策不利于公众产生对组织的信任，以及发现决策实施过程中出现的偏差等。实施过程的评估标准包括以下几方面：

（1）检验信息资料发送的数量。这些数据可以直接反映组织在实施公关活动中所进行的媒体讲话次数、新闻发布的数量。不理想的环节和计划实施中的弱点会从数据中反映出来。

（2）检验信息被新闻媒介采用的数量（曝光度）。只有通过传播媒介，才能有效地保证公众接触这些信息并受其影响。这样的评估可以发现组织在公关活动实施过程中的一些重大失误，如公关资源的浪费。

（3）检查接收到信息的目标公众数量（信息准确度）。酒店公共关系评估工作关心的是实际接收人数。应该将收到信息的各类公众进行分类统计，从中找出目标公众的数量。绝对数量并不重要，重要的是这些公众的结构。

（4）检查注意到该信息的公众数量。

（三）实施效果的评估标准

活动效果评估是总结性评估，不仅在实施过程中发挥重要作用，而且可以作为下一个计划实施过程的基本评估而发挥作用。

（1）检测了解信息内容的公众数量。

（2）了解改变观点的公众数量。

（3）了解改变态度的公众数量。这是更高层次的标准。因为态度涉及的范围很广，而且不能仅凭一时一事判断，观点变化，态度不一定变化；观点不变，态度也可能发生变化。

（4）发生行为改变的公众数量。观点和态度的改变能引起行为的变化，但并不一定导致行为的改变。

（5）发生或重复期望行为的公众数量。“发生期望行为”的公众指的是出现了公关活动所期望的改变行为的公众。一般而言，行为发生改变的人在行为改变之前，肯定接受了某些信息或在某些方面被说服了。“重复期望行为”的公众指的是这种人的行为不是短期行为，而是长期行为。

（6）达到的目标和解决的问题。这是公共关系活动评估的最高标准。

（7）对社会和文化发展产生的影响。这是指通过公关人员的活动对社会和文化发展产生的积极影响。

三、酒店公共关系评估的方法

酒店公共关系评估的标准一旦确立，就要在其基础之上，根据评估对象、评估内容、评估人员等选择合适的公共关系评估方法。酒店公共关系的评估方法主要有以下几种。

（一）公众意见法

这种方法包括公众意见征询法和公众问卷调查法。所谓公众意见征询法，是在酒店公共关系活动过程中和结束后，通过对公众的访问和举行公众代表座谈会，以电话或口头交谈的方式来征求公众的意见。公众问卷调查法是通过科学的问卷调查来展开研究，先集思广益提出评估问题，再根据实际情况进行问卷设计，最后根据收集来的信息进行统计分析，取得一组数据资料的方法。问卷调查一般在公共关系活动的准备阶段、结束阶段与结束后 3 ～ 6 个月向目标公众发放问卷。通过对问卷的整理、统计、分析来评估本次公共关系活动的效果。

（二）自我评估法

这是由酒店公共关系活动的对象通过亲身感受而对活动给予评定的方法。例如，某酒店开展了一次特色菜肴产品发布会，在这次发布会上，酒店对其开发的产品进行了详细的说明，开展了系列的推广活动。为了评估本次公共关系活动的实施效果，公共关系人员可以请参加这次发布会的来宾评定本次公共关系活动。这种方法的优点是方便操作，节约开支，而且可加深与会者的印象等。但是，这种方法也存在着一定的缺陷，它可能产生不真实的测量结果。尤其是向调查对象提出一些比较敏感的问题时更是如此。因此，采用自我评估法要特别注意问卷或提问的方式，对敏感的问题宜采用灵活、委婉的方式进行调查。

（三）专家意见法

专家意见法又称“德尔菲法”，是一种综合多位专家意见，就专门问题进行定性预测的方法。这种方法是由公共关系及有关方面的专家来审定酒店公共关系计划，观察计划的实施，对计划实施的对象进行调查，与实施人员交换意见，最后撰写出评估报告，以鉴定公共关系活动的成效。专家意见法的价值，完全取决于专家是否具备专门的知识，如果他们对公共关系活动涉及的某些领域的知识储备不足，那么他们就无法作出正确的评估。因此，采用专家意见法时，一定要邀请熟悉情况的专家，同时要注意其权威性和代表性。

（四）新闻媒介调查法

新闻媒介调查法是通过对大众传播媒介发布酒店公关活动的统计来分析、评估组织公关传播情况。它主要是调查新闻媒介对酒店公关活动的报道情况，包括媒体覆盖面，媒体的重要性，媒介类型，传播方式，传播信息的数量、频次，报道的角度、图片、文字状况，报道内容的影响范围等。通过这种方法，可以判断酒店公关活动受媒体关注的程度，从而衡量公关工作的效果。

四、酒店公共关系评估的程序

一般来讲，酒店公共关系评估工作可分为以下四个阶段。

（一）评估准备阶段

在评估准备阶段，应确定评估的目标和标准。评估目标是进行检验的参照物，有了参照物才能通过比较来检验公共关系计划与实施的结果。评估目标也是酒店公共关系工作期望达成的效果。评估目标要具有三个特性：一要有完备性，包含所有的公共关系计划的内容；二要有具体可操作性，不能是抽象的，要能进行实际操作；三要有可测性，最好能转化成数据，使结果一目了然。评估标准是目标的具体体现和评估工作的尺度。评估标准不能过高也不能过低，应安排好评估的人员和时间进度。只有将评估目标具体化、评估标准量化，才能保证评估资料收集工作的明确化和准确化。

（二）全面评估阶段

全面评估阶段就是依据评估标准，运用各种评估的方法，全面搜集各种评估资料和信息。在广泛收集资料的基础上，对开展公共关系活动以来酒店内部和社会公众方面发生变化的各种信息进行评估。

（三）整理分析阶段

在整理分析阶段，应参考评估标准对所搜集的各种资料或信息进行分析比较、统计和对照，检查既定公共关系目标是否达到，检查预算执行情况与效果，在评估分析的基础上提出计划实施中尚存在的没有解决或新发现的问题，并进一步分析产生这些问题的原因。

（四）撰写报告阶段

在全面检查、评估分析、提出问题的基础上，酒店公共关系人员应根据情况和需要调整工作计划和目标，并向酒店决策层报告分析结果，以便领导者统筹考虑组织的目标和任务。同时，还要针对新问题并根据组织的总目标、总任务，设定酒店公共关系下一个阶段的目标。

项目小结

本项目重点介绍了酒店公共关系工作程序，即公共关系的“四步工作法”，包括公共关系调查、公共关系策划、公共关系实施、公共关系评估。这四个步骤是相互联系、相互独立的。公共关系调查是整个程序运行的基础，是酒店开展公共关系工作的先导，是整个公共关系活动的前提，主要包括调查的程序、调查方案的设计以及调查方法。公共关系策划是整个程序运行的关键，它既关系到公共关系工作的方向，又关系到公共关系工作的效率，是公共关系实施的依据。公关策划程序包括确立公关目标、设计公关主题、分析目标公众、策划活动项目、捕捉活动时机、选择传播媒介、预算经费开支、审定活动方案等步骤。公共关系实施是整个程序运行的重点，它事关组织的公共关系工作目的能否实现。公共关系评估是整个程序运行的最后一个环节，它不仅要检验公共关系工作是否达到预期的效果，同时也为下一个阶段的公共关系工作奠定基础。

思考与探究

1. 联系一家酒店，根据需要确定主题，设计调查问卷，进行实地调查，并撰写调研分析报告。

2. 请按“公共关系四步工作法”的程序和内容策划一次酒店公关知识竞赛。

3. 酒店公共关系策划如何选择传播媒介？

4. 酒店公共关系实施应坚持哪些原则？

5. 简述酒店公共关系评估的程序。

6. 有人说，酒店公共关系评估是公关工作的最后一个环节，因此要在整个公关活动后才能进行。你认为这种说法正确吗？为什么？

案例分析

案例分析

芭芭拉总统的留言

讨论分析：

1. 锦江饭店公关部的工作人员为了解马耳他总统的爱好，采用了哪种调查方法？

2. 这种调查方法的优点是什么？

技能实训

阅读素材

一样的古镇　不一样的乌镇——乌镇形象公关策划

阅读素材，参照乌镇形象公关策划的程序，尝试给自己家乡或家乡的某个特色产品拟定一个形象公关策划方案。

项目六

酒店公共关系形象策略

任务一 酒店公共关系与 CIS

任务二 酒店形象调查与定位

任务三 酒店 CIS 策划与推广

导　语

企业在公众心目中树立并传播组织形象，这种组织形象将成为吸引人们前来购买产品或服务的动力源泉，并为今后企业的发展定位。酒店公共关系形象策略，是酒店建立良好的品牌形象、创造品牌竞争优势的总体设计。酒店的文化特征、经营内容、产品特点以及企业精神，必须通过整体的视觉系统，尤其是具有强烈冲击力的视觉符号来传达。将具体可见的视觉形象与内蕴特征的抽象概念融为一体，可以传达企业情报信息，达成与公众的有效沟通，促进产品的销售，提升品牌知名度，创造品牌的形象价值。

学习目标

- 了解 CIS 的起源及发展状况
- 理解 CIS 的概念、内涵和作用
- 理解 CIS 与酒店公共关系的关系
- 掌握 CIS 的构成要素
- 理解 CIS 导入酒店的意义
- 掌握酒店形象调查的步骤和方法
- 能够以酒店形象调查与分析的结果为依据开展酒店的形象定位
- 掌握酒店 CIS 设计的基本内容和步骤

关键术语

CIS　MIS　BIS　VIS　酒店组织形象　知名度　美誉度　酒店形象调查　酒店形象定位　传播类型组合策略

任务一　酒店公共关系与 CIS

一、什么是 CIS

（一）CIS 的定义

CIS 是英文 Corporate Identity System 的缩写，直译为“企业形象识别系统”，它是一种通过对理念文化、行为方式、视觉识别等进行系统设计来塑造企业整体形象，并借助各种信息传播手段增加社会公众的认同感，从而提高企业竞争力的经营战略。

（二）CIS 的构成

CIS 是由理念识别系统、行为识别系统和视觉识别系统三个子系统构成的，如图 6－1 所示。

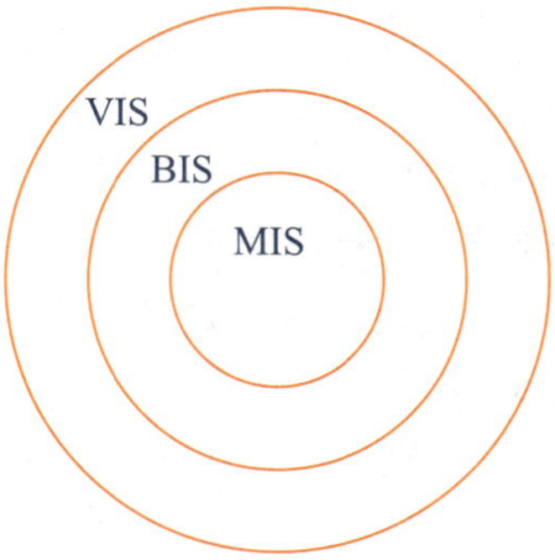

图 6－1　CIS 的构成

这三个子系统相互独立、各成体系，又相互作用、有机结合，共同为塑造特定的企业形象服务。CIS 结构如表 6－1 所示。

表 6－1　CIS 结构

项目	系统结构	系统结构说明
1	理念识别系统（Mind Identity System，MIS）	最高决策层导入企业识别系统的原动力，企业经营理念与精神文化
2	行为识别系统（Behavior Identity System，BIS）	动态识别外部回馈、参与活动，对内组织、管理、教育
3	视觉识别系统（Visual Identity System，VIS）	静态的识别符号具体化、视觉化的传达形式，项目最多，层面最广，效果直接

1. 理念识别系统

理念识别系统是引导企业行为的思想和精神。MIS 是 CIS 的核心，也是企业形象定位和宣传的出发点，是企业文化的浓缩、企业宗旨的概括、精神目标的确定，犹如一个人的思想和灵魂。MIS 主要包括经营理念、经营方针、发展规划、企业精神、企业信条、管理原则、组织价值观、社会责任等。MIS 的作用是：对内协助组织进行决策、管理、组织活动、制定制度以及引导和规范员工的思想、观念和行为；对外决定组织间的区别，影响组织对公众的吸引力、感召力和整体评价。

2. 行为识别系统

行为识别系统是组织思想和精神的行为化，是企业经营理念外在的动态表现，犹如人的言谈举止与行为。BIS 是 CIS 的动态识别形式，是对组织运作方式所做的统一规划而形成的动态识别系统，它直接反映组织理念的鲜明个性。BIS 对内包括：组织制度、教育培训、工作环境、生产设备、福利制度等；对外包括：市场调研、公共关系、流通对策、产品研发、公益活动、品牌推广等。BIS 的作用是通过组织思想指导员工的行为，协调组织的各种生产经营活动，形成组织的管理特色。

3. 视觉识别系统

视觉识别系统是企业形象视觉化的表达方式，是一种静态识别符号，是企业经营理念外在的静态表现，犹如人的衣着与装饰。它将企业理念、企业规范等抽象概念转换为具体符号，以标准化、系统化的手法，凸显企业个性。VIS 包括基础要素和应用要素两大部分。基础要素是指组织名称、品牌标志、装饰图案、标语组合等；应用要素是指办公用品、公共关系用品、环境展示、员工制服、交通工具、广告展示等。VIS 设计通过组织品牌的统一化、标准化、美观化的展示，表现品牌个性。因此，VIS 设计最具有传播力和感染力，最容易被公众接受，具有重要意义。

MIS 是组织高层的思想系统和战略系统，是 CIS 设计的依据和核心；BIS 是组织运行的所有规程策略，规范着组织内部的组织、管理、教育以及对社会的一切活动，是组织的运作模式；VIS 是组织视觉识别的一切事物，是 CIS 中直接向社会传递信息的部分。CIS 就是整合 MIS、BIS、VIS 的完整的企业形象战略体系，三者相辅相成，缺一不可，是塑造企业形象、增强企业竞争实力的有效武器。

任何一个导入 CIS 系统的企业，要全面认识 CIS 作为企业经营战略的重要地位，深刻理解“硬件决定地位，软件决定形象，形象塑造直接影响企业经营的成败”这一观念，调动一切积极因素，塑造独特形象。

（三）CIS 的起源与发展

随着市场经济的出现，卖方市场变成了买方市场，商业市场上靠单一的企业宣传、产品宣传已经无法凸显企业的特性和形象。只有具备个性鲜明的企业形象、独特的经营观念，企业才能在市场竞争中处于有利地位。

1907 年，德国 AEG 电器公司采用 AEG 三个字母形象的图案作为企业标志，应用于系列产品包装或产品宣传以及办公用品上，形成整体形象识别系统，开创了企业实施统一的视觉识别系统的先河。

知识拓展

CIS 理论与实践的蓬勃发展

1933—1940 年，英国伦敦交通营业集团聘请爱德华·琼斯顿（Edward Johnston）对活字印刷体进行了改良，设计出了应用在伦敦地铁内小至自行车，大至站牌、指示牌的统一字体，使伦敦地铁具备了建筑景观与运输功能统一的设计形态，堪称现代工业设计的经典之作。

开始有意识地把 CIS 作为企业识别策略的是美国。1956 年，美国国际商用计算机公司（International Business Machines，IBM）第一次将 CIS 理论全面运用于企业宣传。当时该公司的董事长认为应该树立一个能体现 IBM 奉行的开拓、创新精神并且引人入胜的公司形象。随后，企业委托设计师保罗·兰德（Paul Rand）将公司全称缩写为 IBM，用富有美感的八条纹立体造型表达企业的经营理念：品质感、时代感，并选用蓝色作为公司的标准色，塑造了高科技“蓝色巨人”的形象，象征高科技发展的无限空间。该形象在美国公众的心目中赢得了良好的声誉，并一直沿用至今。

（四）CIS 在中国的实践

CIS 导入我国是在 20 世纪 80 年代中期。1988 年广东东莞太阳神集团公司率先导入 CIS，并获得成功。此后，“万家乐”“黑妹”等纷纷运用 CIS，并逐渐成为成功的著名品牌。北京中关村从一开始就全方位策划和实施 CIS 战略，很快就树立起卓越的高科技企业形象，带动了产值和利润的高速增长，也是我国 CIS 导入的成功范例。

长期以来，在我国酒店业形成了传统的“资本本位”观念，即认为只有有形资本才是驱动酒店发展的核心因素，而对品牌等无形资本的重要性认识不足。在品牌竞争时代，越来越多的酒店集团利用品牌等无形资本兼并、收购了比自身资本大数倍甚至数十倍的企业，从而获得了跨越式的发展。

20 世纪 80 年代中期 CIS 传入我国后，近 40 年来，在我国呈现如下特征：先是理论宣传，然后是市场实践；先从经济发达的沿海地区开始，然后向内地及中西部发展；先在独资、合资等三资企业实行，然后向国有大中型企业推进。

我国酒店业是最早进入市场、最快接触国际先进管理的行业。喜来登、希尔顿、假日、香格里拉等跨国酒店管理集团公司于 20 世纪 80 年代陆续进入我国，带来了业已成熟的企业管理模式，其经营、管理理念强烈地影响着我国酒店业。许多酒店在接受外来影响的基础上自我创新，形成卓有成效的管理模式。如我国本土品牌“锦江国际”就是一个成功的范例。

公关案例

锦江国际 CIS 发展战略

CIS 是顺应时代发展、适应日渐激烈的市场竞争而产生的企业形象战略。加入世界贸易组织后，我国的酒店业向国际高水平的酒店管理集团学习，全面认识新形势下的企业公关与市场营销，迎接市场竞争的挑战。就市场竞争来看，一般分为价格竞争和非价格竞争。价格竞争众所周知，非价格竞争就是通过提高产品质量、品牌信誉、服务水平以及广告效应等方式争取市场的，其实质就是企业形象的竞争。酒店业必须依靠“商品力”“销售力”“形象力”三力合一来占领市场，而“形象力”则包括企业员工的凝聚力及同行认可、社会贡献、公关策划、资讯传播等方方面面的能力，是企业综合实力的体现，而这一切都可依靠 CIS 战略得以有效实施。

二、CIS 的特点和作用

（一）CIS 的特点

1. 系统性

CIS 由理念识别系统、行为识别系统和视觉识别系统相互联系相互作用构成。CIS 的系统性表明，组织在应用 CIS 战略时，必须将 MIS、BIS 和 VIS 整体导入，通过全面的系统设计塑造企业形象。

2. 统一性

CIS 设计的最终目标就是形成统一的组织识别系统，使组织形象在各个层面得到有效的统一。如组织理念、行为及视听传达相协调，产品形象、员工形象与组织整体形象相一致，这也是 CIS 最显著的特点。

3. 区别性

酒店要想在同类的组织和产品中凸显出来，就要挖掘和强化自身与众不同的特色。

组织 CIS 战略就是通过挖掘和塑造组织个性以区别组织形象的战略。从本质上说，CIS 是组织求得生存和发展的区别化战略。它强调信息传递的效率化、标准化和统一化的差别，并使公众对组织的社会定位、存在意义及组织的视觉符号产生认同感。

4. 操作性

CIS 的操作性主要表现在三个方面：第一，必须有一套渗透宣传组织理念的具体方法；第二，必须有一套可具体执行的行为规范；第三，必须有一套能体现理念的视觉传达计划。

5. 长期性

CIS 的设计和导入是一项复杂的系统工程。它不仅涉及组织外在“形象”的更新，也涉及组织内部理念、精神及文化的革命。因此，CIS 并不是一次性的短期行为，而是一项长期的工作。大型组织 CIS 的导入及实施周期一般是 10 年。如果只是 CIS 的部分导入，一般也要两三年。

6. 动态性

CIS 战略是一个长期的过程。在这一过程中，组织的经营战略、经营方式、市场定位、产品定位及组织机构设置等都可能发生一定的变化，必须设计出一种可控制的、能实际操作和检查改进的机制。

7. 传播性

组织 CIS 战略需要全员参与。组织在导入 CIS 的过程中，必须由自己的力量来完成组织理念的提供和开发工作，依靠传播来动员组织员工。此外，CIS 还要与所有与组织有关的媒体进行信息的传递。

8. 稳定性

组织的 CIS 系统一旦形成，就具有相对稳定性。CIS 是组织的经营宗旨、文化精神的外显。除非组织的经营方向发生较大的调整，否则 CIS 应当基本保持稳定，以便能够让公众形成统一、连续、持久的印象。

（二）CIS 的作用

1. 识别功能

组织的理念、文化、产品通过文字、图片、色彩等要素可以表现出一致的信息，因此，公众通过 CIS 可以把组织及其产品、品牌与同类组织区别开来。CIS 的识别功能主要是通过评议、图像、色彩三个识别要素来发挥作用的。评议识别是指通过体现组织精神、价值观的口号，组织产品及品牌的广告语来识别组织。其中，用言简意赅的语句表达组织形象、经营理念的组织价值观，是最具魅力、最具鼓励意义的“关键语”。图像识别是指用象征本组织的图像达到识别组织的目的，其中标志是组织最有效的代表。图像识别是扩大组织知名度和塑造组织形象最有效的方法，这正是中外组织导入 CIS 时普遍重视组织标志等的原因所在。色彩识别是指运用人们的色彩审美心理，通过具有组织特征的色彩（组织标准色）达成识别组织的目的。色彩识别具有强烈的区别性识别效果。

公关案例

酒店品牌主题色：酒店美学的极致浓缩

2. 管理功能

CIS 的策划和实施是加强企业管理的有力工具，因为组织的 CIS 从本质上说是一部从思想、行为到传播的全方位标准化管理的组织内部法规。CIS 的导入可以使组织内部的管理实现统一化、标准化、规范化、系统化，保证企业识别的统一性和权威性，完善企业经营管理功能。但是，CIS 的管理功能不是独立存在的，它只有同组织原本的质量管理、成本管理、财务管理等相结合，才能有效发挥作用。

3. 传播功能

导入 CIS 塑造组织形象的过程主要是通过传播实现的。CIS 通过统一的视觉设计，经过系统化、一体化、集中化的处理，形成个性鲜明的信息，给公众造成强烈的刺激，然后不断重复传播，给公众留下深刻的印象。因此，CIS 能使社会公众透过鲜明的视觉识别系统认知企业信息，准确、有效、经济、快捷地传递信息，提升企业形象。

公关案例

一个好的品牌，从一个好的 logo 开始！

4. 协调功能

CIS 的导入，不仅肯定了员工的奉献，重视了员工权益的保障，也让员工意识到企业整体利益是员工个体价值目标实现的前提。同时，CIS 的导入也统一了价值观，对所有员工提出了相应的责任和义务，在共同价值观的支配下，员工履行各自的责任和义务。因此，CIS 能给企业创造一个团结、和谐、宽松、融洽的内部环境和催人奋进的良好氛围，发扬企业团队协作精神，增强企业凝聚力。此外，CIS 的贯彻能进一步改善与发展组织同政府、社区、新闻媒介的关系，创造组织同社会协调一致的外部环境。

任务二 酒店形象调查与定位

一、酒店形象

（一）酒店形象的含义

公共关系的根本目的就是帮助组织塑造良好的形象。从公共关系学的角度出发，形象是公关主体与公众之间形成的一种心理关系，形象是组织开拓市场、吸引顾客的重要法宝。所谓酒店形象，就是酒店的目标公众对酒店的总体评价，是酒店的表现和特征在公众心目中的反映。公众对酒店的评价会直接影响它们的行为，对于酒店来说，必须重视自身形象的塑造。

公关案例

白天鹅的早茶

（二）酒店形象的内容

1. 产品形象

社会公众对于酒店的了解主要是通过产品和服务开始的，并在使用产品和享受服务的过程中不断形成对酒店的感性化和形象化的认识。因此，那些能够提供优良产品和优质服务的酒店，总是能够赢得良好的社会形象。

2. 环境形象

环境形象是酒店形象中最外在的、最直观的要素。环境形象主要是指酒店的建筑特色、地理位置、装潢风格、装饰色彩、外部环境等，它反映了整个酒店的管理水平、经济实力和精神风貌。对于第一次与酒店打交道的外部公众，酒店的内、外部环境直接影响着他们对酒店的评价。

公关案例

用心做有温度的服务

3. 员工形象

员工形象主要通过职业道德、文化修养、精神风貌、举止言谈、仪容仪表和服务态度等方面体现出来，是酒店形象人格化的体现。外部公众对于酒店的了解大多是通过员工进行的。可以说，员工人人都是酒店的形象大使。服务产品的生产过程不同于其他实物产品，员工的素质、服务水平直接影响服务产品的质量，所以员工形象十分重要。现在很多酒店都通过严格选拔、加强培训等手段来不断改善员工的形象。

4. 社会形象

社会形象是酒店社会责任感的重要体现。酒店要树立良好的社会形象，既有赖于与社会广泛的交往和沟通，实事求是地宣传自己的社会形象，又要在力所能及的条件下积极参与社会公益活动。良好的社会形象会使酒店在社会公众的心目中更加完美，使之增强对酒店的认同、理解和尊重。

酒店形象内容十分丰富，它不仅包含了酒店的外显特征，而且还包含了酒店的内在精神。如酒店的总体特征与风格、服务质量与管理水平、员工素质与办事效率、知名度与美誉度等。酒店形象是酒店主客观的统一，是左右公众总体评价的客观依据，是影响社会公众舆论，争取社会公众支持的关键所在。为了维护酒店形象，酒店必须注意不断协调好各方面的关系，积极承担社会责任，注重酒店利益与公众利益之间的平衡，力图获得良好的公众评价。对外开拓进取，争取获得最大的社会效益，对内努力加强形象管理、形象设计，增强员工凝聚力。

（三）酒店形象的评价维度

评价酒店形象的两个基本维度是知名度和美誉度。知名度是一个组织被公众知晓、了解的程度，它是从量的方面评价组织名气大小的客观尺度；美誉度是一个组织被公众信任、赞许的程度，它是从质的方面评价组织社会影响好坏程度的指标。按照这两个维度，我们可以把酒店的形象分为 4 种状况：一是知名度低，美誉度高；二是知名度高，美誉度高；三是知名度低，美誉度低；四是知名度高，美誉度低。

处于第二种状况的酒店形象是最为理想的，是公关人员努力的方向和目标，喜来登、波特曼丽嘉等酒店就属于这种状况；对于处于第一种状况的酒店来说，可以通过口碑效应来吸引顾客，让更多的人了解酒店的产品和服务，提高其知名度，使酒店形象向第二种状况转化；对于处于第三种状况的酒店来说，这是一种十分不理想的状况，如果公众对酒店的认知停留在这个层面上，将对酒店的发展不利，所以要内外兼修，在提高产品和服务质量的同时，提高自己的知名度，设法改变公众对酒店的不利态度；对处于第四种状况的酒店来说，也是一种不理想的形象认知，虽然酒店的名气较大，但是公众对酒店的产品服务、政策、行为等持反对、否定的态度，长此以往，酒店的形象地位势必要向第三种状况转化，所以要设法找到酒店存在的问题，并加以修正和完善，改变酒店在公众心目中的不良印象，使其向第二种状况转化。

（四）良好酒店形象的作用

良好的组织形象是酒店的重要无形资产。酒店产品所具有的无形性、不可储存性等特点决定了旅游者无法事先通过试用和试验来达到对产品的认同和接受，只能是根据产品的知名度和美誉度来进行判断、选择。良好的酒店形象是企业在长期的生存、发展过程中逐渐积累起来的，是重要的无形资产。

良好的组织形象有利于酒店开拓市场，吸引更多的客源。在现代市场经济条件下，酒店产品供给非常丰富，顾客选择的余地也越来越大，那些信誉好、质量佳的酒店对顾客的吸引力更大。在开拓市场的过程中，如果酒店能够凭借良好的组织形象形成一定的品牌效应，那么，这种品牌效应将会起到维护和提高顾客忠诚度的作用，进而能够吸引更多的客源。

良好的组织形象有利于增强酒店的向心力和凝聚力。酒店的知名度、美誉度越高，说明其内部的员工工作士气越高。反过来，酒店的良好形象又会进一步增强其员工的自豪感，酒店就像磁石一样吸引着员工，员工也乐于为这样的酒店工作，从而增强了酒店的向心力和凝聚力。酒店行业的员工流动率较高，而相当一部分人会选择那些著名酒店，所以争当“最佳雇主”是塑造酒店形象的重要内容。

> **知识拓展**
>
> 酒店形象塑造的十种方法

二、酒店形象调查

（一）酒店形象调查的定义

酒店形象调查是指运用科学、系统的方法，有目的、有计划地对酒店在社会公众心目中的总体认识和综合评价进行的考察。

酒店形象调查的主体是酒店的公共关系人员，或该酒店所委托的某公共关系公司。调查对象是该酒店的公众，以及与该酒店有关的各种机构、媒介和信息网络。其目的是根据不同的需要，了解、收集和分析有关酒店形象的信息，为酒店组织形象的设计、评估或修正提供决策依据。

（二）酒店形象调查的内容

酒店形象调查包括酒店内部形象调查和酒店外部形象调查两大部分，分别对酒店内部各级员工和外部公众进行考察。

1. 酒店内部形象调查

酒店内部形象调查是采集酒店内部各级员工对酒店实际形象评价和期望形象要求的有关信息和数据。其调研对象主要包括酒店领导层、中级管理层和一线员工层三级的代表。

酒店内部形象调查的主要内容包括酒店的经营方针、规章制度、决策能力、计划能力、预算能力、信息通畅程度、办公环境、生活环境、生产状况、技术优势、部门间协调能力、财务状况、薪资福利、服务质量、员工关系等。在调查过程中应做到认真倾听、有效沟通，并详细记录各层级代表的评价、看法和建议。

2. 酒店外部形象调查

酒店外部形象调查是采集酒店外部公众对酒店实际形象和期望形象要求的相关信息和数据。在确定酒店外部形象调查的对象时，应在各外部公众中选择一定数量的代表，这样才能保证调研内容的完整性和客观性。

酒店外部形象调查内容主要包括办公环境、技术优势、品牌影响力、产品质量、包装形象、服务响应速度、服务态度、专业化水平、客户关系维护、信誉度、价格、销售渠道等，应认真听取、详细记录外部公众的意见和建议。

酒店实际形象评价可以采用百分制指标，并通过计算平均值来求得。用平均值的目的，是便于了解组织内部员工和外部公众对酒店的总体评价和综合印象。

（三）酒店形象调查的步骤

1. 确定调查对象

对酒店面临的社会公众进行普查分类，以确定具体的调查对象。确定的原则是要涵盖酒店的利益相关者，这样才能全面地反映酒店形象。

2. 测量酒店形象地位

测量酒店形象地位常用的指标是酒店的知名度和美誉度。

知名度表示社会公众对酒店知道和了解的程度。如果某个酒店调查了 1 000 名公众，其中有 200 人知道该酒店，则该酒店的知名度为 200 ÷ 1 000 × 100%=20%。

美誉度表示社会公众对酒店的赞誉程度，以社会公众对酒店的态度和评价为标准。如果 200 人中有 80 人对酒店表示好感或欣赏，则该酒店的美誉度为 80 ÷ 200 × 100%=40%。

3. 酒店形象要素调查

通过知名度和美誉度调查，可了解组织形象地位，而要进一步了解这一形象地位的成因，则要对公众进行形象要素调查。为了剖析酒店形象地位的成因和公关工作的切入要点，公关人员应当制作酒店形象要素调查表，以此作为后续分析的工具。酒店形象要素调查表的制作方法是：将对酒店组织形象有较重要影响的要素，如经营方针、办事效率、服务态度、业务水平、管理程序、酒店规模等，分别用正反相对的形容词来表示好与坏的两个极端，在这两个极端中间设置若干个程度有所差别的中间档次，以便被调查的公众能对每个调查项目均可以分档次地进行评价，如办事效率非常高、相当高、稍微高、中等、稍微低、相当低和非常低，即可得到酒店形象调查表，详见表 6－2。

表 6－2　酒店形象要素调查表

调查项目	非常高	相当高	稍微高	中等	稍微低	相当低	非常低	调查项目
经营方针正确								经营方针不正确
办事效率高								办事效率低
服务态度诚恳								服务态度恶劣

续表

调查项目	非常高	相当高	稍微高	中等	稍微低	相当低	非常低	调查项目
业务水平高								业务水平低
管理程序科学								管理程序不科学
酒店规模大								酒店规模小

在实施调查时，酒店工作人员将调查表发给社会公众来填写。填写时，应说明每一个项目只可选择语义之一，多选则调查表作废。

酒店形象的构成要素非常复杂，包括理念要素、行为要素和视觉要素。在设计酒店形象要素调查表时，应根据需要从这些要素中选择一部分作为调查指标，也就是说，表 6－2 中的调查项目不是固定不变的，可以根据酒店形象调查重点的不同作出调整。

（四）酒店形象调查的方法

酒店形象调查的方法很多，主要包括访谈法、问卷调查法、抽样调查法、观察法和文献法，这些方法在前面的项目中做了详细介绍。这些方法有着各自的适用范围和优缺点，在运用的过程中可遵循“组合”理念，根据具体情况从中选择一种或多种调查方法。

三、酒店形象定位

（一）酒店形象定位的含义

酒店形象定位是指酒店根据内外部环境变化的要求、自身实力和竞争形势，选择自己的经营目标及领域、经营理念，为自己设计出一个理想的、独具个性的形象位置。酒店要想在公众心目中留下清晰、深刻的印象，就必须有准确的形象定位。

知识拓展

定位理论

（二）酒店形象定位的分类

公众的多样性决定了现代酒店的形象定位是多层面的，可以从以下四个方面加以概括。

1. 顾客心目中的形象定位

在顾客的心目中，酒店应当做到：优良的服务水平；与硬件、软件相符的公平合理的价格；服务质量保证体系；准确解释和快速解决疑难及投诉；服务项目改进与开发的信息反馈；增进顾客信任的各项服务措施。

公关案例

哈尔滨香格里拉酒店的服务保障

2. 媒介公众心目中的形象定位

打造能为酒店生存和发展提供巨大助力的组织形象，不能单纯依靠酒店领导者的人际接触来树立，还必须争取广大公众的了解和赞誉。在这个过程中，获取传播媒介的帮助是酒店形象塑造的一个重要环节。

酒店不能忽视报纸、广播、会议、电视、网络等“硬广告”的宣传，所策划的“事件”不仅要引起社会的热切关注，还需要与酒店的营销策略和促销活动紧密地结合起来，使传播信息变为无形资产，以此扩大酒店的知名度和美誉度。同时，应尽力避免负面报道和负面影响。对公关危机事件，应迅速采取各种补救措施将影响缩小到最小范围，改变不利局面。同时，举一反三，吸取教训，总结经验。

3. 政府、社会团体和社区公众心目中的形象定位

酒店应努力争取政府、社会团体和所在社区的支持，这不仅有助于获取宽松而和谐的外部环境，也能够以此取得良好的酒店形象宣传效果。

公关案例

四季酒店：员工管理人性化

4. 员工心目中的形象定位

员工是酒店的主体，应努力使其感到酒店是可以信赖和依靠的，身为其中一员而感到自豪。酒店既要有制度严格、规范统一的一面，又要有尊重员工、爱护员工的一面，使员工感觉工作有劲头，努力塑造重视人文关怀和员工个人发展的酒店形象。同时，酒店的管理者应有意识地设计和培养适合企业的组织文化，并以此来协调员工的个体差异、促进员工积极向上，形成强大的凝聚力和向心力。

（三）酒店形象定位的特征

明确酒店形象定位的特征，能帮助我们更加清楚地理解和把握酒店形象定位的内涵。

1. 体现差异化的本质

酒店形象定位的本质是差异化，即为本酒店树立有别于其他同类酒店的组织形象。这种差异体现于酒店形象的各个构成要素，包括理念要素、行为要素和视觉要素。这一性质自然就决定了酒店塑造形象的过程和活动必须围绕个性或独特性来展开，并致力于发掘、维护和提升酒店的个性。

2. 以环境分析为依据

酒店形象定位必须以环境分析为依据，环境分析的内容主要包括社会环境分析、酒店实态分析等。社会环境分析主要是对经济发展、技术进步、国家政策、法律规定、社会文化等因素的分析；酒店实态分析，即通过对酒店开展系统性的实态调查，一方面把握酒店自身的实际状态，另一方面把握社会公众对于酒店的期望和要求。

环境分析的过程就是进行大量的、系统的市场调查和形象调查，并及时将这些调查资料进行整理、归纳、统计的过程。

3. 反映酒店总体发展战略

酒店形象定位是在酒店总体发展战略的基础上制定的，它必须反映酒店总体发展战略的内容，这也是酒店战略管理的客观要求。也就是说，酒店形象定位与酒店的总体发展战略之间是互相联系、互相影响、互为保证的动态关系。

4. 管理职能的发挥和传播活动是实现手段

要实现酒店形象定位的决策意图，必须依赖于酒店的管理和传播活动。一方面，要求酒店在组织的运作和各项社会活动中，严格以酒店形象定位决策的要求来约束、规范酒店的行为，并对外部公众实施科学的引导和管理；另一方面，酒店应把这种具有个性特征的形象运用系统的传播策略和传播手段传递给内外公众，使公众不仅看到、体验到酒店的各种行为和社会活动，同时还能了解到酒店产生这些行为的内在驱动力，感受到酒店的经营思想和企业文化等，从而使酒店确立独特、鲜明和丰满的形象定位。

（四）酒店形象定位的影响因素

酒店在哪些方面凸显自身个性是树立酒店形象的关键。下面三个因素会影响酒店形象定位。

1. 主体个性

主体是指酒店自身，主体个性是指酒店在其品质和价值方式方面的独特风格和个性特点，比如酒店经营目标定位、理念定位和酒店行为风格等。

酒店形象定位必须是酒店所具有的个性，不能夸张，更不能捏造，否则会被公众所摒弃。酒店形象定位不是空泛的，不是随心所欲的，而是实实在在需要以自身品质为基础和保障。

2. 传达方式

传达方式是指把主体个性信息有效、准确地传递到公众方面的渠道和措施。传达方式主要指营销方式和广告与公关等宣传方式。其直接影响酒店形象定位的传播效果，酒店应根据不同的公众类型来选择合适的宣传方式组合策略。

3. 公众认知

无论是确定主体个性，还是选择有效的传达方式将其传递给社会公众，形象定位完成的标志是公众认知。在产品同质化趋势明显的今天，同一档次的酒店在服务和产品质量上的差距远没有所标榜的那么大，基本服务的差距更小，但公众认知差距却相当大。因此，酒店在打造形象定位的过程中，应充分认识到“公众认知”的重要性，以此作为酒店形象定位的出发点和归属点，避免刻意模仿和闭门造车现象。

公关案例

杭州新新饭店：一房一故事一风格

公关案例

老门童：酒店的活动名片

公关案例

快捷酒店的差异化

四、酒店形象定位的方法

酒店因其形象定位的不同，采取的方法也各有差异。无论采取何种方法或某些方法的组合，都是为了在公众心目中留下深刻、清晰的组织形象。

1. 个性张扬的定位方法

个性张扬的定位方法主要是指充分表现酒店独特的企业精神、目标与价值观等，它既不易被人模仿，又是自我个性的具体表现；既是酒店形象区别于他人的根本点，又是公众认知的辨识点。

2. 优势表现的定位方法

在“好酒也怕巷子深”的时代，酒店要想在激烈的市场竞争中立于不败之地，除了利用张扬的个性之外，还必须扬其所长、避其所短，重视表现酒店的优势。公众对酒店形象的认识实质上是对其优势的个性形象的认识。酒店给予公众这种优势个性形象的定位，才能赢得公众的好感与信赖。因为公众会不同程度地得益于这种形象定位。当然酒店也同样会因这种定位而获得更高的经济效益与社会效益。不同特色的酒店有不同特色的优势，酒店只有抓住其优势特色进行定位，才能很好地发挥作用。

3. 公众引导的定位方法

酒店形象定位的公众引导法，即通过对公众感性上、理性上、感性与理性相结合上的引导来树立酒店形象的定位方法。

感性引导定位方法主要是指组织对其公众采取情感性的引导方法，向公众诉之以情，以求消费者能够和酒店在情感上产生共鸣，进而获得理性上的共识。比如香格里拉酒店“以发自内心的待客之道，创造难以忘怀的美好经历，时刻令客人喜出望外”的使命宣言，就是以打动人的情感来树立企业形象的。

> 公关案例
>
> 高度保护客人的隐私权

理性引导定位法主要指对消费者采取理性说服方式，用客观、真实的组织优点或长处，让消费者自行作出判断，进而获得理性的共识。

感性与理性相结合的引导定位综合了感性与理性的双重优势，可以做到“情”与“理”的有机结合，在对消费者“晓之以理”“动之以情”的过程中完成形象定位。

4. 形象层次的定位方法

形象层次定位法是根据酒店形象的表层形象与深层形象来进行定位的。

表层形象定位是指构成组织形象外部直观部分的定位，比如酒店建筑、设备、环境、店徽、服饰、LOGO、吉祥物、色彩、产品造型等。

深层形象定位主要是根据企业精神、价值观等企业深层文化来进行定位的。例如四季酒店“以人为本”的服务定位即为深层形象定位。

5. 对象分类的定位方法

对象分类定位方法主要是针对内部形象定位和外部形象定位而言的。

内部形象定位主要指企业高层、管理人员以及全体员工的管理水平、管理风格的定位。

外部形象定位是指酒店的经营决策、经营策略、经营方式方法的特点与风格的定位。

任务三 酒店 CIS 策划与推广

酒店通过形象定位，为自己设计了一个理想的、独具个性的形象位置。形象位置需要借助具体的形象要素内容来实现，可以利用 CIS 设计来完成。

一、酒店 CIS 策划概述

酒店引进 CIS 策划的内在动力在于提升整体形象，增强企业活力，创造新的发展机遇。酒店 CIS 策划是一种循序渐进的计划性工作，其工作流程大致可分为下列五个阶段。

（一）实态调查阶段

实态调查阶段具体包括酒店实态调查和环境实态调查，以了解公众对企业形象的认知状况。

（二）形象确立阶段

形象确立阶段以实态调查结果为基础，分析酒店内部、外界认知，分析市场环境与各种设计系统的问题，拟定酒店的定位与应有形象的基本概念，作为 CIS 设计的原则和依据。

（三）形象设计阶段

形象设计阶段将酒店的基本形象概念转变成具体可见的信息符号，并经过细致工作与测试，确定完整的并符合酒店情况的形象识别系统。

（四）系统导入阶段

系统导入阶段排定导入 CIS 实施项目的优先顺序、策划酒店的广告活动及筹建 CIS 执行小组和管理系统，并将设计规划完成的识别系统制成标准化、规格化的手册或文件。

（五）监督评估阶段

CIS 的设计仅是前置性的计划，如何落实建立酒店的形象，必须时常监督并加以评估，以确保符合原先设定的企业形象概念，如发现原有形象设计规划有缺陷，应提出相应的修改意见。

二、酒店 CIS 策划流程

（一）策划与准备

1. 酒店环境分析

酒店环境分析主要包括酒店内部环境分析和外部环境分析两个方面，这是 CIS 策划的前提。

关于内部环境分析，必须先进行意识调查，酒店决策层必须与各职能部门负责人进行会谈，必要时还需要和员工会谈，再进行企业形象调查、视觉审查等活动，找出企业当前面临的问题及对策，使 CIS 计划中的主题明确化。

外部环境的分析，是指对酒店社会环境的分析，如当前酒店市场状况的分析、行业形象分析等相关活动，以掌握酒店在社会中的地位，并探索酒店今后的出路及发展方向。

2. 酒店经营理念和领域的确定

根据对酒店经营现状的把握，重新审视酒店经营理念和未来发展领域。设定酒店内的组织体制，以及信息传递系统，着手改善酒店形象素质。

（二）调查与分析

调查与分析是酒店 CIS 导入工作的第一步。

1. 酒店形象实态调查

酒店 CIS 调查的第一步，就是开展企业形象实态调查，调查的主要内容大致有以下几个方面：

（1）社会公众对酒店的整体印象如何？

（2）社会公众对酒店形象的评估是否与酒店的自我评估相矛盾？

（3）和其他同行企业比较，本酒店形象中最重要的内容是什么？

（4）目前，酒店整体形象有何缺点？未来应塑造出何种形象？

（5）酒店目前的市场竞争力如何？

（6）业主和酒店行政主管部门对酒店未来的发展有何期望？

2. 酒店形象调查

这部分内容已在本项目任务二中详细阐述，在此不再赘述。

（三）制订酒店 CIS 策划方案

酒店应根据形象调查及分析的结果，重新评估企业理念，构筑新的企业经营战略，即形成 CIS 策划方案，以指导酒店的发展。

酒店 CIS 企划规划方案必须能针对调查结果，表达出正确的判断，进而提供有关 CIS 的活动指南和改良建议，深入浅出地指出未来企业应该具有的形象，并明确今后一系列的 CIS 策划工作和实施办法。

1. 酒店 CIS 策划方案的重心

CIS 策划方案具体由以下三大部分构成：

（1）对酒店实态进行事前调查和分析。

（2）根据调查结果开展规划工作，CIS 策划也属于这部分。

（3）实施管理作业。

酒店经营者在推行 CIS 时，应按照上述三大部分，循序渐进，切实执行，真正发挥 CIS 效果。

在提出 CIS 策划方案的构想之前，应先明确引进 CIS 的真正目的及酒店本身存在的问题。因此，策划方案的内容应该清楚地标示出“问题”和“解决办法”两大重点，并且对具体的实行步骤、方法和预期成果加以说明。如果能列出酒店目前的问题并加以详细说明，那么就更能打动管理者。

2. 确定 CIS 工作大纲

（1）明确工作主题。每一个具体 CIS 企划方案都必须有其主题。在拟定 CIS 工作大纲时需要经过周密的思考与充分的研讨，千万不要因为追求时髦而导致判断错误，影响企业整体发展。

（2）拟定 CIS 具体实施办法。经研讨分析后，如认为有必要导入 CIS，则需对主题、着眼点、背景等予以评估，因为在导入 CIS 实施的每一个阶段，每项工作的联系都非常紧密。在全盘工作大纲确定后，需拟定各种不同活动方式来配合酒店 CIS 工作。

（3）编制酒店 CIS 导入时间表。CIS 导入工作不是短期的事情，同时在进行中也必须有许多事项的配合，因此要将工作阶段进行的项目与日程时间进行合理的匹配，才能推动 CIS 工作的进展。

（4）编列 CIS 设计经费预算。通常在 CIS 策划阶段，对实施作业经费的多少不容易确定，但如果没有具体的成本预算，方案实施的可行性便极低。因此需要先行编制 CIS 的作业项目与经费，做到心中有数。整体来说，酒店 CIS 策划的费用大致可分为以下四个方面：酒店实态调查及规划费用；设计开发费用；实施管理费用；其他费用，如推行 CIS 计划时的花费、企业内部信息传递的经费等。

（四）设计开发

在企业负责人批准 CIS 策划方案后，即可展开 CIS 的设计开发工作。此时企业内部最关心的是导入 CIS 后，现存问题能否解决，以及用什么方法来推行 CIS 等。

进入 CIS 的设计开发阶段后，前面各项工作所设定的识别概念、经营理念，都将在这个阶段中转换成系统化的视觉传达形式，以具体表现企业精神。

1. 基本要素与设计

（1）企业名称。在企业识别要素中，首先应该考虑企业名称。通常是指企业的正式名称，应以中文及英文两种文字命名。一般情况下用全名表示，或是省略为“××股份有限公司”“××有限公司”。需要依据企业具体的使用场合来确定是使用略称还是全名。

（2）企业标志。企业标志应代表企业。对生产、销售商品的服务行业而言，是指商品上的商标图样，包括抽象性的企业标志、具体性的标志、字体标志等，在经营过程及商品销售活动中代表企业形象。

（3）企业品牌标准字。企业品牌标准字原则上要求以中文及英文两种文字来设定，要足以代表企业经营产品及提供服务的品牌及特色。

（4）企业的标准色。企业的标准色主要用来象征企业的特定色彩。企业的标准色通常可采用 1～3 种色彩为主，也有采用多种颜色的色彩体系。可以考虑以色彩来传达企业的气氛，或利用辅助色彩制造更佳的色彩效果。

（5）企业标语口号。企业标语口号是用以对外宣传企业的特长、业务、思想等要点的短句。与企业名称标准字、企业品牌标准字等附带组合使用的情形也很多，能起到很好的宣传效果。

（6）企业专用字体。企业专用字体包括企业主要使用的文字（中文、英文）、数字等专用字体，也包括选择主要广告和产品促销等对外印刷品所使用的字体，以及规定为宣传用的文体。

（7）企业象征图案。象征图案是附属设计要素，与标志、标准字、标准色等是宾主关系。通过象征图案的丰富造型，对以标志、标准字、标准色建立的企业形象加以补充，使其意义更为完整、更易识别；象征图案性格化的造型符号使视觉效果更强烈，能够强化视觉冲击力。

公关案例

一句口号引爆汉庭的新蓝海战略

知识拓展

中国旅游标志：铜奔马

2. 应用要素与设计

（1）企业证件类。

酒店徽章、印鉴、旗帜；酒店名片、专用笔记本、背包等；酒店铭牌、胸牌、工作证等。

（2）企业文具类。

酒店信息专用纸、便条纸、稿纸；酒店固定信封、邮用信封、人名信封；酒店专用袋、信用袋；酒店钢笔、圆珠笔、铅笔及其他文具。

（3）企业对外账票类。

酒店事务专用账票；酒店订单、估价单、账单；酒店各类申请表、送货单；酒店契约文书、通知书、确认书；酒店明细表、票据、支票簿和收据。

（4）企业符号类。

酒店招牌、建筑物招牌、路标招牌、活动式招牌；酒店外观照明、霓虹灯等；酒店纪念性建筑、纪念性人物模型；酒店各类参观指示、橱窗展示。

（5）企业交通工具。

酒店业务用车、载运用车；酒店宣传广告用车；酒店各类货车和其他特殊车辆。

（6）企业展示陈列用品类。

酒店广告宣传单、PR 手册、广告海报；酒店服务产品目录、菜单；酒店展示摊位、各种显示装置、各种促销视听软件、各种会议用资料袋类。

（7）企业大众传播类。

酒店纸媒广告、杂志广告；酒店专用杂志广告、其他媒体广告；酒店电视广告、新媒体广告。

（8）企业产品包装类。

酒店各种包装纸、商标、胶带、包装材料、包装箱；酒店各种商品容器、商品标签。

（9）企业人员服装类。

酒店前厅部、餐饮部、客房部、康乐部、工程部人员服装；管理人员服装。

（10）企业出版物、印刷物类。

酒店自办报纸、杂志；酒店股东报告书；酒店奖状、证书、感谢信。

3. 设计与开发的操作

（1）设计开发的委托方式，包括总体委托方式、指名委托方式、指名设计竞赛方式、公开设计方式。

（2）设计开发的作业分配方式，包括基本设计要素及基本设计系统、应用设计要素及应用设计系统。

（3）CIS 设计开发的程序，也就是制定详细的开发程序。

（五）问题及注意事项

很多企业相信 CIS 是企业活动所不可或缺的，但是在实施 CIS 的同时，却发现并没有产生相应的效果，究其原因，可能有以下几点。

1. 企业 CIS 策划能否取得成效，与企业管理层有密切的关系

当员工按部就班地推行 CIS 时，会发现越多揭示企业的缺点，得罪企业主管的危险性就越大，因此推行 CIS 的阻力自然会加大。要使 CIS 策划取得成效，首先要得到企业管理层对 CIS 的了解与赞同。

2. 企业 CIS 策划要取得成效，必须依靠高超的管理技术

企业在决定经营方针、方向、战略之后，活动领域立刻会衍生一些感性问题，因为包括视觉性的设计开发，和判断、选择、调整企业内部员工的工作情绪等，都是需要投入大量精力的工作。因此，CIS 提案要得到大家的接受与认同，须花费一番功夫。

要使工作能顺利进行，并逐渐强化，最后达到使企业内外甚至竞争企业也一致赞美的成功境界，就必须依靠高超的管理技术。

3. 企业 CIS 计划阶段的注意事项

CIS 导入计划有它预定的实施期限，其中包括许多复杂的项目，必须循序渐进才能得到有效的结果。酒店 CIS 策划计划阶段应注意下列事项：

（1）不可仓促进入 CIS 实施阶段。在企业确认 CIS 的导入方案前，如果仓促而勉强排定实施计划，反而会产生负面效果。

（2）设计开发工作的时间必须留有弹性。企业 CIS 设计开发工作中，在基本设计开发期间，需要特别注意的是，参加设计的人员必须充分地检验 CIS 形象设计的操作性。为了能提出优秀的策划构想，在 CIS 设计开发工作的最初阶段，必须预留足够的时间，以便检验其可行性。

（3）重视逻辑性，按部就班地推进 CIS 策划工作。在进行 CIS 策划时，有关企业问题的探究、调查工作及根据调查结果做判断的过程，如果进行得不理想，则容易在今后内部与外界沟通时产生偏差，也会使得 CIS 的成效不佳。因此，无论时间如何紧迫，CIS 策划都必须步步为营，要重视其逻辑性、整合性，循序渐进地推行。

（4）发现企业 CIS 策划不合理时，应尽快重新制定。CIS 计划的流程安排必须考虑前后工作间的关联性，因为前面的工作必然会影响到下一步的工作。当发现计划中有任何一个环节不合理时，应尽快重新制定。

三、酒店 CIS 推广

酒店导入 CIS，不是纯粹地引进形象概念，关键是酒店在日常的运营过程中如何体现形象力，使 CIS 活化为酒店经营中最活跃的生产要素。为此，酒店必须借助一定的手段将 CIS 的各种要素落到实处，使其被酒店内部员工广泛认同，被社会公众识别和记忆。酒店需要借助各种传播媒介来进行组织形象的推广。

酒店形象的推广即 CIS 的实施阶段，必须拟订详尽的推广计划，一般可通过对内宣传、对外推广、成立 CIS 推进小组来使崭新的酒店形象能够尽快得到社会公众的认同，完成酒店形象的建立。

（一）酒店形象对内宣传

酒店形象的建立是靠全体员工共同努力得到的，因此，对内宣传是酒店形象推广的第一步。内部员工不仅是酒店形象的传播者，更是酒店形象的创造者，他们的言行举止直接影响着酒店的形象。

1. 对内宣传的主要内容

CIS 的对内发布应早于对外发布，首先要对酒店内部全体员工进行 CIS 的系统培训和宣传，具体内容包括：CIS 的背景知识介绍；CIS 手册和文件的宣讲；视觉识别系统的基本要素和应用要素的介绍；酒店公共关系活动计划；高层管理人员的沟通和研讨；中层管理人员的集训；员工的礼仪训练等。

知识拓展

组织变革
“三部曲”

通过对员工的培训和宣传，可以使酒店的理念成为员工共同的价值观，从而规范员工的行为举止，以实现通过其行为来传播和展示酒店理念的目的；同时可以让员工统一认识，激发热情，使其接受并自觉执行各项计划，使各项决策真正落到实处，以保障 CIS 导入活动具有较高的执行力。

2. 对内宣传的方式

要使酒店形象的内部宣传取得成功，可采用以下三种方式：

（1）注重自上而下的宣传。

注重自上而下的宣传是指在内部进行形象推广时，酒店可以采用先对高层主管进行培训，再通过酒店内部的等级结构来向下通知、指派和解释。

例如召开酒店形象宣传大会，由董事长宣讲企业前景，再由各职能部门主管具体向本部门员工介绍组织理念、行为规范和视觉识别要素，并制作成说明书或手册，要求全体员工遵照执行。

（2）强调自下而上的反馈。

在酒店形象的对内宣传中，仅靠行政手段的强制传达是远远不够的，还必须运用各种技巧和方法来对员工进行教育、培训，充分发挥全体员工的主观能动性。比如员工意向调查、演讲会、征文竞赛、征求宣传标语等，这些都是自下而上的信息反馈，都可以调动员工的积极性。

（3）深化横向的沟通。

深化横向沟通是指在对内宣传酒店形象时，应充分利用酒店内部召开的各种会议来进行。具体来说，可以采用以下几种方式来进行沟通。

首先，召开各部门主管参加的酒店形象讨论会，会议可以就“如何开拓酒店的未来”等问题进行讨论，在讨论中落实酒店形象的方针计划。

其次，在员工之间开展小组活动，让员工相互讨论酒店形象问题，如我们是一家什么样的酒店？将来的变化如何？酒店对于我们个人的意义是什么？我如何为酒店服务？等等。通过这些问题的讨论，可以进一步了解酒店，并说明自己应当为酒店做些什么，应当怎样做才能使自己的观念、行为与团队行为和酒店的规范要求协调一致。

最后，可以利用酒店内的宣传栏、海报、墙报、员工手册、微信公众号等媒体来传递信息，介绍、宣传 CIS。

对内宣传应以教育为根本。酒店形象建立的最根本的作用是变革经营意识、提升内部素质，以此来彰显酒店形象的良好内涵，而不是单纯地变更酒店招牌和标志等。正因为如此，酒店形象对内的宣传和教育才显得如此重要。

（二）酒店形象对外推广

在完成酒店形象对内宣传后，可开始对外的推广活动。为此，我们需要首先明确酒店形象对外推广的定义，在此基础上选择媒体组合策略进行推广。

1. 酒店形象对外推广的定义

酒店形象对外推广是指酒店借助新闻发布会、各种传播媒体以及公共关系专题活动等形式，发布和展示酒店 CIS 策划的各项成果的活动，主要包括理念体系、视觉识别系统以及有关 CIS 的重大活动，使社会公众广泛认知酒店的新形象和新理念。

对外公布和展示本身就是 CIS 的应用。在对外推广时，应遵守已经确立的酒店投资、赞助的选项原则和媒体选择原则，发布效果、内容和形式要与酒店新定位相符合。

2. 酒店形象对外推广的传播类型

酒店形象作为社会公众心目中的印象，必然受到公众自身价值观、思维方式、道德标准、审美情趣以及性格差异的影响。因此，在对外推广酒店形象时，必须针对酒店不同的关系对象，选择与之相适应的传播媒体和手段。

酒店形象对外推广可选择的传播类型有人际传播、组织传播和大众传播。这些内容在本书项目四任务一中有详细阐述。就酒店形象的推广而言，大众传播是最快捷、最有效的手段。在酒店形象的对外推广中，主要采用广告和形象推广活动这两种大众传播形式。

（1）广告。

大规模的广告战，大幅缩短了酒店形象推广的周期。传播媒体为品牌传播提供了超越时空的能量，显示出了人际传播所无法与之比拟的巨大威力。

酒店要想利用广告塑造酒店形象，就必须深入研究各种媒体的特点，进行周密、精心的策划。

由于使消费者了解产品、了解组织最好的办法就是广告的传播，因此，酒店不惜以重金去争夺广告段位，为的就是要利用广告传播来推广、宣传酒店产品、酒店形象，让酒店形象能深入人心，让其酒店形象之花在广告的传播中越开越艳，越开越久。这正是每年中央电视台黄金广告时段招标活动竞争激烈的主要原因。

（2）形象推广活动。

形象推广活动是由酒店向各种传媒提供真实的信息以便宣传企业的一种方式。具体包括通过庆典活动（开业剪彩、周年纪念、庆功表彰、重要仪式、赞助活动、庆功表彰、举办文化体育竞赛评选活动、开放日、名人示范举措、新闻发布会、制造新闻等）、社区活动、促销活动（展览会、订货会、贸易洽谈会、技术交流会、研讨会等）来有效地提高组织的认知度、美誉度。

无论是人际传播、组织传播还是大众传播，都有其各自的优缺点和适用场景。因此，在选择酒店形象对外推广的传播类型时，应根据不同的关系对象从这三种传播类型中选择一种或多种，即实现传播类型组合策略。只有这样，才能实现传播对象的全覆盖，取得更大的传播效果。

（三）成立酒店 CIS 推进小组

CIS 的实施是一个全面推进的长期过程，完成了对内培训和对外宣传后，并不意味着 CIS 实施的结束，否则就犯了“重设计轻实施、重短期轻长期”的错误。因此，酒店还需要建立专门的组织机构来保障 CIS 策划的全面实施和持续推进，以达到不断巩固和提升酒店形象的最终目的。

> **公关案例**
>
> 形象强化任务大功告成了吗？

项目小结

酒店公共关系形象策略，是通过对理念文化、行为方式、视觉识别等进行系统设计来塑造企业整体形象，并借助各种信息传播手段增加企业内外部公众的认同感，从而提高企业竞争力的经营战略。本项目着重介绍了 CIS 的概念、起源及发展状况、特点和作用、CIS 的构成要素、酒店形象调查与定位、CIS 设计的基本内容和步骤、酒店 CIS 策划与推广等内容。CIS 与酒店公共关系的融合保证了酒店组织内部管理的统一化、标准化、规范化、系统化以及企业识别的统一性和权威性，极大地完善了酒店经营管理功能。

思考与探究

1. 简述酒店 CIS 策划的内容及意义。
2. 酒店 C1S 策划有哪些作用？在经营过程中应如何发挥其作用？
3. 酒店 CIS 策划要把握哪些基本原则？
4. 你如何理解酒店形象定位？酒店形象定位有哪些方法？
5. 简述酒店 CIS 策划的基本流程。
6. 酒店可以选择哪些途径来传播其理念识别系统？
7. 选择学校附近一家酒店，先调查其酒店形象，然后根据所学内容为其重新设计形象，并制订出实施计划。

案例分析

案例分析

世界最佳饭店塑造美好形象的秘诀

讨论分析：

1. 酒店优质服务和自身 CIS 策划之间有何关系？
2. CIS 理论对于酒店形象的塑造有哪些作用？

技能实训

采访一家酒店的公共关系经理或公关营销部负责人，调查该酒店组织形象的现状分析该酒店形象的定位、设计方法和形成过程，从中总结其在形象塑造中的优点和缺点，并提出解决的方法，写出报告。

要求：运用所学方法，以小组为单位（自愿组合，原则上每组不超过 5 人）对某一酒店的公共关系经理或负责人进行采访，调查该酒店形象的现状、定位方法和宣传推广情况，分析该酒店在形象塑造中的成功经验和不当之处，提出解决的方法，写出书面报告，并制作小组汇报 PPT，一周之内完成。

项目七

酒店公共关系专题活动

任务一 公共关系专题活动概述

任务二 新闻发布会

任务三 宴请活动

任务四 会议活动

任务五 展览与展销

任务六 庆典活动

任务七 赞助活动

任务八 开放参观

导　语

公共关系专题活动是指围绕特定的主题、采用特定的方式向公众进行传播、与公众进行沟通的活动。公共关系专题活动对于改善酒店的公共关系状态有着极为重要的意义，往往能够使酒店集中地、有重点地树立和完善自身形象，扩大社会影响。成功的公共关系专题活动能够使酒店形象出现意想不到的飞跃，是塑造酒店形象的有力驱动器。

学习目标

- 掌握酒店公共关系专题活动的含义
- 理解酒店公共关系专题活动策划的基本要求和原则
- 掌握酒店公共关系专题活动的特点、基本流程和步骤
- 能根据酒店公关目标，做好酒店公共关系专题活动的策划
- 能够运用专题活动筹办与实施技巧，组织酒店公共关系专题活动

关键术语

公共关系专题活动　新闻发布会　宴请　会议　展览与展销　庆典　赞助活动　开放参观

任务一　公共关系专题活动概述

一、公共关系专题活动的含义

美国学者罗恩对公关专题活动下的定义是：“公关专题活动是一种能给人以直观刺激的媒介，这种直接性是报纸、杂志、广播、电视等媒介所不可比拟的。因此公关专题活动是指为达到一定的目的，在一个特定的时期、特定的场合下，使成为对象的每一个人都能亲身体会到直接针对性的某种刺激媒介。”

酒店公共关系专题活动是酒店组织为实现某一具体目标而进行的专门的公关活动。酒店的公共关系活动一般来说可以分为两种类型。第一类属于日常性的公共关系工作，第二类是为了向广大公众迅速传递信息、吸引新闻媒介关注、提高酒店的知名度和美誉度而进行的各种公共关系专题活动。公共关系专题活动主要包括以下几种类型：为新闻界提供特定新闻素材的新闻发布会；为加深感情、促进沟通与合作的联谊活动；为促进产品销售而举办的展览或展销会；以提高组织知名度为目标的庆典活动；以创造社会效益、塑造良好社会形象为目的的赞助活动；以提高组织透明度、联络感情为目的的开放参观活动等。

二、酒店公共关系专题活动的策划

对于酒店来说，公共关系专题活动是根据酒店的实际情况和一定的目标专门组织的活动，其具体内容和形式是多种多样的。总的来说，酒店公共关系专题活动的组织也有共同的特点和规律。其中，良好的策划是任何专题活动组织的起点，也是确保实现酒店公关目标的必要前提。

（一）公关专题活动策划的基本要求

1. 明确的主题

主题，就像歌曲的主旋律一样，是公关专题活动策划的核心，也是公关目标的具体体现。任何专题活动都要有一个明确的主题，活动的具体安排都是围绕主题的需要而展开的。一般来讲，主题应与企业公关活动的目标相一致，同时还要与活动项目的形式和特点相适应。对于酒店来说，主题的确定往往与节日、假日、纪念日结合在一起。比如，元旦、春节、端午节等传统节日，各地的节事活动或大型赛会，都可以作为活动策划的背景。

2. 恰当的时机

公关专题活动的举办要注意选择合适的时机。要想提高活动的效果，就要善于“借势”，利用“大事、巧事、空当”对企业进行宣传。比如，杭州新侨饭店借助杭州第 19 届亚洲运动会的契机，开展了以“西湖边的新侨”为主题的系列推广活动，收到了良好的宣传效果。对于酒店来说，除了可以利用节假日来举办活动外，还可以选择“世界旅游日”“世界环境日”等与旅游业相关的纪念日、大型赛事、节庆活动、博览会大做文章。

3. 鲜明的特色

当今是“注意力经济”的时代，在信息相对过剩的情况下，没有特色的专题活动就没有生命力，也不会吸引人们的眼球。特色就要求与众不同，要想在同类活动中能够脱颖而出，就需要公关策划人员具有敏锐的观察能力和创新精神，善于把握时机，同时结合本组织的实际情况，策划出具有创意的活动来。无论是形式的创新还是内容的创新，只要能够突出本组织的特点就会赢得公众关注的目光，特别是新闻媒体的关注，增加被宣传报道的机会，从而扩大社会影响，提高组织的知名度和美誉度。

4. 务实的精神

公关专题活动的举办需要大量人力、物力和财力的投入，在一定程度上增加了酒店的经济成本，所以要本着“量入为出”的原则，不能盲目攀比、贪大求全，要根据公关目标并结合本组织的现有条件来进行策划。这就要求公关策划人员要有求真务实的精神，注意节约、避免浪费。同时，对于公关活动的效果要进行评价，不能在活动结束后就万事大吉，跟踪反馈环节的工作非常必要，这有助于组织及时发现活动中存在的问题和疏漏，以便于下次改进和完善，从而不断提高公关活动的效果。

> 公关案例
>
> 节俭办亚运 简约不简单

（二）公关专题活动策划的原则

1. 可行性原则

公关专题活动的策划首先要考虑方案的可行性。比如时间、地点的选择是否恰当。

如果两项重大的公关活动都在同一天举行，效果就会受到影响；户外活动要考虑天气变化的情况，有些户外活动如露天展览会在雨雪天气里就难以举行。可行性原则还体现在活动的内容、项目安排是否符合自然规律。

2. 务真求实原则

公关策划虽然讲究创意，离不开传播艺术和宣传技巧，但是也不能够脱离实际，片面追求轰动效应。有的酒店为了能够吸引公众的注意力，进行夸大事实的宣传，哗众取宠，人为地制造新闻，虽然能够一时取悦于公众，但是却经不起实践的检验，一旦人们发现事实并非如此，就会对酒店产生反感，公关活动不仅无法取得预想的效果，反而会招致公众的不满，与最初的公关目标南辕北辙。

3. 兼顾社会效益与经济效益原则

公关专题活动的举办，不仅要考虑酒店的经济效益，同时还要考虑社会效益，要将二者紧密地结合起来。以赞助活动为例，酒店通过赞助体育、文化、教育、社会公益事业，把爱心献给了社会，公众对酒店也会产生好感，酒店的声誉由此提高，这种活动取得的社会效益比单纯的广告宣传效果要好。

任务二　新闻发布会

公关案例

SLH 全球奢华精品酒店在京成功举办创意发布会

新闻发布会又称记者招待会，是酒店为公布本企业的重要消息或解释重要方针政策而邀请新闻界记者参加，让记者就某些问题提问，并由酒店负责人或酒店指定的发言人回答的一种公共关系活动。对酒店而言，新闻发布会是积极的宣传活动的一部分。

一、新闻发布会的组织实施

（一）研究召开新闻发布会的必要性

酒店应首先考虑其将要发布的信息是否具有较大的新闻价值、能否吸引新闻记者前来采访和报道、时间是否紧迫、是否处于信息发布的最佳时机等。只有认定是必要的，在时机上是可行的，才能保证新闻发布活动取得成功。

（二）确定新闻发布会的主题

确定主题应从新闻价值和组织利益的角度出发。所谓新闻价值，主要是指在新闻发布活动上发布的信息，是否具有吸引新闻记者前来采访和报道的价值。在新闻发布活动中，要明确将要发布的信息内容，要注意主题的单一、集中，不能一个新闻发布活动发布几方面互不相关的信息，否则会分散新闻媒介的注意力，达不到新闻发布活动的宣传效果。

（三）根据新闻发布会的主题准备各种材料

新闻发布会前要准备好各种文字材料。主要发言稿、酒店的基本宣传资料、答记者问的备忘录和为记者准备的新闻稿应在充分讨论、统一认识和统一口径的基础上，由专门的班子负责起草，并在会前打印分发给与会记者。各种宣传辅助材料，包括书面材料、实物、图片或模型等，要注意尽量全面、详细、具体、生动形象，以便现场分发、展示、播放或试用，增强新闻传播活动的效果。

（四）选定主持人和发言人

主持人一般由酒店公共关系负责人担任。主持人要在把握会议主题的基础上引导记者踊跃发问，并控制会议时间。注意尊重别人的发言和提问，不能有任何阻止别人发言的表情、言语和动作。发言人一般由酒店的高层领导担任。他们不仅对本组织的政策方针等整体情况有全面清楚的了解，而且其身份也决定了他们的发言更具权威性。

（五）确定邀请记者的范围

酒店公关人员应根据所发布信息的重要性、涉及的范围等因素确定邀请记者的范围：地方性记者或全国性记者，文字记者、图片记者或音像记者，中文报刊记者或外文报刊记者等。在邀请有关记者时，要特别注意不能遗漏与酒店有密切合作关系的新闻机构的记者，并适当邀请一些著名的新闻机构记者参加。

（六）选择合适的时间和地点

新闻发布会的日期要与将发生或已经发生的事件在时间上靠近，但又不能太紧迫，这是新闻发布会的最佳时机。此外，选择时机还应考虑被邀对象的特点，尽量避开节假日和有重大社会活动的日子，以免影响新闻发布会的效果。关于新闻发布会的举办地点，酒店公关人员应根据发布信息的内容及影响，选择本地区或外省市大、中城市；具体地点可利用新闻中心、酒店会议厅或会议室等场所。

（七）编制新闻发布会预算

新闻发布会议的费用要视会议的规格和规模而定。酒店公关人员应根据预先的款项制订出合理的开支计划，并留有余地，一般应考虑印刷费、邮电费、会场租金、器材租金、摄影费用、礼品费、餐费及酒水费、文具费、会场布置费、交通费、住宿费等。

（八）做好会务工作

新闻发布会前三四天，酒店公关人员就应将请柬送到邀请对象手中；对会场提前进行实地观察，做好布置工作，包括桌椅座位的准备（特别注意贵宾的座位安排）；与会者胸牌和桌牌制作及排列，检修好电源，准备好电话、录音、摄影摄像辅助器材及其他设备；把各类宣传资料送到现场并做好具体布置；现场工作人员要合理分工；会议程序要力求周密、紧凑。

（九）评估新闻发布会的效果

新闻发布会结束后，酒店公关人员应检验其效果是否达到了预期目的。其具体评估方法有：全面搜集与会记者在报纸、杂志、广播、电视等媒介上发表的稿件和图像报道，进行归类分析，存为资料，评估传播效果，并检查是否在传播过程出现偏差，以便及早补救；对照与会记者名单，核查发稿率，供日后邀请记者时参考；追

公关案例

长城饭店通过一系列公关活动声振海外

踪和调查记者对新闻发布会准备与组织工作的反映，检查新闻发布会筹备、组织工作状况以及在接待、服务等方面是否存在不足，以不断提高新闻发布活动的质量；对已发新闻稿的记者，应主动联系并致谢意，以加强与记者的感情沟通。

二、新闻发布会的注意事项

（一）按新闻发布会的程序进行演练

酒店要保证新闻发布会的成功，最好的检查方法就是事先按新闻发布会的程序演习一遍，以发现准备工作中的不足并加以改进。

（二）对待记者要一视同仁

酒店公关人员在新闻发布会中，要平等对待每一位新闻记者。要注意不要因为记者所属新闻机构的大小或与酒店关系的亲疏而区别对待，以免造成不良影响。

（三）酒店的宣传口径应保持一致

新闻发布会要发布哪些消息、某一消息公开到何种程度等，都应有统一安排，与酒店一贯的宣传口径保持一致，否则易造成社会公众对酒店的误解。

（四）掌握回避问题的技巧

新闻发布会免不了会有记者提出一些组织者事先没有认真考虑过的问题，对于这类不便回答的问题，一般需采取回避态度，尽量避免使提问变成辩论。即使对方讲的与事实有出入，或发现对方有其他用意，也不应给对方难堪，伤害对方感情，造成对立情绪。发言人要学会通过避正答偏、诱导否定等言语的变化技巧，在不知不觉中转移话题。一般来说，记者也是通情达理的，当你进行了必要的解释并及时地转换了话题后，他们也就不会再继续追问了。

任务三　宴请活动

宴请是最常见的一种交际型公共关系活动。它一般分正式宴会、便宴、工作餐、酒会、冷餐会、茶会等。宴请活动往往可以收到工作场合收不到的效果。许多沟通合作都是在这种轻松愉快、感情融洽的气氛中达成的。

一、宴请的常见形式

（一）正式宴会

这种宴会是为招待来宾及各种庆祝活动而举行的，十分讲究排场，有时会安排乐队奏席间乐。宾、主双方均按身份排位就座，对餐具、酒水、菜肴道数及上菜程序、服务礼仪、服务方式均有一定的规定和要求。中西宴会有所不同，各具特色。

（二）便宴

便宴是一种非正式宴会，常见的有午宴、晚宴，有时亦有早宴。这类宴会形式简单，可不排座位，不作正式讲话，菜肴数量可丰可俭，有时也可以自助餐形式进行。便宴气氛较随和、亲切，便于人际交往和友好往来。

（三）冷餐会

这种宴会形式又称“自助餐会”，特点是不排座位，菜肴以冷食为主，也可冷、热兼备，客人站立进餐。菜肴及餐具陈放在桌上或由服务员托盘送上，客人可自由活动，自取菜肴及酒水，边谈边用。通常于中午或下午举办。这种宴会一般场面较大，适合接待人数众多的来宾。

（四）酒会

这种宴会形式又称“鸡尾酒会”，以酒水为主，略备小吃、菜点，不设座椅，仅设小桌或茶几。举行时间在中午、下午、晚上均可，十分灵活。客人可在任何时候入席、退席，来去自由。这种形式较为灵活、随便，利于广泛交谈和接待，是国际上常用的招待形式。

（五）茶会

这种宴会形式是一种更为简便的招待形式，以茶为主，略备点心和风味小吃。茶会地点常设在会议室等处，厅内设茶几、座椅，不排席位，入座时可有意识地安排主宾同主人坐在一起，其他出席者随意就座。茶会对茶叶、茶具及礼仪均有规定和讲究，一般用陶瓷器具和地方名茶，也有选用咖啡作为主饮料的。举行的时间一般在上午 10 点或下午 4 点左右。

（六）工作餐

工作餐是现代国际交往中常用的一种非正式宴请形式，利用进餐时间，边用餐边谈工作，其特点是省时简便。工作餐一般可分为工作早餐、工作午餐和工作晚餐。此类活动只请与工作有关的人员参加，一般不请配偶参加。如果是双方工作进餐，可用长桌安排席位，按会谈位次顺序排列入座，以便主宾双方商谈。

> **公关案例**
>
> 胜利的时刻，享“满载而归”庆功宴

二、宴请的流程

（一）宴请准备工作

席前准备工作主要涉及宴请场所的布置，宴会的餐具、摆台以及服务人员的准备工作等。

1. 宴会厅或餐厅的布置与装饰

宴会厅或餐厅的布置与装饰取决于宴请的规格、标准、餐别等。服务人员对宴请场所的设备、服务用具等应逐一检查，并根据场地大小及人数等，调整好餐台和座椅的布局，摆上座位卡及菜单。如果是大型宴会，应在宴会厅前厅陈列宴会简图或全场席位示意图。同时还要整理、布置好休息厅、衣帽间等。

2. 宴会的餐具与摆台

摆台是宴请活动中必不可少的礼仪程序。根据餐别，服务人员将不同的餐具、酒具及用餐必备的其他器具，按一定规范摆放在席桌上。由于国家及民族的习俗不同，中式和西式的餐具摆台自然也有所不同。

3. 其他准备

这主要包括两个方面：一是要注意明确宴会的性质、规格、人数及形式等，了解来宾的国籍、宗教信仰及生活习俗；二是要注意熟悉菜点及特色菜，做好上菜、派菜及介绍特色菜的知识准备，并备好酒水、调味品，做好餐具的卫生工作等。

（二）迎宾

1. 迎接宾客

根据宴会开席时间，服务人员、工作人员应提前在各自的岗位上恭候宾客光临。当宾客到达时，主人热情上前迎接，主动招呼问好。服务接待人员应面带微笑，向客人致意，并协助来宾脱、挂外套、帽子。

2. 宾客宴前休息

按先女宾后男宾、先主宾后一般来宾的顺序，由服务人员引宾客进入休息厅或会客厅。厅内应有相应身份人员陪同、照料来宾。服务接待人员依来宾不同的生活习俗，热情送茶或派酒，及时递送饮料、毛巾。

3. 引领宾客入席

主人陪同主宾进入宴会厅主桌，接待人员随即引领其他宾客相继入座。如宴会规模较大，可先请主桌以外的客人就座，贵宾席后入座，宴会即可开始。

（三）席间服务

1. 致辞

正式宴会均有致辞，一般习惯于在热菜之后、甜食之前由主人致辞，接着来宾致答辞；也有的一入席双方即致辞。主宾双方致辞时，服务人员应保持肃静，停止上菜、斟酒等活动，不能发出任何响声；致辞完毕通常是祝酒，服务人员应在致辞行将结束时迅速把酒斟足，供主、宾双方祝酒用。

2. 上菜、派菜、分汤

上菜、派菜、分汤的侍应次序，按国际惯例是从男主人右侧的女宾或男主宾开始，接着是男主人，然后由右向左按顺时针方向进行。若宴会规格高，须由两人担任侍应：其中一人按上述顺序开始，至女主人或第二主人右侧的宾客为止；另一人则从女主人或第二主人开始，依次向右，至前一人开始的邻座为止。

中餐上菜顺序一般是冷盘、热菜、汤菜，最后上甜食、水果。一个整套的西餐全餐，则按开胃菜、面包、汤、各式菜肴、甜点水果、咖啡或红茶的先后顺序依次上桌。

3. 席中用酒

大多数宴会上只用一种酒。中式宴会从开始上冷盘即开始饮酒。西式的正式宴会各种酒不是同时上桌，而是上一道菜、换一种酒。上桌的酒水，可由服务员斟好后再端上来，也可按一定顺序摆放在餐桌上，由服务员或男主人为宾客斟酒。斟酒时，应将酒的品牌商标对向宾客，走到客人右侧。除啤酒外，所有酒类均不满斟，只斟入酒杯容量的 3/4 即可。

（四）席后的整理工作

1. 离席服务

主人与主宾吃完水果后起立之时，宴会即告结束。服务人员应及时为宾客移开座椅，以方便离座行走。如来宾需要在会客厅或休息厅叙谈或休息，可视实际情况为宾客上茶或咖啡、递送毛巾等。

2. 礼貌送客

来宾离别时，服务人员及时、准确地将衣帽递给客人，并主动、热情地协助其穿戴。主人把主宾送至门口，主宾离去后，原迎宾人员按顺序排列，与其他客人握手告别。服务人员可视情况目送。

公关案例

国宾馆揭秘国宴全过程

任务四　会议活动

作为一种沟通交流方式，会议可以起到集思广益、提高公众参与度的作用，为决策者提供传播愿景、制订战略计划的机制，具有新闻价值的会议还可以成为酒店的信息传播源。要使会议具有价值、富有成效，酒店必须在确定会议必要性的基础上，通过精心策划组织，遵循清晰、实用的会议规则，运用会议技巧，层层推进，增加会议的有效性。

在举行会议之前，酒店必须明白，没有零成本的会议。如果通过常规例会、电话、电子邮件、线上会议等方式就可以解决问题、传递信息，那就没有必要再开会。一般而言，可以采用会议形式完成工作的情况如下：

（1）需要依靠集思广益获得满意决策时。

（2）需要听取多方面的意见，协调多方的合作共同完成某项工作时。

（3）发生重大变革、突发事件，按常规步骤来不及决定时。

（4）传递的内容复杂但是很重要，要求所有的人都要正确理解时。

（5）主题对参加者具有训练价值和激励作用，需要通过身体语言和口头表达来传递信息时。

一、会前准备工作

在决定通过会议形式来解决问题后，就要着手准备各项工作，主要内容如下。

（一）制定会议预案

1. 确定会议主题及名称

无论组织什么样的会议，都要确定会议主题，即明确要研究解决什么问题，达到什么目的。议题必须具有必要性、明确性和可行性。每次会议的议题应该尽可能集中、单一，不宜太分散。

会议主题应该通过恰当、确切的名称来体现，概括并显示会议的内容、性质、组织者、参加对象、主办单位或时间、地点、届次、范围、规模等。它既可以用于会前的会议通知，使与会者心中有数，做好准备，又可用于会后的宣传，扩大会议的效果，更可用于会议过程中，使与会者产生凝聚力。

2. 确定会议议程

会议议程要确定的主要内容是：根据到会重要人士的情况，确定会议主持人；根据会议的主题，确定会议发言人；围绕会议主题，确定重点发言、讨论主题，并根据会议规模，确定讨论方式；根据会议拟达到的目的，安排相关人员进行会议的总结。

（二）确定与会人选

与会者就是参加会议的正式成员，具体来说，确定与会者应考虑其必要性、重要性、合法性。

必要性指与会者必须是与会议直接有关的人员，也就是符合会议确定范围，有权了解会情，提出意见，表示态度，作出决定的人，或者是能提供信息，深化讨论，有助于会议达到预期效果的人。

重要性指与会者要与会议有必然的、直接的关系，有利于会议的进展或扩大会议效果的人员。

合法性指有些重要的会议，与会者必须具有合法的身份和法定的资格。如旅游公司董事会或股东大会的与会者必须是按照公司法和公司章程正式确定的董事或股东；酒店协会换届选举大会的与会者必须是协会会员；旅游职业教育集团周年庆的与会者首先必须是集团成员单位或理事单位等。

（三）准备并检查会议文件

准备和检查会议文件是一项非常艰苦而必要的任务。会议文件主要包括会议日程、会议通知、会议参阅资料等。检查文件时要认真核对每一项细节，尤其是时间、地点、车辆号码、嘉宾姓名、出席人数、住宿安排、主席台座次等，要确保每一项都与实际相符。确认没有问题以后，向会议主管汇报。

（四）会议通知及邀请

在确定参与人选与准备好会议文件后，应该进行会议通知及邀请工作。这项工作原则上要以文字形式进行。在会议通知书上或邀请函上，要写明以下事项：会议名称、议题；会议召开以及结束的预定时间；会议场所（附导向图）和联系人；其他事项（如有无会议资料、有无停车场、有无就餐安排等）。

（五）会场选择与布置

1. 会场选择

会场应该符合组织的形象以及与会者的身份、等级；地点对与会者来说应该方便快捷；会场能保证必要的使用时间；会场费用要符合预算；会场环境舒适，设施设备齐全。

2. 会场布置

布置会场时要考虑会议的目的、人数、会场的大小等情况，并考虑会议的整体风格和气氛。

（1）座席配置。座席的配置可以采用圆桌形、口字形、H形、V形、剧场形。圆桌形可使与会者消除不平等的感觉，有利于互相交换意见。口字形适用于比圆桌形有更多人数的会议。H形、V形可使与会者更清楚地看到主持人及会场背景，适用于使用多媒体的情形。剧场形的主持人和领导坐在讲台一侧，适用于传达情况、多人参加的会议。

（2）座次安排。主席台一般按职务高低排列座次，以主席台座位为准，单数以中间为上，双数中间两人以左为上，然后依次排列。其余与会者的座次安排一般以职务高低或姓氏笔画为序排列。在与会者彼此不熟悉的情况下，应在每个与会者桌上摆放姓名牌，以便他们互相了解、结识。

（3）准备设备和用品。会议设备和用品是指各类会议都需要的姓名牌、文具、桌椅、照明设备、投影和音响设备、茶具、烟灰缸等。另外，可以在会议主持人的对面墙壁上放置一个醒目的挂钟，会议记录人则可根据需要另外安排一张小桌子。

（六）接站报到

会务组在整理与会者信息后，在会议开始前，要对需要接站的宾客安排专人至车站、机场迎接。对于自备交通工具者，应提前告知到达路线。对抵达报到的参会者，会务组要做好报到登记工作，确认和分发房间钥匙、会议资料、餐券等。必要时，应引导与会者到住宿房间，并简单介绍环境和会议概况。

二、会中工作

（一）签到

签到能帮助工作人员及时、准确地统计到会人数，便于安排各项工作。签到一般有以下几种方法。

1. 簿式签到

与会者在预备好的签到簿上按要求签署自己的信息，表示到会。这种方法的优点是利于保存，便于查找，适用于小型会议。

2. 证卡签到

在签到证上写明会议名称、日期、座次号、编号等，事先发给与会者，与会者在上面写好自己的姓名，进入会场时，将签证卡交给会议工作人员，表示到会。其优点是比较方便，缺点是不便于保存查找。

3. 座次表签到

事先制定好座次表，标明与会人员姓名和座位号码，一旦到会就在座次表上做好标记，表示出席。这样做，与会者还能在签到时就知道自己的座次号，起到引导的效果。

4. 电脑签到

利用互联网技术，使与会者通过刷卡或扫码就能完成签到手续，快捷准确，适用于大型会议。

在签到后，会议接待人员应有礼貌地将与会者引入会场就座，对重要人士应先引入休息室，由领导作陪，会议开始前几分钟再引到主席台就座。

（二）会议推进

在主持人宣布会议开始后，会议就进入了正轨。要使会议在召开过程中前后连贯、层次分明、重点突出，主持人的主导和推进作用不可忽视。主持人应该做到以下几点：

1. 直奔主题

直截了当地宣布会议的目的和主题，介绍会议的议程及与会者。通常情况下，与会者会提前收到会议文件或通知，但口头说明有助于为与会者明确地限定讨论的问题，而且能够消除在会议开始时人们思绪的混乱状态，集中大家的注意力。

2. 有效推进

（1）控制时间。没有控制好开会时间往往会出现“拖会”或是会议比预定时间提前结束。对此，主持人要根据现场情况作出相应的调整。如果时间不够，或提醒压缩讲话内容，或把大会发言改为书面交流，或精简自己的主持内容。如果时间富余，可安排小组讨论，消化会议内容，可安排现场咨询，解决疑难问题，也可以安排代表发言交流。

（2）控制气氛。主持人应该根据会议的类型变换语言和语气，调节会议的气氛。如主持小型座谈会时要力求语言活泼、语气轻松，努力为与会者畅所欲言营造宽松的氛围；主持大型会议时则要力求语言朴实、语气平缓，努力为大会营造庄重严肃的气氛。

（3）控制局面。会议主持人要注意紧扣议程，避免跑题；观察参会者的反应，并给予反馈；协调参会者的发言，引导与会者沟通交流；及时处理不良现象如随意走动、接听电话等，保持会场的良好秩序。

（三）会议总结

会议总结可以引导会议的良性进展，不至于使会议最终没有效果，或没有条理性。会议总结要做到以下几点：

（1）剔除小的、次要的问题，确认会议的主要决定和行动方案。

（2）回顾会议议程达成的共识和成果，表明已经完成的事项和待完成的事项。

（3）给与会者一点时间简单说最后几句话。

（4）就下次会议的日期、地点等事项达成一致意见。

（5）对会议进行评估，对与会者表示谢意或赞赏。

三、会后工作

（一）媒体宣传

为扩大会议影响力或通报会议决议，某些会议结束后应该通过新闻发布会等形式来加强与当地新闻界的沟通和合作，加强会议对公众的影响，加速彼此信息的交流。

（二）会后考察参观

会议结束后，可以安排与会者组成访问团、考察团，对与会议主题相关的项目、路线进行实地参观和调研，以深化会议主题，加深沟通交流。

（三）安排与会者返程

大型会议结束后，主办单位一般应为外来与会者提供一切返程的便利，主动为对方联络、提供交通工具，或是替对方订购、确认返程的机票、船票、车票。当团队与会者或与会特殊人士离开本地时，还可安排专人送行，并帮助托运行李。

（四）处理材料，形成文件

会议一结束，就要根据工作需要与有关保密制度的规定，将与会议相关的一切图文、声像材料进行细致的收集、整理，尽快形成各种文件资料，如会议决议、会议纪要等，并及时下发或公布。对应该回收的材料，一定要如数收回；应该销毁的材料，则一定要仔细销毁。

（五）会后工作跟进

会议结束并不意味着真正的会议终结，在后期，相关负责人必须对会议形成决议的执行情况、执行成绩以及存在问题及时进行了解、监督，并根据情况适当调整。

任务五 展览与展销

展览、展销，一般是通过实物、产品、图片、资料展示以及专人讲解与示范，使公众对酒店的产品形象和服务形象有一个生动、直观、具体、客观的了解，是酒店与公众直接沟通的最佳方式。展览、展销会运用各种传播媒介，图文并茂、生动形象，能给人留下深刻的印象。很多酒店都会运用举办或参加展览会、展销会的方式塑造酒店形象，扩大酒店影响，广泛联系公众，谋求客源市场。展览会又是新闻媒介报道的热点，具有很好的传播效果，历来被公共关系活动所广泛采用。

一、展览会与展销会的作用

展览会与展销会作为一种高效传播活动，其作用主要表现在以下几个方面。

（一）提高知名度

展览会或展销会具有真实性、知识性和趣味性的特点。生动的图片、形象的文字说明、声情并茂的讲解、直观的实物展示都直接展示酒店的特色和成就，能吸引广大公众的注意，增进公众对组织的了解，提高酒店的知名度。

（二）促进销售

一场成功的展览会或展销会也是一则成功的广告。酒店可以通过举办或参加各种贸易展览会来促进产品或服务的销售，并巩固发展与各行业的关系。

（三）促进交流

展览会或展销会能使酒店了解公众不同的消费需求，把酒店自身的产品信息及时传达给公众，达到与公众多方交流、密切沟通的目的。

酒店是窗口行业，充分利用展览这一活动形式，参加各项国际性展览活动，能把中国的文化和民族风情传播出去，增进国际或地区间的文化交流。

二、展览会的类型

按照不同的标准，展览会可分为以下不同类型。

（一）贸易展览会和宣传展览会

按性质的不同，展览会可分为贸易展览会和宣传展览会。贸易展览会主要通过产品、实物的展示来直接促成交易，既展又销，展览和贸易同步进行。举办这类展览活动的特点是面向目标客源，重点是促进消费。贸易展览会中的旅游商品博览会是酒店最值得参加的一种展览会，其特点在于参展者都是各地旅游组织的代表，参观者则是各地旅游产品的代理商和旅游行业专家，双方深入洽谈、签订意向合同。酒店经常参加这类博览会，有助于提高知名度和扩大社会影响。宣传展览会主要是对组织及其产品服务的宣传，配以图片、资料、实物等，以达到与公众沟通的目的，并不直接开展贸易活动。

知识拓展

酒店艺术博览会

公关案例

百县千碗 萧山至味：第四届萧山乡村文化旅游节美食展示活动

（二）综合展览会和专题展览会

按展览内容的不同，展览会可分为综合展览会和专题展览会。综合展览会内容全面、重点突出、综合概括性强，能让参观者留下全面深刻的印象。如“××酒店十周年回顾展”“××酒店创业史”等展览。专题展览会是因某一主题或特殊专题而举办的展览活动，与综合展览活动相比，其内容较少，规模较小，但要求主题鲜明，内容集中而有深度。比如“××酒店美食展览会”“面点技艺展评会”等。

（三）室内展览会和露天展览会

按展览会举办地点的不同，展览会可分为室内展览会和露天展览会。室内展览会往往在一个大厅或展览馆举行，不受天气影响，并可精心布置，展出效果较好，但展台租金较贵，且受空间限制。露天展览会一般在室外的广场、操场等空旷地带举行，它不受空间限制，且投资较少，但受天气影响较大，因而展览时间不宜过长。

（四）大型展览会、小型展览会和微型展览会

按展览规模的不同，展览会可分为大型展览会、小型展览会和微型展览会。大型展览会一般由行业主管部门发起和组织，参展单位多，展品丰富，影响力比较大。小型展览会通常由若干社会组织或某个社会组织主办，参展单位少，规模比较小。比如一些酒店将历史街区的风格特色“浓缩”后搬到酒店里来，供宾客浏览参观，为酒店增添特色，如“老街”“食街”等。微型展览会又称袖珍展览会，如陈列室、橱窗展览、流动车展览

等。这类展览看似简单，其实技巧性要求较高，如举办得当，也能扩大组织的影响。

（五）固定展览会和流动展览会

按展览是否固定，展览会可分为固定展览会和流动展览会。固定展览会一般在室外或某一固定空间举办，可进一步分为长期性展览会和周期性展览会。前者往往长期稳定不变，后者则是定期更换内容，而地点和名称不变。流动展览会也被称为一次性展览会，它没有固定的举办地点，而是在展品的实际运用过程中宣传组织及其产品或服务的形象。

三、展览与展销活动的组织实施

（一）分析举办或参加展览会的必要性

展览会是大型的综合性公共关系活动，耗费较大，因而在举办或参加展览会之前，公共关系人员一定要对举办或参加展览会的必要性和可行性进行分析研究，防止盲目参会，或因准备不足而起不到应有的作用。

（二）明确展览活动的目的和主题

任何展览会都有一定目的，即通过展览会的举办或参与，要解决企业什么问题，达到什么样的目标。具体来说，是以促销为目的，还是以宣传组织形象为目的等。主题应是展览目的的概括体现，是展览会的举办宗旨，通常用一两句高度概括的语言表现出来，并书写在展览会醒目的位置上，给参观者留下深刻的印象。

（三）选择展览场地

展览场地要交通方便、设施齐全，方便展品运输，也方便参观者到会。此外，还应考虑展品的安全和保卫工作及与周围环境的协调性等因素。

（四）了解参观者的类型

展览的对象是谁？范围有多大？参观者的层次、要求、数量等状况如何？这些都是公共关系人员在展览活动前应分析研究的问题，并根据不同层次的参观者提前做好各项准备，从而保证展览活动的顺利开展。

（五）准备各种宣传资料

展览会需要的材料很多，如展览徽标、宣传招牌、图片、展品、广告、气球等。有些宣传材料要分发给参会者，如酒店产品或服务的简介、宣传画册、纪念品等。这些都应在展览活动前做好充分准备。

（六）培训展览工作人员

展览会组织得成功与否、质量好坏，与工作人员的素质高低有很大关系，特别是一些专业性较强的展览，如果没有一定的专业知识，展览的组织、洽谈、解说、咨询等工作就会受到影响。此外，工作人员的公共关系素质，接待、礼仪、讲解的技巧，都会影响展览活动的效果。因此，必须对展览工作人员进行事前培训，提高他们的素质和技能。

（七）完善参展设施和配套服务

公共关系人员筹办展览会应准备好电源、电话、照明、音响等辅助设施，以及邮政、检验、保险、银行、交通、住宿等配套服务，以保证展览活动能集中、高效率地进行。

（八）与新闻媒体的联络

展览会要利用一切可以调动的传播媒介开展公共关系活动，使公众通过视、听等多种渠道了解有关组织的信息。展览会前应组建专门的机构，统筹展览活动的新闻宣传。专门机构负责邀请新闻记者参加开幕式和采访，与新闻媒体保持密切联系，举办记者招待会，为新闻记者采访提供方便和相关资料等。

（九）策划展览会的开幕式

展览会的开幕式应隆重而热烈。可邀请政府官员、各界名人出席，请政府部门的负责人为开幕式剪彩，还可以邀请大型乐队来助兴，以营造声势，烘托气氛，并请参会者、来宾签名留念。开幕式是展览活动的前奏，一定要搞得有声有色、富有吸引力，给参会者留下良好的印象。

（十）展览会费用预算

经费预算是把展览会或展销会所投资的总金额落实到活动的每个具体项目中，使每一个项目的经费都得以落实。如场地租金、设计装修费、广告费、电费、运输费、接待费、资料费、劳务费等。公共关系人员应有计划地分配展览所需的各项资金，防止超支和浪费。

（十一）评估展览活动效果

展览和展销带来的最直接的效果是产品成交量的多少，这是评估贸易展览活动的三要衡量标准。此外，还可以通过统计参会人数、核实新闻传播媒介的报道量、咨询台、留言簿、问卷调查、有奖测验、新闻分析等方法评估展览活动的效果。

四、展览和展销活动的组织实施技巧

（一）确定时间的技巧

时间依据展览和展销的内容和规模而定。切记避开高温、严寒季节，最好与社会上的重大活动同步举行。

（二）安排好产品介绍人员

产品介绍人员应对酒店产品、服务、特色、类型、价值、价位等情况以及酒店经济实力和信誉、组织发展远景等有较全面的了解，还要有一定的语言表达能力，面对顾客的提问能对答如流。介绍人员应着装整齐、仪态端庄、面带微笑、尊重每一位顾客，可以身着绶带，也可佩戴标签，绶带和标签上应有酒店名称或标志。

（三）安排团体订购及工作人员

工作人员应懂得订购的相关程序和知识，并按组织订购规定进行工作。工作中应热情接待客户，主动介绍订购规定及优惠政策。

（四）安排迎宾礼仪服务

展览会的场面大、来宾多，应专门安排礼仪服务。礼仪服务人员既要热情迎客，又要做好引导工作，还可为参展单位散发产品宣传单。

（五）公共关系活动安排

可采用一些公共关系技巧，使展览会办得生动活泼、别具一格，如现场抽奖、赠送礼品等。展览厅最好的位置一般在一楼的入口附近，离入口位置越远、楼层越高，参观的人越少。展销位置不好的组织应设法以一些新奇事物来吸引客人。

任务六 庆典活动

庆典是隆重的庆祝典礼。庆典活动是指社会组织为了扩大知名度和美誉度，给社会公众留下深刻的印象，创造一个良好的社会关系环境，利用重大的节日或重大的事件向公众展示组织综合能力的一种庆祝活动。

一、庆典活动的类型

（一）节日庆典

节日庆典有国家法定的节日，比如：元旦、春节、五一国际劳动节、端午节、中秋节、国庆节等；有地方特色的节日，比如：哈尔滨冰灯节、吉林雾凇冰雪节、云南彝族火把节、杭州国际动漫节等；有某一组织的节日，比如：店庆、周年庆等。这类庆典活动不仅可以扩大社会影响，同时对酒店而言，可以借此机会总结过去，展望未来，提出新的目标和新的任务，并通过新闻媒介对自己进行广泛的宣传报道。

（二）开业典礼

开业典礼是酒店走向社会的第一步，它给公众留下的第一印象是组织能否顺利发展的重要前提。开业典礼有助于塑造本组织的良好形象，提高自己的知名度与美誉度；有助于扩大本组织的社会影响，吸引社会各界的重视与关心；有助于将本组织的建立或成就“广而告之”，借以为自己招揽顾客；有助于让支持过本组织的社会各界一同分享成功的喜悦，为日后的进一步合作奠定良好的基础；有助于增强本组织全体员工的自豪感与责任心，从而为自己创造一个良好的开端，或是开创一个新的起点。

（三）喜庆活动

喜庆活动包括庆功会、颁奖仪式等，北京申奥成功、上海成功申办世博会时都曾举办过庆功会。酒店在举办喜庆活动时，可以利用酒店的特殊日期，也可以利用社会生活中各种盛大节事活动或有意义的纪念日来组织。

二、庆典活动的组织实施

庆典既然是庆祝活动的一种形式，那么就应当以庆祝为中心，把每一项活动都尽可能组织得热烈、欢快而隆重。不论是举行庆典的具体环境、场合，还是全体出席者的情绪、表现，都要体现欢愉、喜悦的气氛。为了达到这样的效果，一般应当做好以下的组织工作。

（一）拟定庆典活动程序

一般来说，庆典活动的程序如下：

（1）宣布典礼开始，全体起立，奏唱国歌或与场合相适应的主题歌曲。

（2）主持人宣读重要嘉宾名单。

（3）领导人和重要嘉宾致辞。本组织领导人致辞，其内容是对来宾表示感谢，介绍此次庆典的缘由等，其重点应是庆典的可“庆”之处。

（4）剪彩（或挂牌、揭幕、奠基）仪式。剪彩是领导人和重要嘉宾使用剪刀剪断被称为“彩”的红色缎带。剪彩者走向彩带时，应步履稳健，全神贯注，不和别人打招呼。拿剪刀时以微笑向服务人员和礼仪小姐表达谢意。剪彩时，剪彩者向手拉绸带或托彩花的左右礼仪小姐微笑点头，然后神态庄严地一刀剪断彩带，待剪彩完毕时，转身向四周观礼者鼓掌致意，现场同时奏乐、鸣放鞭炮、放飞气球或鸽子。

（5）宣布庆典结束。

（二）精心拟定出席典礼的嘉宾名单

一般来说，庆典的出席者应包括如下人士：

（1）政府和有关部门的领导。他们因关心、指导组织的发展，为了表达感激之情特邀请其参加。

（2）知名人士。知名人士能够引起社会公众的广泛关注，邀请他们，将有助于提高组织的知名度。

（3）新闻记者。通过他们的宣传报道，能够提高组织的知名度、美誉度。

（4）合作伙伴。在商务活动中，合作伙伴与组织同呼吸、共命运，邀请合作伙伴是为了与合作伙伴分享成功的喜悦。

（5）员工代表。员工是企业的主人，企业每一项成就的取得，都离不开他们的努力工作。邀请他们，将有助于增强组织的凝聚力。

以上人员的具体名单一经确定，就应尽早发出邀请或通知，可以通过打电话、发请柬、上门邀请等形式，力争使各方面的嘉宾都能光临。

（三）组织接待小组，负责接待事宜

接待小组的具体工作有以下几项：

（1）来宾的迎送、引导、招待。

（2）确定剪彩、致贺词、答谢人名单。

（3）签到。宾客来到后，有专人请他们签到。如此时有一些关于组织的背景资料，可发给到来的宾客，扩大组织的知名度。

（4）负责摄影、录像等工作。

（5）精心布置好举行庆典仪式的现场。

（6）安排一些助兴的节目。为了营造热烈、喜庆、祥和、欢乐的气氛，在典礼过程中可以安排锣鼓、礼花、歌舞等助兴节目，最好由本组织员工担任表演者。

（7）庆典基本程序结束后，安排参观及座谈、宴请，赠送能代表酒店经营特色的纪念品，并准备好笔墨纸砚，供来宾题诗作画。

（四）庆典活动结束后的工作

庆典活动结束后，要注意收集传播媒介及公众舆论等各方面的反映，做好新闻报道、简报、资料、摄影、摄像及各种文件的存档工作，写好庆典活动的总结报告。

三、举办庆典活动应注意的问题

（一）明确目的

无论什么类型的庆典活动，都是集中显示组织强大实力，展示优良组织形象，提高组织知名度、美誉度的专项活动，目的要明确，要与组织目标联系在一起。

（二）确定主题

每一次庆典活动都应有一个明确的主题。主题明确，才能给社会公众留下深刻、良好的印象。可以用一个醒目的标题或令人耳目一新的口号来概括庆典活动的主题，以便引起公众的广泛兴趣，留下美好的记忆。

（三）经费预算

庆典活动一般耗费较大，活动之前要提出具体的预算。活动预算应留有余地，以备不时之需。

（四）确定时间、地点及规模

在时间安排上，要善于选择与组织性质和社会效应相关联的时机来开展庆典活动，以引起公众的广泛注意，产生强烈的轰动效应。在举办地点的选择上，应结合庆典的规模、影响力以及本组织的实际情况来决定，一般考虑在目标公众所在地举办，例如，本组织的会议厅、本组织内部或门前的广场、外借的大厅等。在室外举行庆典时，切勿因制造噪声、妨碍交通或治安而给周边人群带来不便。

（五）活动前的宣传

庆典活动之前，要利用大众传播媒介广泛宣传与庆典活动有关的消息，创造一个良好的组织氛围，以利于庆典活动的举办。同时要加强与新闻媒体的联系，为记者采访和宣传报道提供便利条件。活动程序应当事先印制好，连同赠送的纪念品一起送给来宾，做到来宾人手一份，以便他们了解和掌握活动安排。

公关案例

亚运会 110 周年庆典活动隆重举行

任务七 赞助活动

赞助活动是组织为了支持社会公益事业，无偿地提供一定的资金或物质资助某一项活动，以取得一定形象传播效果的社会活动。它是一项较高投入的公共关系活动，需要组织具备一定的经济实力。其目的是为组织树立具有高度社会责任感的形象，提高组织的知名度和影响力，获取社会公众对组织的好感。

一、赞助活动的形式

（一）赞助体育

赞助体育既是最常见的一种赞助形式，也是最有吸引力的热门赞助项目。随着人们生活水平的不断提高，参与或欣赏体育运动、体育表演已成为一种时尚。赞助体育的具体方式有：出资、冠名、企业与体育联姻等。这类赞助大多是为达到增强广告效果的目的。如李宁、361°、娃哈哈等在各项体育比赛中大出赞助风头，引起公众兴趣，其产品也畅销不衰。

公关案例

格林酒店赞助炉火音乐节

（二）赞助文化

文化活动在社会中涉及的公众范围很大，影响面较广。赞助文化即赞助各种文化活动及文化表演等。赞助文化的具体方式有：扶持民族文化、艺术，赞助城市雕塑、文艺演出和比赛、影视节目制作、图书发行、有奖征文、好新闻评选等。

公关案例

盘点一下2018年酒店业的几大公益盛事

（三）赞助社会慈善和福利事业

赞助社会慈善和福利事业是组织追求社会效益的有效手段之一。它虽然没有赞助体育那么轰轰烈烈，但却更能体现组织崇高的社会形象，获得公众的好感。赞助社会慈善和福利事业的具体方式有：援助希望工程、残疾人基金会、敬老院、幼儿园、受灾或经济落后地区等。

（四）赞助教育

教育是关系国家千秋大计并日益受到社会重视的事业，赞助教育是今天投资、明天收益的举措，有助于人才的培养和社会的进步。赞助教育的具体方式有：捐赠图书、教学仪器设备，提供奖学金等。

（五）赞助社会公益事业

赞助社会公益事业也是赞助活动的一项重要内容，它对促进社会文明进步和组织自身的发展都有着积极的影响和作用。赞助社会公益事业的具体方式有：赞助制作交通安全宣传栏、见义勇为基金会、文物保护基金会等。

二、赞助活动的组织实施

酒店要使赞助活动取得最佳投资效果，需要重点把握以下几个环节。

（一）确定赞助类型

酒店公关人员应首先确定赞助活动的类型，这要根据赞助的目的而定。如果旨在扩大影响和知名度，可赞助体育活动；如果旨在树立良好形象，可赞助教育事业；如果旨在培养感情，增进社会理解，可赞助社会福利事业等。

（二）制订赞助计划

赞助类型确定后，酒店公关人员应制订出一个完整的赞助活动计划。该计划是赞助目标的具体化，通常包括赞助范围、赞助对象、赞助形式、赞助费用预算、赞助实施步骤等内容。

（三）实施赞助活动

赞助活动的实施要由专门的酒店公关人员进行。为了扩大影响，赞助活动应举办一定规模的签字仪式，邀请政府主管部门负责人、新闻记者、各界朋友参加，并在签字仪式上宣布赞助金额、展示实物。被赞助单位本着互利的原则，应尽可能为赞助单位提供宣传机会，使宣传活动与赞助活动同步进行，协调一致。赞助单位对赞助资金的使用、赞助项目的落实，以及补偿条件的兑现，要进行必要的监督，并在赞助款的兑现上分阶段到位，按实施效果分阶段提供，以便从经济上约束被赞助单位，实现赞助目标。

（四）评估赞助效果

研究确定赞助类型、制订并实施赞助计划的目的是要获得赞助的良好效果。因此在每次赞助活动中，酒店公关人员都应注意赞助效果的检查测定，要求将赞助的具体实施情况以及赞助后公众及新闻界的反映与赞助计划相对照，明确指出完成了哪些预定指标，哪些指标没有完成，并分析其原因，然后写出评估总结报告，上报酒店领导层，并做好档案，为日后的赞助活动提供参考资料。

三、赞助活动的注意事项

（一）选择合适的赞助对象

社会赞助是酒店自愿履行社会责任和义务的表现，因而酒店拥有选择赞助的权利。当遇到不必赞助或明显没有社会效益的情况，要坦率相告，说明原因；对虽然适合，但酒店难以负担的赞助请求，应坦陈自己的难处，婉转地表达减少赞助或表示不宜参与赞助；若遇上无理纠缠者，酒店必须坚决用法律保护自己的权益。

（二）充分利用赞助提供的机会

酒店在承诺赞助后，要尽量利用赞助活动来宣传自己。因为赞助活动的主办人有许多事情要做，他们只能给赞助者提供机会并尽量配合赞助者，而怎样利用赞助所提供的机会则是赞助者自己的事。

（三）提高赞助的效率和质量

酒店可以集中多方面的资金，设立一个基金会。基金会可单独或联合地向社会公益事业提供稳定的长期资助，取得长期的社会效益。

（四）严格控制赞助预算

赞助活动在财务方面要严格管理，以免资金被挪作他用，或被私人非法侵吞。酒店应严格控制赞助的预算，以防超支。此外，还要注意保留一部分机动款项，以解决临时之用。

任务八　开放参观

开放参观是指酒店敞开门户，欢迎社会公众到酒店内部观察、了解组织的设施、经营活动和各种成果的一种公共关系活动。其主要目的是让公众更好地了解组织，增进组织与公众间的联系，培养员工的自豪感，创造和谐的社区关系，提高知名度与美誉度。

一、开放参观的作用

（一）提高组织的透明度

通过开放参观，能够增强本组织的透明度，消除公众的误解和疑虑，使公众产生信赖感。

（二）提高组织的凝聚力和吸引力

通过开放参观，组织与公众直接接触，公众能全面了解组织设施以及经营（或生产活动）流程和各种成果，同时公众的建议也能及时反馈给组织，增加了组织与公众之间的感情联络，使组织内部产生凝聚力，对外部产生吸引力。

二、开放参观应注意的问题

（一）确定主题

每一项开放参观活动都应有一个明确的主题，即想通过这次活动达到什么目的、取得何种效果。

（二）安排好开放参观的时间

开放参观时间随组织需要而定，最好安排在一些特殊的日子，以强化参观者的印象。

（三）安排好参观活动的路线

为安全起见，不要让参观者随便乱走，应由公关人员引领。

（四）准备宣传资料

宣传资料主要包括介绍参观内容的宣传小册子、说明书、解说词、图片、模型、实物、视听资料等，以帮助参观者了解参观内容。

（五）准备纪念品

最好是本组织的小型产品、模型产品或刻有本组织名称、反映本组织特征的小型纪念物。

三、开放参观的程序

开放参观一般遵循如下程序：

（1）接待、登记。

（2）参观前放映视听材料。主要是介绍参观内容的概况，分发宣传小册子以便参观者边看实物边对照，更好地理解参观内容。

（3）引导观看实物。引导参观者按预定线路进行参观，观摩实物，讲解说明，回答问题。时间较长的参观，中间最好设有休息室，备好茶水。

（4）参观结束后，在出口处放置留言簿，最好安排负责人出场与参观者座谈，听取意见和建议，赠送纪念品。

公关案例

寓教于乐，为青少年定制一场美丽杭州公众开放活动

项目小结

本项目着重介绍了酒店公共关系常见专题活动的特点，要求理解各种专题活动的价值，掌握组织举办各种专题活动的程序及应注意的事项。公共关系专题活动，是指组织为了某一明确目的，围绕特定主题，精心策划的与公众进行重点沟通的公关活动。酒店公共关系专题活动的类型很多，如新闻发布会、宴请活动、会议活动、展览与展销、庆典活动、赞助活动、开放参观等，这些活动有诸多共性，也形成了操作这些活动的普遍性方法，即一般公关工作法。这些活动具有不同的公关目标和公关对象，因此也有不同的活动程序和技巧。酒店公关工作人员必须在掌握公关主题活动基本程序的基础上，针对组织的具体公关目标，遵循正确的工作原则，有效运用各种技巧，高效灵活地策划、组织和完成各项公关专题活动。

思考与探究

1. 新闻发布会、展览会、赞助这三类公共关系专题活动的基本特点和基本要求有哪些？

2. 新闻发布会的筹备应如何进行？注意事项有哪些？

3. 一些大型会议往往在主会场之外还设有分会场，请问该如何协调主、分会场的

工作？

4. 赞助和捐赠有什么联系和区别？

5. 实地参加一次酒店行业的展览会，拍摄照片并制作PPT在课堂上演示，请老师和同学作出评价。

6. 请班委会同学组织一次公益爱心捐赠活动，看看需要做哪些准备。

案例分析

案例分析

扬州香格里拉酒店的人文关怀项目

讨论分析：

1. 扬州香格里拉酒店的人文关怀项目采用的是什么赞助形式？

2. 你如何评价该酒店的赞助效率和质量？

技能实训

试做一份在校园内开展慈善义卖活动（或其他活动）的策划书。

项目八

酒店公共关系危机管理

任务一 酒店公共关系危机概述

任务二 酒店公共关系危机防范

任务三 酒店公共关系危机处理

导　语

组织面对的社会环境日益复杂，组织公众的复杂性、需求的多样性使组织面临新的挑战，危机事件随时可能发生。危机事件使组织的经济利益、组织形象和声誉严重受损，且危及社会和公众。

酒店受内外部因素的综合影响，由于其自身或公众的某种行为也会导致相关环境恶化，有时还会发生事件，这就是酒店公共关系危机。作为危机的一种特殊类型，酒店公共关系危机会使酒店陷入巨大的社会负面舆论，会对酒店的生存和发展构成严重威胁。如何及时、冷静、全面、准确地认识、预测和处理酒店公共关系危机，是本项目研究的问题。研究的主要目的在于认识危机预防的必要性，通过科学预测与决策，制定合理的应急方案，充分把握危机处理的原则和程序来化解危机，减少危机给组织与公众带来的影响，寻求公众对组织的谅解，重新树立和维护酒店良好形象。

学习目标

- 了解酒店公共关系危机的含义、特点及类型
- 理解酒店公共关系危机发生的原因
- 掌握酒店公共关系危机防范策略
- 熟悉酒店公共关系危机处理原则
- 掌握酒店公共关系危机的处理程序

关键术语

酒店公共关系危机　危机预警系统　危机处理机构　危机处理原则　危机处理程序

任务一　酒店公共关系危机概述

一、酒店公共关系危机的含义和特点

（一）酒店公共关系危机的含义

对于危机，《哈佛商业评论》给出了这样的定义：“危机是这样一种紧急状态，必须采取必要的、重大的、非同寻常的干预手段来阻止或修复将造成的巨大损害。”对社会组织而言，危机是指由于外部条件或自身某种行为，导致组织环境恶化，危及社会组织正常生存和发展的突发恶性事件。

酒店公共关系危机也称酒店公共关系突发事件，是指在酒店的经营过程中，由于外部和内部因素的影响，某些人为的或非人为的突发事件及重大问题的出现，打破了酒店正常有序的运行状态，使酒店陷入强大的社会负面舆论的包围，导致酒店在公众心目中

的形象和信誉下降或严重受损，甚至对酒店的生存和发展构成威胁的突发性事件。如自然灾害的恶性事故、人为造成的工作事故、不利的社会舆论、公众的指责与对抗行为等都属于公共关系危机事件。这些危机事件会使酒店陷入巨大的舆论压力之中，严重阻碍酒店的生存和发展。

（二）酒店公共关系危机的特点

1. 爆发突然

酒店公关危机的发生不是规律的、有章可循的，而是一种突发性的事件。公关危机事件大多数是在企业毫无觉察或准备的情况下突然发生的，使人措手不及。危机的突然发生往往让人们既感到意外、吃惊，又感到恐惧、害怕。这种突发性事件往往会打乱酒店的正常工作秩序，给酒店带来一定程度的混乱。

2. 难以预测

公关危机的爆发时间、规模、态势和影响范围，酒店很难提前作出预测。酒店公关危机酝酿和爆发的过程中所包含的众多未知因素往往处于潜伏状态，看不见摸不着，在正常情况下难以预料，特别是那些来自酒店外部的因素所造成的危机，企业常常会始料不及，而且难以抗拒，即使在科学发达的社会也不可能清晰预知可能突发的“灾祸”的规模及发生的准确时间。

3. 危害严重

危机不仅会给酒店的经济利益和声誉造成不利的影响，破坏酒店的正常运转或生产经营秩序，带来严重的形象危机和巨大的经济损失，而且会给社会造成严重的危害，给社会公众带来恐慌，有时还会给社会带来直接的物质损失，或造成不可逆转的破坏。对酒店内部来说，会引起员工的恐慌和混乱，破坏正常的经营秩序，影响员工的工作积极性和对企业的信任感。酒店的外部公众也会保持戒备状态，甚至会暂停合作，疏远和酒店的关系，使酒店的社会地位和声誉迅速下降。

4. 高关注性

危机具有空间上的扩散性。在传媒十分发达的今天，危机事件往往会成为新闻媒介的素材和报道线索，也会被公众运用各种传播媒介迅速扩散，引起社会广泛注意。任何一个酒店的危机事件都会成为社会舆论关注的焦点和热点，一旦危机处理不当，会发酵转变为公关危机。公关危机还具有时间上的延续性。公关危机爆发后，企业及员工会在较长时间内处在危机的阴影中，造成招聘困难、沟通受阻、合作不顺的局面，这种负面影响很难在短时间内完全消除。

5. 普遍广泛

旅游业的敏感性使得酒店的发展极易受到自然因素和人为因素的影响，不可能完全避免公关危机的发生。公关危机的发生带有普遍性，是客观存在的、不可避免的。管理者要时刻有危机意识，积极迎接危机的挑战。

6. 内外警示

公关危机的爆发对酒店来说是惨痛的教训，但也为酒店定期检查自身状态、认识危机、正视危机做了有力的警示。同时，公关危机对外部公众及其他组织也起着警示作用，提醒所有社会组织要居安思危、行事缜密，采取各种预防措施避免危机的发生，如果有发生的迹象，应立刻采取有效手段加以处理。一旦发生危机，应尽量缩小危机影响的范围，降低造成的损害。

7. 亟待解决

公关危机具有较大的破坏性，对于组织形象有着很大的冲击和影响。对酒店来说，危机一旦爆发，其破坏力会使酒店遭受更大的损失。因此，危机发生后，酒店必须当机立断，积极处理，尽量缩小危机的影响范围，最大限度地降低危机对酒店内部和公众利益的损害，尽力争取公众的同情、理解和谅解。

二、酒店公共关系危机的类型

（一）按危机存在状态的不同分为一般危机和重大危机

1. 一般危机

一般危机，主要指那些常见的酒店公共关系纠纷。对一家酒店来说，常见的纠纷有：内部关系纠纷、消费者关系纠纷、同业关系纠纷、政府关系纠纷、社区关系纠纷等。从某种意义上来说，公关纠纷还算不上真正的危机，它只是公关危机的一种信号、暗示或征兆。只要处理及时，做好工作，就不会向公关危机转化和发展，以至造成危机局面。

公关案例

酒店泳池池水污染致 20 多名孩子出现皮炎

虽然不是所有的公关纠纷都会转变为重大危机，但它带给酒店的危害却是不可忽视的：轻则降低企业的声誉，影响产品销售，造成形象损失；重则可能危及企业的生存和发展。对于酒店内部公众来说，内部纠纷不利于团结，会挫伤成员的积极性，降低管理人员的威信，甚至可能导致酒店效益下降，使内部公众蒙受物质与精神两个方面的损失；与外部的纠纷，可能会损害相关外部公众的物质利益和身心健康。对于社会来说，一起公关纠纷往往会牵涉社会各界，有时会引起地方以至全国或世界的关注，造成广泛的影响，不利于一个国家或地区良好形象的塑造。

公关案例

美国堪萨斯城凯悦酒店天桥坍塌事故

2. 重大危机

重大危机，主要是指酒店的重大工伤事故、重大生产失误、火灾造成的严重损失、突发性的商业危机、产品或企业的信誉危机、重大劳资纠纷等。它是酒店公关人员面临的必须及时处理的真正危机。

（二）按危机与酒店相关性的不同分为内部公关危机和外部公关危机

1. 内部公关危机

内部公关危机是指发生在酒店内部，责任主要由酒店内部人员承担的公关危机。它或者是发生在酒店之内，或者是它的发生主要由该酒店内部人员直接造成，责任主要由该酒店内部成员承担。内部公关危机对本酒店的影响最大，对本酒店的合作单位影响次之，对其他社会组织影响较小。内部公关危机具有以下特点：

（1）波及的范围不广，主要影响本酒店的利益。

（2）责任的归咎对象是本酒店的部分人，因而相对来说容易处理。

（3）公关危机的主体为本酒店的领导和员工。

2. 外部公关危机

外部公关危机是指发生在酒店外部，影响多数公众利益的一种公关危机。本酒店只是受害者之一。外部公关危机具有如下特点：

（1）波及的范围相对较广，受害者大多数是具体的社会公众。

（2）责任不在发生危机的某一具体的酒店企业及其成员方面。

（3）不可控因素较多，较难处理，需要危机的有关方密切配合，共同行动。

从这一角度具体划分公关危机的类型时，内部和外部都是相对的。因为有些公关危机的发生，内外部原因都有，所承担的责任大小也相差不多。因此，我们对某一公关危机的划分与处理必须具体问题具体分析，把握分寸，恰当处理。

（三）按危机造成企业损失的表现形态的不同分为有形公关危机和无形公关危机

危机所造成的损失可分为有形损失和无形损失。有形损失是指直接给酒店带来人员伤亡或财产的重大损失；无形损失是指事件对酒店形象的严重损害。有形损失明显、难以挽回、易于评估，如果不采取措施最终会导致酒店的无形损失。无形损失尽管在始发阶段损失不明显，但是如果不采取紧急有效的措施，随着时间的推移，酒店的组织形象将越来越坏，最终必然使酒店蒙受更大的有形损失。

1. 有形公关危机

有形公关危机给酒店企业带来的损失当然是直接而明显的，凭借肉眼就可观测到，如酒店建筑物倒塌、物品爆炸、交通事故等造成的人员伤亡或财产损失等。近年来，我国发生的多起因个别酒店疏于防范而造成的坍塌、火灾事故就属于有形公关危机。

有形公关危机主要有以下几方面特点：

（1）危机的产生与造成的损失大多数是同步的。

（2）危机造成的损失明显，易于评估。

（3）危机造成的损失难以挽回，只能采用其他措施补救。

（4）有形危机的发生常常伴随无形危机的出现。

2. 无形公关危机

无形公关危机是指那些带给酒店企业的损失表现得不明显的危机。任何一起给酒店的形象带来损害的危机，皆属于无形公关危机。如果不采取紧急有效的措施阻止，已受损害的酒店的形象将使酒店在市场上蒙受更大的损失。

无形公关危机具有下列几方面特征：

（1）危机始发阶段损失不明显，很容易被忽视。

（2）危机发生后，若任其发展，损失将会越来越大。

（3）危机造成的损失是长期的，可采取相应的措施补救。

（4）处理好这类危机要与新闻媒介多打交道，因而必须注意方式方法。

在现实的社会生活中，有形公关危机与无形公关危机往往是交织在一起的，因此在处理时必须分类不分家，都要给予重视，不可顾此失彼、有所偏颇。

（四）按危机产生的主客观原因的不同分为人为公关危机和自然危机

1. 人为公关危机

人为公关危机是指由人的某种行为引起的危机。对于一家酒店来说，产品设计欠科学、生产工艺设计不合理、原材料质量不好、配方有问题、有关工作人员离岗或不尽职守、酒店的安全保卫不力、财产管理不善、有人故意破坏等造成的危机就属于此类。人为公关危机常常会造成人员伤亡或财产的重大损失。

人为公关危机主要有两大特点：可预见性和可控制性。也就是说，如果酒店平时采取积极有效的措施，有些人为危害是可以避免或减轻损失的，在相当程度上也是可控制的。

2. 自然危机

自然危机主要指不可抗力造成的危机。对于一家酒店来说，引发此类危机的主要是自然灾害，如地震、洪涝、台风、海啸、冰雹灾害等。

自然危机大部分不可预见，不具有可控性，造成的损失通常是有形的，容易得到社会各界和内部公众的同情、理解与支持。

（五）按危机外显形态的不同分为显性危机和隐性危机

显性危机是指已经发生的危机，或者危机趋势非常明显，危机爆发只是时间问题。隐性危机则是指潜伏性危机。与显性危机相比，隐性危机具有更大的危险性。

除上述分类方法以外，还有一些其他的划分方法与类型，如依据危机性质的不同，危机可分为灾害危机、商誉危机、经营危机、信贷危机、素质危机、形象危机、环境危机和政策危机等；按照危机成因的不同，危机可分为组织行为不当引起的危机、突发灾难事件引起的危机、舆论的负面报道引起的危机、竞争对手或个别敌对公众故意破坏引起的危机等。

学会识别酒店公关危机的类型，掌握不同公关危机的特征，将有助于酒店公关人员进一步认识和理解公关危机的含义，理清危机预防与处理的方向与思路。

三、酒店公共关系危机的形成、发展和成因

（一）酒店公关危机的形成和发展阶段

酒店公关危机的爆发就如同地震一样，常常在酒店毫不知觉的情况下突然发生。危机打破了酒店的正常管理，使酒店陷入混乱，往往让酒店管理者和员工措手不及。但酒店公关危机的形成和发展并非一朝一夕，而是经历了潜伏期、初显期、爆发期、抢救期和善后期五个阶段。

1. 危机的潜伏期

酒店公关危机像感冒病毒一样蛰伏在酒店内部，直到出现危机症状，这段时间称为危机的潜伏期。这个时期的酒店看起来是健康的，但实际上却携带着可能会导致大面积

危机爆发的“病原体”。酒店产生危机的原因是多种多样的：模式陈旧、销售不力、资金短缺、人事矛盾、服务纠纷、安全隐患、竞争激烈、公关失误、自然灾害、政策限制等。无论是哪个方面的原因造成的危机，都会经历一个或长或短的潜伏期。

2. 危机的初显期

危机“病毒”对酒店不利影响的症状刚刚表现出来就形成了危机的初显期。酒店和公众在这个阶段对危机消息的了解模糊不清，所得到的消息可能前后矛盾。不够准确的信息会引起公众对酒店的偏见和误解，甚至敌视。不过，此时公众还没有介入行动，公关人员也没有介入具体的危机抢救工作，如果酒店能有预先准备好的危机沟通计划，此时是展开实施的最佳时机。

3. 危机的爆发期

正如小小的流行感冒病毒不加以控制就会迅速传播一样，在危机的初显期，如果酒店没有有效的应对计划，那么危机的爆发期就会接踵而来。危机爆发的程度会伴随着社会公众的介入，特别是媒体和相关社会组织越来越深入的报道，如潮水般铺天盖地地袭击酒店。这时酒店被迫处于舆论的风口浪尖，关于危机的现状会出现多个版本，公众开始口口相传，街谈巷议，有时甚至会产生心理恐慌。

4. 危机的抢救期

危机的突然爆发会让酒店企业一时之间成为媒体公众口诛笔伐的对象，此时正式进入危机的抢救期，酒店可以通过及时正确的公关沟通来化解危机。酒店的危机处理小组快速建立起信息中心，通过广泛的新闻渠道、政府渠道和公众意见领袖渠道正式向外公布酒店的相关处理信息，使社会公众了解酒店的社会责任感和社会良知。

5. 危机的善后期

经历了危机抢救后的酒店应该让公众和媒体相信，一个负责任的企业是有能力解决危机带来的负面影响的。经过抢救没有被危机击垮，此时酒店就进入了危机的善后期，通过发布酒店的善后举措来安稳人心，提出今后的预防措施，重返市场，恢复声誉，重建良好形象，消除危机的负面效应。这个时期也是酒店新的转折时期，运作得好可以借机重塑形象，给公众一种安全与信赖感。

酒店公共关系危机实际发生时阶段不会划分得这样清楚，各阶段之间无明显的划分标志，各阶段延续时间的长短也不一样，酒店在应对时要认识到这一点。

（二）酒店公共关系危机的成因

总的来说，酒店公共关系危机产生的原因有两类：一类是酒店内部可以在事前、事后加以控制的内部原因；另一类是酒店难以控制的外部原因。

1. 酒店内部原因

（1）管理不善。

由于酒店的战略决策、投资选择、经营运作、财务管理、人事安排等方面的管理失误，酒店内部对人力、物力、财力的管理松散或脱节，造成产品缺陷和服务质量下降；或由于设备设施缺乏安全检修，员工玩忽职守、违规操作引发安全生产事故和食品安全事故；或夸大宣传、欺骗消费者、对消费者区别对待致使公众利益和社会利益受损；或由于管理者和员工素质低下，造成酒店形象受到损害。由于这类事故完全是酒店的失职

公关案例

五星级酒店卫生事件

造成的，故而最容易引起公愤，受到公众谴责和社会舆论的强烈抨击，对酒店形象的损害极为严重。

（2）决策失误。

如果酒店过于追求经济效益而忽视了社会效益和生态效益，违背了可持续发展的理念，造成生产和销售过程中的资源浪费、环境污染或产品质量下降等现象，进而引起公众的抗议和反对。酒店的总体目标、公共关系目标与酒店内部的现实条件和外部的客观环境严重脱节，就有可能使酒店目标与社会利益目标相对立，造成酒店形象受损，从而引发公众对酒店的抵触、排斥和敌对的情感，使酒店陷入危机。

（3）疏于沟通。

酒店与内外公众的有效沟通是公共关系顺利开展的决定性因素。在实际经营管理中，如果酒店与内外部公众沟通不畅，就会引起公众误解、酒店信誉受损的状况；内部公众的误解会降低其对酒店的信任感；外部公众的误解如果经过媒体的推波助澜，会让危机事件发酵膨胀，影响成倍增长。如果媒体报道大量呈现酒店的负面消息，会给酒店的声誉带来巨大危机。

2. 酒店外部原因

（1）自然灾害。

自然灾害包括地震、火山爆发、海啸、洪水、泥石流、台风、飓风、沙尘暴等，是人们难以预料和无法阻止的，一旦发生，对酒店的影响极大。

（2）政策变化。

政府态度、政策法规以及国际关系、外交政策的调整和改变，对酒店的发展会造成一定影响，甚至构成潜在威胁。比如国际贸易战给酒店带来的影响。

（3）经济危机。

经济危机指资源、能源和生活必需品严重短缺、金融信用危机或其他严重经济失衡、经济动荡等经济安全上的重大威胁。本国经济发展状况、区域性经济发展状况和世界经济发展状况对酒店业的发展影响很大。

（4）事故灾难。

这主要包括工矿商贸等社会组织的各类安全事故、交通运输事故、公共设施和设备事故、环境污染和生态破坏事件等。

（5）人为事件。

恶性竞争：竞争对手的恶意攻击，如在竞争中运用不正当手段（造谣中伤、诽谤陷害、散布虚假信息、恶意价格战等），形成公共关系危机事件。

顾客行为责任：由于外部公众不遵守酒店的规章制度，不听取酒店的善意提醒，因自身的错误引起危及生命财产安全的事故，致使酒店声誉受损。

公共卫生事件：主要包括传染病疫情、群体性不明原因疾病、食品安全和职业危害、动物疫情及其他严重影响公众健康和生命安全的事件。

任务二　酒店公共关系危机防范

危机的产生虽有其突发性、人力不可控制性的一面，但是，就多数危机来说，又都是可以“预见”的，在一定程度上是可以避免的。

酒店公关危机预防存在的主要问题是：对公关危机缺乏必要的认识，很多酒店没有预防措施或处于观望应付状态；缺乏责任心，无视公众的利益，漠视公众的反映；缺乏应急处理能力，不能根据现场实际情况采取果断有效的措施来化解危机；缺乏公关危机处理的科学体系和规范程序；媒体关系处理不到位，缺乏深层次的沟通合作，消极应对媒体。酒店必须树立危机意识，采取积极而明智的策略，制定出一套预防危机、应对危机事件的有效机制，降低危机发生的可能性，限制危机的发展扩散，减少危机带来的损失。

知识拓展

“上医医未病之病”

一、建立危机预警系统

一般而言，除了一些自然灾害等非人为的危机突发事件外，大多数公关危机事件都有一个潜伏期，在这个过程中，无论如何隐蔽，总会有一些先兆表现出来。因此，在组织内部建立预警系统，可以使公关人员及早发现危机的早期征兆，使酒店有可能将危机消除于萌芽状态。这是危机预防最重要的手段，其核心是善于监测和积极反馈信息。

建立危机预警系统，需要做好以下两个方面的工作：

（1）对酒店行为进行监测。分析和研究酒店的经营、管理、服务活动等环节，经常检查与相关公众发生业务联系部门的工作情况，及时向酒店的决策者通报所发现的种种问题。

（2）对社会舆论进行监测。及时收集涉及酒店经营管理活动的社会舆论及公众对酒店的评价，对此进行认真分析和研究，从中发现它的发展动向及趋势。特别是要善于从这些信息中寻找那些容易引起危机事件的先期征兆，一旦发现这些征兆，要及时向酒店的决策者进行汇报，提出消除这些征兆的办法和措施。

二、制订危机管理计划

（一）酒店危机管理计划的含义

做任何事情都需要有计划，危机管理也不例外，也需要有计划。所谓危机管理计划，是指酒店为预防危机发生或在危机发生时，尽可能减少损失而制订的较为全面具体的关于危机预防、处理和控制的书面计划。它是酒店进行危机管理的工作大纲，也是制定危机管理手册和开展危机管理教育的基本依据。

酒店制订危机管理计划的目的可以概括为四个方面，即预防危机发生、抓住公关机遇、有序应对危机、减少危机损失。

（二）酒店危机管理计划的类型

1. 危机应急计划和危机传播计划

按内容或工作侧重点的不同，酒店危机管理计划可分为危机应急计划和危机传播计划。

（1）危机应急计划。危机应急计划是指酒店在全面分析和预测的基础上，针对出现概率较大的危机事件而制订的有关工作程序、施救办法、应对策略等的书面计划。其侧重点在于具体危机出现后如何施救处理。

危机应急计划的有效性取决于危机预测的准确性，因而危机应急计划有其“先天”的局限性。如果预测准确，酒店危机应急计划就会产生良好的效果。如果预测失当，酒店危机应急计划就是无效的，甚至投入的时间、精力、人、财、物都是一种浪费。因此，酒店必须认真对待这一工作，多方听取专家意见，全面、实际地分析，确保预测准确。

（2）危机传播计划。危机传播计划是指针对酒店出现声誉、形象受损以及伤亡事故等制订的旨在维护声誉、消除误解、告知大众的书面计划。其侧重点是危机事故发生后的新闻传播、信息控制。

制订酒店危机传播计划的目的是在距离危机事件发生的最短时间内作出反应，以控制或减少不利于酒店的消息、传闻、报道等的传播，争取公众及有关方面的同情、支持，为酒店顺利处理危机提供一个良好的舆论环境。危机传播计划是危机管理的重头戏之一。在国外，危机管理的概念几乎等同于危机传播管理。许多专家认为，危机管理在相当程度上就是危机传播管理。

危机应急计划和危机传播计划都是酒店全面危机管理计划的一个组成部分，一般不会单独出现。即使单独出现，其命名仍然是以全面的危机管理计划的形式出现的。

2. 短期计划、中期计划和长期计划

按计划期长短的不同，危机管理计划可分为短期计划、中期计划和长期计划。

酒店危机管理计划的计划期有着两层含义：一是指危机管理计划的时间长短，比如1年还是3年、5年；二是指危机管理预测分析和相应对策的有效时限。

（1）短期计划。一般来说，涵盖时间较短的酒店危机管理计划称为短期计划。短期计划的重点是仅就近期的危机事件进行预测，并提出相应的对策、措施。比如，突发性事故的预防和施救多数在短期计划中出现。通常情况下，这类计划的涵盖时间为1年。一旦接近计划涵盖的期限，就需要调整或重新制订。

（2）中期计划。它是指酒店根据自己的中期战略而制订的危机管理计划。根据酒店的实践，中期计划的涵盖时间通常为1~3年。酒店中期计划的侧重点是围绕企业的短期或中期发展战略来预测、预防危机事件。

（3）长期计划。它是指酒店企业依据自己的中长期或长期战略来制订的危机管理计

划。长期计划的涵盖时间一般为 3~5 年。酒店长期计划的重点主要是依据企业的长期发展战略来预测、预防危机事件。

三、设立危机处理机构

尽管危机是组织较少遇上的特殊状态，但是它有极大的危害性。酒店设立危机处理机构（简称“危机小组”），通过行之有效的工作，可在有危机先兆时防患于未然，而一旦危机发生，即能加以遏制，以减少其对酒店形象的损害程度。

危机小组应由酒店内职位相对较高的管理者、专业人员及公关人员组成，基于他们在组织中的地位、身份，他们对酒店的内外部环境比较熟悉，可在危机处理中发挥最大的作用。危机小组应抓好以下几方面的工作：

（1）危机小组根据本酒店或其他组织发生过的相类似的危机，对酒店可能发生的各种类型的危机作出预测和分析，对其性质、规模、影响范围等作出恰当的估计。

（2）针对已发生过的危机和可能发生危机的种类、性质、规模、影响范围，制定出相应的应急方案，并由专人负责。

（3）将危机预测和处理的设想编印成小册子，发给酒店内每一个成员（小册子内还应包括危机小组成员名单）。通过多种方式把处理危机的方法向酒店成员介绍，让他们对危机爆发后的应对措施有一个大致的了解。

（4）确定新闻发言人。一旦危机发生，由新闻发言人代表酒店向内外公众介绍事实真相和酒店为此作出的反应。

（5）危机爆发后，由危机小组全权负责危机处理工作。

知识拓展

危机小组具体的工作任务

四、制定危机防范策略

虽然当危机真实发生时，不可能一成不变地遵循危机处理方案的步骤来行事，但制定尽可能详细的策略方案还是非常有益的。危机防范策略主要是对潜在危机进行分类，并评估其特点，然后再确定应采取的对策。对潜在危机进行鉴别分类，包括可能导致危机的现实环境、过去曾困扰过而且有可能再发生的危机、其他类似的组织发生过的危机。在此基础上，要针对每种潜在危机的情况，明确责任分工，制定应对方案，最后形成书面方案，在主要管理人员中分发，让酒店全体员工熟悉其内容。

五、危机防范方案演习

由于危机是较少遇上的特殊状态，而酒店内各种工作千头万绪，在长期“和平”环境中，从管理人员到员工都可能产生麻痹心态和松懈情绪，一旦出现危机则手足无措、手忙脚乱，失去转危为安、化险为夷的最佳时机。为了使酒店在危机处理中掌握主动权，酒店应当未雨绸缪，每隔一段时间举行一次危机演习，使全体管理人员及员工熟悉危机防范方案。一旦危机真正发生，能处变不惊，最大限度地减少危机对酒店和对社会公众的伤害。演习后，由危机小组人员进行征询意见的活动，从中发现方案的不足之处，予以纠正。

任务三　酒店公共关系危机处理

酒店公关危机处理，是指酒店调动各种可以利用的资源，采取各种方式，预防、控制和处理危机以及危机产生的消极影响，从而使潜在的或现存的危机得以解决，使危机造成的损失最小化的方法和行为。危机处理是一种行动型的管理职能。通过妥善处理已发生的危机事件，一方面引导公众的谅解，改变组织在公众心目中的印象；另一方面通过危机的警示作用加强组织自身的经营管理，改进不足，树立组织担负社会责任的良好形象。

酒店公关危机可以预防，但并不是都可以被消灭于潜伏阶段的，因此必须在做好预防公关危机工作的基础上，做好公关危机事件的处理。只有将二者紧密结合起来，才能取得公关危机管理的最佳效果。

一、酒店公共关系危机处理的原则

要有效地处理危机，最大限度地消除负面影响，改变酒店不良形象，协调改善酒店内外部环境，这就要求酒店及其公共关系人员在处理危机时灵活掌握以下原则。

（一）公众利益至上

保护公众利益，是酒店公关危机处理的第一原则。公关危机发生后，会使酒店遭受很大的损失，然而公关人员首先考虑的是公众的利益，因为公众是酒店存在的根基。酒店要有强烈的社会责任感，勇于承担责任，以公众利益为重，赢得公众的理解与支持。

（二）公开性

酒店公关危机一旦爆发，会立刻引起政府部门、相关媒体和社会公众的关注。此时，酒店作为危机事件的当事人，不论危机产生的原因是主观的还是客观的，都应主动地与新闻媒介取得联系，向公众公开事实真相，公布事件的原因、结果、酒店的态度和在危机处理中所做的努力，争取公众和媒体的理解与支持。在现代高度信息化的社会里，一个组织很难隐瞒信息，含糊其辞、封锁消息反而容易产生对组织不利的流言蜚语，造成负面的影响。

（三）真实性

在危机事件的初发阶段，公众会产生种种猜测和怀疑。因此，酒店要想取得公众和新闻媒介的信任，就必须采取真诚、坦率的态度，向公众提供真实的信息，并通过大众传播媒体进行宣传，从而消除误解。如果有些事项确实无法向公众公布，应说明理由。同时也可以说明酒店为防止、解决危机所作出的努力和已经取得的成绩，尽量引导公众对危机和酒店获得全面的印象。

（四）及时性

危机处理的目的在于尽力防止事态的恶化和蔓延，减少危机事件造成的损失，在最短的时间内重塑或挽回酒店的良好形象。如果酒店在危机开始的突发期和扩散期积极反应，遏制危机，往往处理成本较低，效果也较理想。一旦到了爆发期，处理和平息危机的成本将呈几何倍数增长，事情处理起来就更棘手了。因此，危机发生后，酒店公关危机小组一定要抓住处理问题的最佳时机，以积极的态度去赢得时间，以正确的措施去赢得公众，创造妥善处理危机的良好氛围。

（五）主动性

酒店如发生消费者投诉、新闻媒介曝光等危机后，不能回避和被动应付，而应迅速召集领导层和公关人员协商妥善的处理办法，主动面对危机，有效控制事态。如对消费者或社会公众造成人身伤害，应主动与新闻界沟通，并且开辟高效的信息传播渠道，以防止负面影响扩大；对直接上门投诉的消费者，应热情接待，及时答复和妥善解决投诉纠纷。

公关案例

危机公关的“三明”

（六）连续性

当酒店发生较大危机后，由危机小组拿出具体的解决方案，一方面处理有关事务，另一方面应通过新闻媒介，向社会公众不断地公布调查取证、事故原因、采取的善后措施、改进办法等方面的消息，从而使公众对事件有一个全面、客观的了解，对酒店所持的积极态度和工作效果产生良好的印象。

（七）补偿性

酒店的危机有时会造成人身和财产安全的危害和损失，酒店应对财产的损失给予相应的赔偿，对造成身体伤害的人员及时给予相应的治疗和补偿。

二、酒店公共关系危机处理程序

酒店公关危机的处理，需要有正确的工作程序，这是规范化处理公关危机的前提。妥善处理公关危机可以减少组织利益和公众利益的损失，挽救或重建组织的形象。一般来说，公共关系危机的处理，都要经过以下几个步骤。

（一）深入现场，了解事实

公关危机爆发后，公关人员及酒店领导必须具备良好的心理素质，首先应该保持冷静，迅速查明有关事故的基本情况，然后带领危机小组到现场调查具体原因。

1. 组织人员奔赴现场

得知发生了危机事件后，应立即带领危机小组，奔赴现场，开展工作。

2. 隔离危机，控制危机

在调查事实的同时，要迅速隔离危机、控制危机，以免危机恶化或蔓延。隔离危机应从人员隔离、危机隔离两个方面入手。人员隔离是指把酒店的人员划分为处理危机和维持日常工作两部分，并指定具体的负责人。如果酒店因为危机爆发而停止正常运营，会遭受更大的损失。危机隔离是指对危机的隔离应从发出警报时开始，报警信号应明确危机范围，使其他部分的正常工作秩序不受影响，同时也为酒店处理危机创造有利条件。

3. 保护现场，寻求援助

危机小组赶到现场后，应该想尽一切办法保护现场，以便迅速、准确地查清危机事件的原委。如果危机事件还在继续，应及时采取紧急措施。依据现场情况与公安、消防、卫生等部门取得联系，使损失减少到最低程度。

（二）全面调查，形成报告

出现危机事件后，酒店首先应该运用有效的调查手段，迅速查明情况，判断事件的性质、现状、后果及影响，形成基本的调查报告，为处理危机事件提供基本依据。

1. 深入公众，了解情况

迅速与目击者或当事人取得联系，了解事件发生的时间、地点、原因，直接、间接受害的公众对象、伤害程度和人数、事件的直接和间接负责人，了解事态的发展及控制情况，调查相关公众在危机事件中的要求，找出处理危机事件的关键。

2. 记录整理，形成报告

认真记录在危机现场听到与看到的所有情况，在条件允许的情况下，应用照相机、摄像机拍摄现场镜头，用录音机录下某些内容，以利于做后续分析。在全面搜集有关信息的基础上将材料进行分类整理。组织有关人员进行认真分析，查找事件的真正原因，形成危机事件调查分析报告，并提交有关部门。

（三）分析信息，确定对策

在全面调查了解危机事件的情况后，要将获取的信息进行整理分析，深入研究和确定应采取的对策和措施。制定对策时不仅要考虑危机本身的处理，而且还要考虑危机涉及的各方面的关系，如酒店和员工、受害者、受害者家属、新闻媒介、消费者、客户、政府主管部门的关系等。

1. 针对酒店自身的对策

（1）把事故的发生和酒店对策告知全体员工，号召大家齐心协力，共渡难关。本酒店员工若有伤亡，应立即通知家属或亲属，并提供一切条件，满足员工家属的探视或吊唁要求，负责医疗和抚恤工作。

（2）如果是不合格产品引起的恶性事故，应立即回收不合格产品，或立即组织力量，对不合格产品逐个检验，并且通知销售部门立即停止销售这类产品，追查原因，追究责任，立即整改。

（3）如果是个别服务人员恶劣的态度而引起的恶性事故，危机小组应先稳定顾客情绪，责令当事人向顾客当面赔礼道歉；公关部经理或该服务部门经理代表酒店向客人道歉，并从精神上和物质上给顾客以赔偿，以求得顾客的谅解。

（4）制定妥善的公关宣传方案，采取与新闻媒介保持联系的方式，向外界公布事故真相。

（5）制定挽回影响和完善组织形象的工作方案与措施。

（6）奖励处理危机事件的有功人员，处理有关责任者，并通告有关方面及事故受害者。

2. 针对相关公众的对策

（1）考虑受害者的利益，全力解决受害者问题，力争将其损失减少到最低限度，以遏制危机的发展。

（2）如果责任在酒店自身，应马上公开道歉，认真听取受害者及其家属的意见，主动赔偿受害者的损失，尽量满足受害者的要求。

（3）如果责任在受害者或者第三方，不宜马上追究责任，而要给予受害者适当的安慰，最好等危机事件平息后再妥善处理。

（4）如果双方都有责任，组织要尽力避免为组织辩护，积极争取受害者的谅解与合作，承担自身应负的责任，给予补救。

（5）对与酒店有业务往来的单位，也要尽快如实地传递有关事件的信息，通报正在采取的对策；如果有必要，还要安排公共关系人员直接到各单位去解释。

（6）在处理危机事件过程中，无特殊情况，不应更换处理人员。

（7）对待消费者，要通过梗概性的书面材料和报纸公布事故经过、处理方法和今后的预防措施。如有消费者团体前来询问，应热情对待，诚实地告知事故真相。

（8）如果突发事件影响到社区公众的生活，酒店应登门向当地居民道歉，赔偿损失。对于影响较大的突发事件，必须综合运用多种形式和传播渠道，从多个侧面、多个角度进行沟通，打消公众的诸多猜疑，挽救组织的形象。

3. 针对上级领导部门的对策

（1）事故发生后，应及时向政府及上级领导部门汇报，切忌掩盖事实真相，更不应该歪曲事实，颠倒黑白。

（2）事故处理中，应定期报告事态的发展过程，取得上级领导的指导和支持。

（3）事故处理后，应详细报告处理的经过、解决方法以及今后的预防措施等。

4. 针对新闻媒体的对策

（1）统一口径、注意措辞，尽可能引导媒介报道有利于组织机构的信息。

（2）安排专人发布消息，集中处理与事件有关的新闻采访，给记者提供权威的资料。

（3）应与新闻媒介保持联系，主动向新闻界提供连续性的、真实的、准确的跟踪消息，及时纠正不正确的信息，公开表明酒店的立场和态度，以减少新闻记者的各种猜测，帮助新闻记者作出正确的报道。重要事项应以书面材料的形式发给记者。

（4）谨慎传播。在事实未完全明了之前，不要对事发的原因、损失及其他方面发布推测性言论，不要轻易地表示赞同或反对。

（5）对新闻界表示出合作、主动和自信的态度，不可采取隐瞒、搪塞、对抗的态度，对确实不便发表的消息也不要简单地以“无可奉告”应付，而应该说明理由，博得记者的同情和理解。

（6）注意从公众的立场和角度进行报道，不断提供公众所关心的消息，如补偿方法和善后措施等。

（7）除新闻报道外，可在刊登有关事件消息的报刊上发布致歉公告，向公众说明事实真相，并向有关公众表示道歉及酒店应承担的责任。

（8）当记者发表了不符合事实真相的报道时，酒店应尽快向该媒体提出更正要求，指明不符合事实的地方，并提供全部与事实有关的资料。派遣发言人接受采访，表明立场，但注意避免产生对立。

（9）通过与本酒店没有直接联系的有声望的第三方发言人的评论戳穿谣言。

（10）记录所有对外发布的信息，避免在新情况出现时，重复发布信息或者公布前后矛盾的信息。

（四）分工协作，落实措施

具体应做到如下几点：

（1）酒店负责人应亲自组织和协调力量，甚至亲赴危机现场处理问题，制定和落实得力的危机处理措施。采取危机处理措施的情况要及时向公众和媒介公布，并详细记录在案。

（2）酒店全体员工应统一思想，统一认识，齐心协力地减少危机造成的损失，塑造组织良好的社会形象。但除发言人外，其他员工不得随意发表任何相关言论。

（3）坚持灵活性与原则性相统一的方针。负责处理事故的相关人员，要根据各自的分工，选择适当的方式、方法。

（4）各有关人员有效分工、密切配合。危机处理工作力求果断、干练，以友善的精神风貌、高效的工作风格获得公众的好感与信任。

（5）在一定范围或区域内，公共关系人员有权制止摄影师的活动，以防止可能产生的影像报道失实的情况，失实的影像报道比文字更有害。在接触公众的过程中，要注意观察、了解相关公众的反映与要求，做好劝导工作。

（6）指定一名联络员，随时报告事态进展、公众的评论和建议情况等，并将实施过程中的细节做详细记录，写成报告，便于向组织负责人、主管部门、新闻单位以及往来的组织通报。

（7）聘请有经验的沟通顾问或法律顾问担任危机沟通负责人，帮助处于危机之中的酒店迅速协调各方面的资源和力量。

（五）多方沟通，化解危机

具体应做到以下几点：

（1）继续保持与媒介的联系，争取理解与合作，并通过媒介发布危机事件的善后处理进展情况。对于某些重大事故可采取致歉公告的形式在报上刊登，以表明酒店敢于承担责任的态度。

（2）尽量控制危机的影响面，避免危机产生连带效应。

（3）开放现场，或将与危机事件相关的原始管理记录公之于众，表明酒店对公众的坦诚，加强多方沟通，重建信任感。

（4）善待危机受众，做好伤亡者的救治与善后安置工作。耐心听取受害公众的要求以确定如何赔偿，并尽量避免因法律诉讼而带来的组织形象的再度受损。

（5）对危机管理流程、危机管理计划等进行修正，重塑组织形象。

（六）检测效果，改进工作

在危机的善后处理工作结束后，公关人员要注意从社会效益、经济效益、公众心理和组织形象诸方面进行评估。检测评估的内容包括：危机处理措施的合理性与有效性，原有的问题是否彻底解决，公众心目中的组织形象有何改变，组织不力的局面是否好转。根据存在的问题制定具体的措施以改进工作。评估既能检测这次工作的效果，又可以为今后处理这类事件总结经验教训。

（七）吸取教训，重塑形象

组织形象重新得到建立，并进入良好形象的塑造阶段，才意味着危机处理告一段落。组织形象的重新塑造要从以下几个方面入手：

（1）树立重建良好公关形象的强烈意识。任何公关危机事件的出现，都会改变酒店的公共关系状态，使酒店的形象受到不同程度的损害。为此，酒店必须树立强烈的重建意识，要有重振旗鼓的勇气和再造辉煌的决心，进行公关形象的恢复和重建工作。

（2）确立重建良好公关形象的明确目标。重建公关形象的目标是消除危机事件带来的负面影响，恢复或重新建立酒店的良好信誉和声望，再度赢得公众的理解、支持与合作。

（3）使公关危机事件的受害公众得到相应的物质赔偿或补偿以及精神上的同情、安慰和鼓励，取得他们的谅解。

（4）使观望怀疑者消除疑虑，成为酒店的忠实合作者。

（5）使酒店的知名度和美誉度达到有机统一，吸引更多公众的关注和支持。

（6）采取重建良好公关形象的有效措施。在酒店内部，以坦诚的态度对待员工，以形成酒店与其员工之间的上情下达、下情上传，部门之间的横向联通，保证信息畅通无阻，增强酒店管理的透明度和员工对酒店的信任感；吸引员工参与决策；制订酒店在新环境下的生存与发展计划，让全体员工对酒店的发展前景充满希望。与此同时，要与酒店外部公众保持联络，及时告知公众危机后的新局面和新进展；针对酒店公关形象受损的内容与程度，重点开展某些活动弥补形象；恢复正常的公关活动，与广大公众全面沟通，并以过硬的服务项目和产品在社会中公开亮相，从本质上改变公众对酒店的不良印象。

项目小结

酒店公共关系危机会使酒店陷入巨大的社会负面舆论，对酒店的生存和发展构成严重威胁，给酒店带来严重后果。酒店公关危机具有爆发突然、难以预测、危害严重、高关注性、普遍广泛、内外警示、亟待解决等特征。本项目着重分析了酒店公共关系危机的成因、危机预警系统的构建、危机处理机构的设立、危机防范策略的制定等内容。酒店在发生公共关系危机事件后，唯有采取合适的处理原则和处理程序，才可以重塑组织形象，重建组织内外的信任。

思考与探究

1. 酒店公共关系危机有哪些主要的特征?
2. 酒店公共关系危机有哪些类型?
3. 导致酒店公共关系危机产生的原因有哪些?
4. 何谓“危机公关”?危机公关的原则有哪些?
5. 处理酒店公关危机时应如何与外界公众沟通?
6. 危机过后,应从哪些方面入手重新塑造酒店形象?

案例分析

案例分析

某酒店危机公关解决方案

讨论分析:
1. 危机评估是否结合企业自身特点?
2. 危机应对方案是否体现了主动性和可操作性?
3. 危机处理流程是否完备、考虑是否周全?

技能实训

请就以下问题访谈一家酒店,做好访谈记录,撰写访谈报告。
1. 酒店是否制定了危机公关预案?
2. 做危机公关预案时必须考虑的事项有哪些?
3. 酒店是否有互联网舆情监测工具?是如何使用的?
4. 从危机管理的角度看,舆情监测有哪些实用价值?

模块三 3

酒店公共关系训练篇

项目九

酒店公共关系礼仪训练

任务一 基本礼仪——仪容、仪表、仪态

任务二 酒店公共关系礼仪——礼貌、礼节

导　语

人类社会学家曾断言，农业文明时代以道德制胜，工业文明时代以法治制胜，而信息文明时代则以形象制胜。优雅的举止、端庄的仪态、合体的服饰是公关工作的无声名片。酒店业作为窗口行业，从业人员所展现的基本礼仪，直接影响其个人和企业的形象，以及公众对酒店服务和产品的评价。酒店从业人员的基本礼仪包括仪容、仪表、仪态、礼貌、礼节规范。在酒店公共关系活动中，不同的仪容、仪表、仪态、礼貌、礼节，在不同的场合针对不同的对象使用有着不同的含义，准确应用可以塑造良好形象提升酒店服务品质。

学习目标

- 理解酒店公关人员的基本礼仪——仪容、仪表、仪态
- 掌握仪容、仪表、仪态规范，能够在工作岗位上灵活运用、规范表达
- 掌握礼貌、礼节规范，能够在工作岗位上灵活运用、规范表达
- 掌握仪容、仪表、仪态的各项禁忌

关键术语

仪容　仪表　仪态　礼貌　礼节

任务一　基本礼仪——仪容、仪表、仪态

礼仪是人际交往的基本行为规范，在人类社会生活的各个方面都发挥着重要的作用。在酒店服务中，礼仪也彰显出它不可替代的功能。

一、仪容

仪容主要是指人的容貌，包括头发、面部等。仪容是可以修饰、完善和自我塑造的。良好的仪容能够给人以端庄、稳重、大方的印象，既能体现自尊自爱，又能表示对他人的尊重与礼貌。仪容美是内在美、自然美、修饰美这三个方面的统一。仪容礼仪讲究三个规则：整洁、自然、互动。它主要包括以下几个方面。

（一）头发及发饰

整洁的头发、恰当的发型和发饰是礼仪的重要表现形式。头发气味、头发颜色、发质、发饰等无不体现出一个人的精神面貌、生活习惯、职业修养等。

1. 头发的要求

头发整洁、柔软、有光泽、无异味、无异物、不染鲜艳的颜色。酒店从业人员要勤洗头发，保持头发清洁，同时需要做好头发的健康护理。勤洗头发是为了去除灰垢、清

除头屑、防止异味，使头发清洁清爽、无异味。做好头发的健康护理是为了使发质良好，有弹性，不打结、不枯黄。

2. 发型的要求

设计高雅、简洁、大方，展现良好的“个性化”。所谓发型的“个性化”，就是根据个人的身材、脸型、头型乃至年龄、职业来设计发型，使其能反映出个人的特点和情趣，以便取得整体和谐统一的审美效果。酒店从业人员发型设计原则及要求如表 9－1 所示。

表 9－1 酒店从业人员发型设计原则及要求

原则	要求	举例
基本原则	男性：头发长度以 5 ～ 7cm 为宜，不能过短，也不宜留长发，给人留下清爽、精神的印象	男性发型应得体、整齐、勤理，长度适中，符合自己身份，前发不附额，侧发不掩耳，后发不及领
	女性：头发以端庄、简洁、秀丽为宜，勿让头发遮住眼睛	女性头发长度不宜过肩，若太长，应盘起或扎起来，不宜随意散开，以体现出稳重、干练、成熟、时尚的职业形象
充分考虑自己的个性特征，力求扬长避短	个人特征是指人的性别、年龄、脸型、肤色、身材、体型等个人因素。能够给人以美感的发型首先应与个人的个性特征相吻合	青年女性发型应尽显青春活力，长短、曲直适宜；中年女性宜留中长发型，以体现高雅脱俗气质；“银发族”的发型则以整洁、简朴为佳
		脸型偏长者不宜选择过短的无刘海发型；相反，圆脸或脸型偏短者不宜选择有刘海的长发型。肤色偏黑者不适宜留披肩长发；个子高挑者头发可梳理得蓬松些；身体矮胖者则宜留短发，以避免给人头重脚轻的不稳定感
充分考虑个人身份和职业性质，与自身的身份和职业性质相吻合	酒店从业人员不宜留披肩发（应当是不遮双眼、后部不长过肩的直短发），应以束发或盘发为宜	经常出现在公众场合的从业人员应以传统、稳重、保守发型为宜；经常出入社交场合者，应以个性、时尚、艺术发型为宜

（二）面部护理及修饰

面部护理及修饰是保持仪容礼仪的基本要求。

1. 面部的要求

面部的要求如表 9-2 所示。

表 9－2 面部的要求

面部	要求
眼部	• 及时清除眼角处的分泌物 • 清除眼角分泌物时应注意场合，勿在公众场合面对他人用手绢、纸巾擦拭或者用手抠
鼻部	• 随时保持鼻孔清洁，切忌当众挖鼻孔或者擦鼻涕 • 男性应及时修剪鼻毛

续表

面部	要求
口部	● 保持牙齿的清洁和口气的清新 ● 上班之前不能食用蒜、葱、韭菜、腐乳等有强烈气味的食品，餐后应清洁口腔 ● 早晚刷牙，饭后漱口，吃东西后马上擦嘴，并及时清除牙缝中残留的食物，勿当众剔牙 ● 如果口腔有异味，可以使用漱口水、口香糖或茶叶等去除，保持口腔的整体清洁 ● 在他人面前嚼口香糖是不礼貌的，特别是与人交谈时更不应嚼口香糖 ● 因牙病或者其他疾病造成口中有异味的，应及时治疗 ● 打哈欠时应避开他人，当忍不住时，应用手绢或者手捂住嘴，并向他人道歉

2. 面部的清洁与护理

面部清洁与护理是仪容美的关键，良好的肤质是实现仪容美的基础。精神愉快是最好的美容保健方法。笑的时候，面部肌肉舒展，皮肤新陈代谢加快，能促进血液循环，增强皮肤弹性。每天早晚要坚持洗脸，及时清除附着在面颊、颈部的污垢、汗渍等。正确的洗脸方法有助于保持皮肤的弹性，促进血液循环和新陈代谢。

面部清洁分为表层清洁和深层清洁。正确的洗脸方法是用温水润湿脸部，使用适当、适合的洗面奶或洗面膏等，用手由下向上揉搓、打圈，借助于光滑的洗面奶或洗面膏等对皮肤进行按摩，用温水冲净面部的洗面奶或洗面膏，最后用凉水冲洗，令毛孔收缩。

皮肤一般分为干性、中性、油性三种类型。针对不同的皮肤类型，在洗脸时应采取相应的措施。

面部清洁小技巧如表 9–3 所示。

表 9－3　面部清洁小技巧

皮肤类型	清洁方法
干性皮肤	在用玫瑰浸泡的水中加入几滴蜂蜜，沾湿整个面部，用手拍至干燥。这样每晚反复 2 ～ 3 次，便能滋润面部，使面部皮肤光滑细腻
中性皮肤	晚上用冷水洗脸后，再用热一点的水蒸气蒸脸片刻，然后轻轻抹干
油性皮肤	洗脸时在热水中加入几滴白醋，能有效地清除皮肤上过多的皮脂、皮屑和尘埃，使皮肤光洁美观

合理的饮食也是面部皮肤护理的根本，多吃水果蔬菜、多喝水，可保持肌肤有足够的水分，防止皮肤粗糙干燥。另外，充足的睡眠是最好的皮肤护理方法，可使面部红润。

3. 面部修饰

面部修饰，主要是指通过化妆来修饰自己的仪容、美化自我形象的行为。淡妆上岗是对女性从业人员最基本的仪容修饰规范要求。淡妆有三个作用：一是塑造形象，要求员工淡妆上岗，体现良好的精神面貌，呈现出企业的统一性、纪律性，有助于酒店形象的塑造。二是体现尊重，淡妆是一种自尊自爱的表现，是从业人员对自己的尊重，同时也是对服务对象的尊重，对酒店工作来说，它不是个人私事，而是展现酒店服务礼仪的最基础的外在表现形式。

淡妆遵循“三 W”原则，即 When（什么时间）、Where（什么场合）、What（做什么）。不同场合配不同的妆容，是得体形象的定位与诠释。从酒店公关礼仪这个层面来讲，面部修饰有四个原则需要注意，具体如表 9－4 所示。

表 9－4　面部修饰原则

修饰原则	具体内容
自然	自然妆容看起来真实而生动，清淡又传神。酒店岗位基本的仪容规范要求是淡妆上岗，即所谓“清水出芙蓉，天然去雕饰”。淡妆上岗能给人以健康美的感觉
美化	酒店从业人员应在正确认识自身条件的基础上，把握脸部个性特征和正确的审美观，进行化妆技巧与方法的合理选择与搭配。对酒店从业人员来说，化妆的总原则是少而精，强调和突出自身所具有的自然美部分，减弱或掩盖容貌上的某些缺陷，以浅妆、淡妆为宜，避免使用气味浓烈的化妆品
协调	化淡妆的目的不在于追求局部的亮丽，而在于呈现个人的整体美。具体表现为：（1）注重妆面协调，即化妆部位色彩协调、浓淡相宜；（2）注重全身协调，指脸部化妆必须与发型、服装、饰物协调，力求产生完美的整体效果；（3）注重身份协调，要考虑到自己的职业特点和身份；（4）注重场合协调，妆容要与职业场合的气氛相一致
避人	不在公共场合化妆是基本礼仪要求，在工作岗位上化妆会给别人三心二意、用心不专的感觉，在国际交往中会被别人误会；在众目睽睽或公共场合修饰面容会被认为是不礼貌的行为。如果需要化妆或补妆，应到洗手间或其他私密场所进行

（三）手部

在酒店行业，许多人认为手是从业人员的第二张脸。在交际交往活动中，手占有重要的位置。如接待客人时，通常以握手礼节来表示对客人的欢迎，伸出手递送名片以相互认识等，在这一过程中客人总是先接触到我们的手，形成第一印象。手部清洁可以判断出一个人的修养与卫生习惯，甚至对生活的态度。因此，手的清洁与一个人的整体形象密切相连，应当引起足够的重视。

酒店从业人员应随时保持双手的清洁，并定期修剪、洗刷指甲，避免指甲缝内有污垢。指甲应该光亮整洁、长度适当，一般不超过 2mm。不可涂有色指甲油、不宜美甲镶饰。另外，任何公共场合修剪指甲都是不文明、不雅观的行为。

（四）体味

社交过程中，酒店从业人员散发的身体异味会严重影响顾客对其印象，清爽、淡雅的气息有助于良好形象的形成。酒店从业人员应养成良好的卫生习惯，勤洗澡、使用去除体味的物品是非常必要的，目的是保证身上散发出清爽、清新的气息，带有汗味或者其他异味会被视为失礼行为。

适当使用香水有利于在社交过程中增加个人魅力，喷洒香水不要过量，香味在 1 米范围内能闻到较为适合，如果在 1 米范围外就能闻到香水味，当靠近时就容易让人感觉气味刺鼻。在喷洒香水时需要注意，香水要喷于不容易出汗、脉搏跳动明显的部位，如耳后、脖子、手腕及膝后。

二、仪表

仪表是人的外表，包括人的形体、容貌、健康情况、姿态、举止、服饰、风度等，仪表的重点在于着装。在社交中人们的仪表，反映出一个人的精神状态和礼仪素养，是人们交往中的“第一形象”。

对人的观察规律是由远及近，由视觉观察到声音交流再到皮肤感触（如握手、拥抱等）。因此，仪表是最先进入人们眼帘的，对方所获得印象基本是仪表传递的，而仪表的80%体现在着装上。一个人的穿着打扮，就是他的教养、品位最真实的写照。得体的穿着，不仅使人显得更加美丽，还可以体现良好的修养和独到的品位。

（一）服饰选择原则

1.TPO 原则

TPO 原则是目前国际上公认的着装标准。T 指时间（Time），P 指地点（Place），O 指场合（Occasion），即要求仪表修饰根据时间、地点、场合的变化而相应变化，使仪表与时间、环境氛围、特定场合相协调。

2. 适应性原则

仪表修饰往往通过服饰的形式呈现出来，服饰是一种文化，可以反映一个民族的文化素养、精神面貌和物质文明的发展程度；服饰又是一种“语言”，能反映一个人的社会地位、文化修养、审美情趣，也能表现出一个人对自己、对他人以至于对生活的态度。服饰不是简单地等同于穿衣，应与自身的性别、年龄、容貌、肤色、身材、体型、个性、气质以及职业身份等相适宜、和谐，基于自身的阅历修养、审美情趣、身材特点，根据不同的时间、场合、目的，力所能及地对所穿的服装进行精心选择、搭配和组合。

3. 协调性原则

仪表修饰既要关注整体美感，也要关注局部细节，发挥服饰的修饰功能，追求刻意雕琢而又不露痕迹的效果，呈现自然适度、风格各异、个性鲜明、浑然一体的仪表风采。

4. 整洁性原则

仪表修饰不一定追求高档时髦，但必须端庄整洁，避免邋遢。整洁原则包括：整齐，不折不皱；清洁，勤换勤洗，不允许有明显的污垢、油渍、汗味和体臭；完好，无破损、无补丁。

5. 文雅原则

文雅原则要求仪表修饰文明大方，符合社会的传统道德和常规做法，体现酒店从业人员文雅的气质。在工作中忌穿过露、过透、过短、过紧的服装，不能为了展示自己的线条而打扮得过于性感，更不能不修边幅。

（二）服饰礼仪基本规范

1. 女士服饰礼仪

从事酒店工作的女士在服饰选择方面要考虑自己的职业与身份，不要过分性感、过分艳丽、过分奢华。服饰价格不求很高，但是要协调、合理搭配，无论是色系还是饰物、手包等都要注意细节，体现高雅、大方、端庄的风度。服饰穿戴要适合自己的年龄、身材和职业，切不可盲目追求新潮和时髦。

女士服饰礼仪规范如表 9－5 所示。

表 9－5　女士服饰礼仪规范

服饰		规范要求
着装	面料选择	女士套装应选用质料上乘的纯天然质地的面料，而且上衣与裙子所使用的面料应该一致。女士呢、薄花呢、人字呢等纯毛料的面料为最佳，高档丝绸、亚麻、毛涤也可供选择，但必须匀称、平整、光滑、柔软、挺括，并且弹性要好，不易起皱
	色彩选择	酒店从业人员的服装色彩应清新、雅致而庄重，不应选鲜亮抢眼的色彩以及跟着时尚走的流行色；套装的色彩以冷色调为主，因为冷色调才能体现出着装者典雅、端庄、稳重的气质
饰品	袜的搭配	穿套装要配穿纯色的丝袜，袜子的颜色要与裤、裙和鞋的颜色相协调，以肉色为佳。一般情况下，不宜穿着多色、亮色、有图案花纹的袜子；穿丝袜时，袜边不能外露；穿明显破损的丝袜是不雅的
	鞋的搭配	根据穿着舒适、方便、协调而又不失优雅的原则选择不同款式的鞋子，鞋子应是船式或盖式款式的高跟、半高跟皮鞋，以黑色牛皮鞋为最佳。不宜穿颜色艳丽的皮鞋，不宜穿布鞋、旅游鞋、凉鞋等
	缀饰的搭配	缀饰可以使套装在稳重中透着生动，在保守中显出活泼，一般采用领花、丝巾、胸针、围巾等饰品点缀

2. 男士服饰礼仪

从事酒店工作的男士，穿着西装是最普遍的选择。西装是一种国际性服装，是男士出席正式场合、接待宾客时的首选服装。男士在选择西装时，要充分考虑到自己的身高、体形，如身材较胖的人最好不要选择瘦型短西装；身材较矮者也最好不要穿上衣较长、肩较宽的双排扣西装。作为正式礼服用的西装可选用深色，如藏蓝色、灰色、棕色、黑色，面料宜选用纯毛、纯羊绒、毛涤混纺，具有轻、薄、软、挺等特点。日常穿的西装颜色可以有所变化，面料也可以不讲究，但必须熨烫挺括。

标准的套装色彩是蓝色、灰色、棕色、黑色。衬衫的色彩最好为白色，皮鞋、袜子、公文包的色彩为深色，并且颜色一致，男士尤其要注意。一般情况下，我们可以遵循"三色原则"，即正装的色彩在总体上最好控制在三种颜色之内。色彩少有助于保持正装庄重、保守的总体风格，显得规范、简约、和谐。

男士服饰礼仪规范如表 9－6 所示。

表 9－6　男士服饰礼仪规范

服饰	规范要求
西装	上衣、背心和裤子口袋宜少装物品，最好不装物品。内侧胸袋可别放钢笔、钱夹或名片夹，不宜放过大过厚的物品；外侧下方两只口袋不宜放任何物品，建议口袋缝线不要拆开
衬衫	穿西装时配长袖衬衫，衬衫整洁挺括，不宜过旧，不走样。衬衣下摆掖在裤子里，领子不能翻在西装外。衬衫领口和袖口分别高于和长于西装领口和袖口 1 ～ 2cm，领口和袖口沾上污渍就不宜再穿，须清洁干净、熨烫挺括

续表

服饰	规范要求
内衣	衬衫内除了背心之外，最好不要再穿其他内衣。如果天气较冷，衬衣外面还可以穿上毛衣或毛背心，但毛衣（V 领）一定要紧身，不要过于宽松
领带	在接待工作过程中，穿西装应系好领带。领带长度要适当，以达到皮带扣处为宜；如果佩戴领带夹，应在衬衣的第四、第五个纽扣之间
西裤	西裤的两个侧口袋不宜存放较大较重物品，如手机、香烟、名片等常用物品；正式场合不宜将双手放入其中
鞋	皮鞋应整洁、有光泽、无破损；皮鞋的颜色要与西装相配套，正式且传统的皮鞋是系带皮鞋
袜子	穿皮鞋须配合适袜子，袜子颜色要比西装稍深，黑色袜子一般是男士必备的
扣子	双排扣西装应把纽扣全部扣上；单排两粒扣的西服只系上边那粒纽扣或者全部不扣；单排三粒扣西服可以系上边两粒纽扣，也可以只系中间一粒纽扣
插袋巾	插袋巾是男士西装的饰品，质料不宜太软，插在袋里挺括自然，颜色选择可与场合、职业、身份等相符合。有时也用鲜花做“插袋巾”以示喜庆

3. 酒店制服礼仪规范

在选择制服的过程中，不仅要考虑制服本身的材质、色彩和款式，同时还要考虑与酒店整体环境风格相协调。

酒店制服礼仪规范如表 9－7 所示。

表 9－7 酒店制服礼仪规范

服饰		规范要求
制服	干净整洁	酒店从业人员所穿的制服必须无异味、无异物、无异色、无异迹。制服定期或者不定期地进行换洗
	整齐挺括	外观整洁、挺括，忌褶皱。为了防止制服产生褶皱，脱下的制服应挂好或叠好；洗涤过后应熨烫好；穿着时不要乱靠、乱坐等
	完整完好	制服发生破损应及时修补或更换，如开线、磨毛、磨破、纽扣丢失等
	外观协调	制服整套穿着，不得随意搭配，否则无法发挥制服的作用。同时，在穿着时不应出现敞胸露怀、不系领扣、高卷袖筒、挽起裤腿、乱配鞋袜、不系领带等，这样不仅有损制服的整体造型，还会影响整个酒店的形象
饰品	戒指佩戴	酒店从业人员若佩戴戒指，则仅能佩戴 1 枚，且戒指应造型简洁、大方。戒指佩戴在不同手指上暗示意义不同：食指表示想结婚，即求偶；中指表示已在热恋中；无名指表示已订婚或结婚；小拇指则表示独身，暗示自己奉行独身主义
	项链	酒店从业人员在工作时佩戴项链，宜选择链子细、坠心小的款式
	耳饰	酒店从业人员在工作时佩戴耳饰宜选择款式小巧的耳钉，简洁、大方
	手镯	酒店从业人员在工作时不宜佩戴手镯或手链，如企业允许佩戴，也应选择款式简洁、大方且较细的手镯或手链，仅能佩戴一条
	胸饰	胸饰包括胸针和胸花，需要按企业规定的标准佩戴
	丝巾	丝巾对制服起着烘托和美化作用，色泽鲜亮的丝巾能让暗色制服灿烂生辉、别致生动。酒店从业人员佩戴丝巾应按统一标准执行

三、仪态

在人际交往中，人们的每个动作都会影响到对方的情绪，都会给对方一定的感染，从事酒店行业的人对此尤其应该引起重视。仪态美属于人的行为美学范畴，它以无声的体态语言向人们展示出一个人的道德品质、礼貌修养、文化品位、人品学识等方面的素质。仪态美主要表现在站姿、坐姿、走姿等方面。

（一）站姿——站如松

1. 基本站姿规范

站姿又称立姿，是人的最基本的姿势，是一种静态的身体造型，是培养一个人全部仪态的基础。站姿规范如表 9－8 所示。

表 9－8　站姿规范

要求与要领	具体要求	
要求	头颈部	抬头、颈挺直，下颌微收，嘴唇微闭，双目平视前方，面带微笑
	上半身	双肩放松，气向下压，身体有向上的感觉，自然呼吸；挺胸收腹，立腰、肩平
	双臂双手	双臂放松，自然下垂于侧，虎口向前，手指自然弯曲，中指压裤缝
	下半身	两腿并拢立直，提胯，膝和两脚跟靠紧，脚尖分开呈“V”字形
要领	总体	抬头、挺胸、收腹、立直，优美挺拔、精神饱满
	上提下压	下肢躯干肌肉线条伸长、上提，双肩保持水平、放松下压
	前后相夹	臀部向前发力，而腹部肌肉收缩向后发力
	左右向中	人体对称的器官向正中线用力
	重心中间	重心线在两腿中间向上穿过脊柱及头部，防止重心线偏左或偏右

2. 酒店公共关系礼仪站姿规范

总体要求是男士挺拔沉稳，女士优美典雅。在酒店公关工作中，为客人服务的站姿一定要合乎规范，严格按照仪态标准执行，表 9－9 所示的几种酒店常用站姿规范适用于不同部门和不同场合。

表 9－9　酒店常用站姿规范

常用站姿	具体要求
前腹式	男性：两脚打开与肩同宽，脚尖与脚跟距离相等；两手在腹前交叉，左手握成拳头状，右手握左手手腕部；身体直立，重心放在两脚上。女性：两脚脚尖略展开，左脚在前，右脚跟靠于左脚内侧前端，成左“丁”字步；两手在腹前交叉，身体重心在两脚或一脚上，通过重心转移缓解疲劳
后背式	双目平视，下颌微收，挺胸立腰，两手在身后交叉；男性：两脚跟并拢，脚尖展开 60°左右；女性：两脚“丁”字步站立。
单臂式	两脚尖展开成 90°，左（右）脚向前，将脚跟靠于右（左）脚内侧中间位置，成左（右）“丁”字步。左（右）手单臂后背，右（左）手下垂，身体重心放在两脚上

3. 站姿禁忌

不正确的站姿往往姿态不雅，缺乏敬人之意。在站立过程中身躯歪斜、弯腰驼背、趴伏倚靠、半立半坐、浑身乱动等都是不礼貌的举止。

（二）坐姿——坐如钟

1. 基本坐姿规范

正确的坐姿给人以文雅大方的感觉，传递着自信、友好、热情的信息，同时也显示出高雅庄重的良好风范；坐姿不正确则显得懒散无礼。

坐姿规范如表 9－10 所示。

表 9－10　坐姿规范

要求与要领		具体要求
要求	头颈部	头部端正，下巴要向内微收，脖子挺直
	上半身	躯干挺直，两肩放松，胸部挺起，背部与臀部成直角
	双臂双手	两臂自然弯曲，双手自然放于双膝
	下半身	双膝并拢，小腿与地面基本垂直；男士两膝间以一拳为宜，女士则不宜分开
要领	总体	轻、缓、紧。轻指入座要轻，尽量避免发生响声；缓指动作轻缓，按住椅面，而后入座；紧指坐定后腰背挺直，给人以精神集中的感觉
	入座时	走到座位前，转身后右脚向后撤半步，从容不迫地慢慢坐下，把右脚与左脚并齐。女性入座要娴雅、轻柔、和缓，用手把裙子向前拢一下
	坐定时	坐满椅子的 2/3，如果是沙发，座位较低，又比较柔软，应注意身体不要下滑而陷在沙发里
	会谈时	面对面会谈时，前 10 分钟左右不可松懈，保持良好精神以示礼貌；对坐会产生压迫感，此时应当稍微偏斜，轻松自然
	离座时	起立时，右脚先向后收半步立起，向前走一步离开座位；离座时要端庄稳重，不可猛起猛坐，弄得座椅乱响，造成紧张气氛，更不能带翻桌上茶具，以免尴尬
	腿的姿态	正襟危坐式：适用最正规场合，要求上身和大腿、大腿和小腿形成直角，双膝、双脚完全并拢
		垂腿开膝式：男性正规坐姿，要求上身和大腿、大腿和小腿都成直角，小腿垂直于地面。双膝允许分开，分开的幅度不要超过肩宽
		双腿叠放式：适合短裙女士，要求将双腿上下交叠且两腿间没有缝隙，犹如一条直线。双脚斜放在左右一侧。斜放后的腿跟地面呈 45° 夹角，叠放在上的脚的脚尖垂向地面
		双腿斜放式：适合穿裙子女士在较低的位置就座，要求双腿首先并拢，然后双脚向左或向右侧斜放，力求使斜放后的腿部与地面呈 45° 夹角
		双脚交叉式：适用各种场合，双膝并拢，双脚在踝部交叉。交叉后的双脚可以内收，也可以斜放，但不要向前方远远地直伸出去
		双脚内收式：适合一般场合，要求两条大腿并拢，双膝略微打开，小腿可以在稍许分开后向内侧屈回
		前伸后屈式：适用女性，大腿并拢，向前伸出一条腿，并将另一条腿屈后，两脚的脚掌着地，双脚前后保持在一条直线上

2. 酒店公共关系礼仪坐姿规范

酒店从业人员除了要掌握基本的坐姿姿态外，还要了解坐姿的礼仪。

入座时，首先要注意顺序、分清尊次，请长者、尊者等先入座；面对服务对象时，一定要先请对方入座，这是待人以礼的表现。其次入座应合“礼”，即与他人同时就座时，应当注意座位的尊卑，并且主动将上座相让于人。入座时还应讲究“左入左出”，从座位左侧入座，从左侧离座。这样做是一种礼貌，是“以右为尊”的一种具体体现，而且也容易就座。另外，入座时动作应轻而缓，放松动作，轻松自然，尽量不要坐得座椅乱响，噪声扰人，不可随意拖拉椅凳。就座时，若附近坐着熟人，应主动跟对方打招呼。若身边的人不认识，亦应向其先点点头。

离开座椅时，身旁如有人在座，须以语言或动作先向其示意，然后方可站起身来。与他人同时离座，须注意起身的先后次序。地位低于对方时，应稍后离座；地位高于对方时，则可首先离座；双方身份相似时，可同时起身离座。起身离座时，最好动作轻缓，但不要“拖泥带水”，弄响座椅或将椅垫、椅罩掉在地上。

3. 坐姿禁忌

坐姿以基本规范为基准，还需注意一些细节问题，如勿满座，忌抢位，忌身躯歪斜、双手抱胸或叉腰，忌趴伏倚靠、频繁地变动体位，或是脚位不当造成不雅举止。

（三）走姿——行如风

1. 基本走姿规范

良好的步态应该是自如、平稳、轻盈、矫健、敏捷，给人以动态之美，表现朝气蓬勃、积极向上的精神状态。协调和韵律感是步态的最基本要求。男士走姿体现阳刚之美，女士则款款轻盈，体现阴柔之美。

走姿规范如表 9 - 11 所示。

表 9 - 11　走姿规范

要求与要领	具体要求	
要求	头颈部	抬头、含颌，目光平视，头正颈直
	上半身	挺胸、收腹，躯干挺直，两肩要放松，胸部挺起，上身带动下身
	双臂双手	两肩相平不摇，两臂摆动自然；大关节带动小关节，手臂伸直放松，手指自然弯曲，摆动时以肩关节为轴，上臂带动前臂；肘关节略屈，前臂不要向上甩动，向后摆动不超过 30°，前后摆幅在 30° ～ 40°
	下半身	两腿直而不僵，步幅适中均匀，两脚落地一线，脚跟先着地
要领	总体	身体协调，姿势优美，步伐从容，步态平稳，步幅适中，步速均匀，走成直线
	步位标准	女士要求两脚内侧落地时在一条直线上，男士要求平行前行，两脚内侧着地的轨迹不在一条直线上，而是在两条直线上
	步幅适当	标准步幅为 1 脚至 1.5 脚，即前脚脚跟与后脚脚尖之间的距离为本人脚长度的 1 ～ 1.5 倍。男士步幅略大以展示阳刚之美，应稳健、有力、洒脱；女士步幅略小以体现阴柔之秀，应轻盈、优雅、飘逸
	步频均匀	步频应保持均匀、平衡，如遇有急事，可加快步频，但不可奔跑

续表

要求与要领	具体要求	
要领	步高合适	行走时脚不宜抬得过高，看上去缺乏稳健；也不宜抬得过低，脚后跟拖地走，使人感觉缺乏朝气，步履蹒跚
	重心放准	起步时身体向前微倾，反复交替移动前脚，勿让重心停留在后脚。当前脚落地、后脚离地时，膝盖要伸直，落下脚时再稍微松弛，并使重心前移，形成良好的步态
	摆臂自然	双臂自然放松，保持平衡以防左右摇晃，以肩关节为轴，大臂带动小臂，手掌向着体内，前后自然摆动，不要左右式摇摆，摆幅约 30°
	造型优美	走路时脚掌先落地，然后脚跟触地；行走时要有节奏感，产生一定的韵律，膝盖和脚腕都要富于弹性，伸放自如

2. 酒店公共关系礼仪走姿规范

酒店从业人员除了要掌握基本的走姿规范外，还要注意具体工作中的走姿规范，具体如表 9 - 12 所示。

表 9 - 12 酒店具体工作中的走姿规范

具体工作	规范要求
陪同引导	• 当客人不熟悉环境时，应进行引领，陪伴客人并排行进时，应居于右侧 • 单行行进时，居于客人前方 1 米左右 • 在陪同时，行进速度须与对方相协调，勿我行我素，走得太快或太慢 • 每当经过拐角、楼梯或道路不平、照明欠佳处时，应提醒对方留意 • 行进时请对方先行，应面向对方，稍微俯身 • 行进中交谈或回答其询问时，头部和上身应略微转向对方
上下楼梯	• 走指定的工作人员楼梯 • 上下楼梯时，不宜并排行走，应自右侧而上，自右侧而下，以便有急事的人顺利通过 • 注意礼让、保护客人，在引导客人服务中，上楼梯请客人先行，下楼梯时自己先行，目的是万一客人没站稳时可以进行保护
进出电梯	• 使用工作人员专用电梯 • 照顾客人进出电梯，控制好电梯门按钮，等客人进入电梯后，自己再进入电梯，并站在电梯靠近控制面板处 • 到达楼层后，按下控制按钮，等客人出电梯后，自己再走出电梯
迎面相遇	行进时客人从对面走来，应停步或缓步，侧身面向客人行礼，请客人先行

3. 走姿禁忌

行走时男士不要晃肩，女士不要晃肩、摆胯，忌讳塌腰翘臀；在人多的地方切忌乱冲乱撞；在人多路窄的地方应注意照顾他人，不应抢道先行；行走时不宜情绪化，避免激动时连蹦带跳；若有急事，应适当加快步伐，最好不要在工作时跑动，尤其是不宜当着客人的面狂奔。

（四）其他仪态

1. 蹲姿

在拾取物品、提供蹲式服务的过程中，应注意蹲姿的雅观，特别注意不要出现不文雅的动作。

酒店工作人员蹲姿规范要求如表 9–13 所示。

表 9－13 蹲姿规范要求

各类蹲姿	具体要求
高低式	下蹲时左脚在前，右脚稍后，左脚完全着地，小腿垂直于地面；右脚掌着地，脚跟提起；右膝低于左膝，右膝内侧靠于左小腿内侧，形成左膝高右膝低的姿态
交叉式	下蹲时右脚在前，左脚在后，右小腿垂直于地面，全脚着地；右腿在上，左腿在下，两者交叉重叠；左膝由后下方伸向右侧，左脚脚跟抬起，并且脚掌着地；两腿前后靠近，合力支撑身体；上身略向前倾，臀部朝下。这种蹲姿造型优雅，适用于女性，尤其是身着裙装的女性
半蹲式	下蹲时上身稍许弯下，但不宜与下肢构成直角或锐角；臀部向下，双膝略微弯曲，其角度可根据需要有大有小，但一般为钝角；身体重心放在一条腿上，两腿之间不宜分开过大

使用蹲姿应注意的礼仪包括：不要突然下蹲、不要离人太近、不要方位失当、不要毫无遮掩、不可蹲在椅子上、不可蹲着休息等。

2. 手势

手势是一种极其复杂的符号，是运用手的动作变化来表达一种无声的语言。在接待工作中，手势起着重要作用，恰当地运用手势，可以增强感情的表达，起到良好的沟通作用。手势要求规范适度，不宜过多，应该显得落落大方、明确而热情，与全身配合协调，同时动作幅度不应过大，要给人以一种优雅、含蓄而彬彬有礼的感觉。

酒店工作人员手势规范要求如表 9－14 所示。

表 9－14 手势规范要求

各类手势	具体要求
递接物品	• 递接物品应双手为佳，如不能双手递接时，应使用右手 • 递接将带尖、带刃或是其他易于伤人的物品时，切忌将尖、刃直指对方 • 递接物品时，如双方相距过远，应主动走近对方 • 递接物品时，如自己是坐着的，应在递接物品时起身站立 • 递给物品时，应为对方留出便于接取物品的地方 • 递给带有文字的物品时，应正面朝向对方
展示物品	• 当客人围坐时，应将展示物品举至高于双眼之处进行展示 • 展示过程中，双臂横伸将物品向前伸出，在肩至肘范围内活动，上不过眼部，下不过胸部 • 展示过程中，被展示物品应正面朝向客人，留有适度展示时间以便客人充分观看；当四周皆有客人时，展示还需要变换不同角度 • 无论是口头介绍还是动手演示，均应符合规定标准。口头介绍时应口齿清晰、语速缓慢；动手操作时，则应干净利索、速度适宜

续表

各类手势	具体要求
致意服务	表示“请”的动作时，手从腹部抬起至胸前，以肘关节为轴向右摆动至身体右侧稍前处，勿把手摆到体侧或是体后
招呼客人	招呼客人时，应使用手掌表达手势，忌用手指
欢迎客人	欢迎客人时，以鼓掌表示，右手手掌拍左手手心，避免时间过长，用力过分
指示方向	手臂抬至胸高，以肘关节为轴向外侧横向摆动，五指并拢，手掌伸开，指尖指向行进方向，眼睛要看着目标，并兼顾对方是否看到指示目标，同时微笑看着对方，点头示意“请这边走”
请人进门	站在客人侧前方，以“指示方向”手势示意“请进”
请人就座	手臂由上向下斜伸指示座位，手掌稍微先下后上；也可以肘关节为轴，手由上而下摆动，指向斜下方座位处，示意客人“请坐”

使用手势时，忌伸出手指向对方指指点点；交谈中，忌双臂环抱；接待中，忌摆弄手指或物品，忌抚摸身体，如摸脸、擦眼、搔头、挖鼻、剔牙、抓痒、搓泥等，这些手势都会给他人留下缺乏公德意识、不讲究卫生、个人素质极其低下的印象，更不能搔首弄姿，举止轻浮。

任务二　酒店公共关系礼仪——礼貌、礼节

一、礼貌、礼节的关系

（一）礼貌

礼貌是通过言语、动作向交往对象表示谦虚和恭敬的规范，是社会交往过程中相互表示敬重和友好的行为准则，体现了时代风尚和人们道德品质、精神风貌、文化内涵、个人修养和文明程度。它通过言谈、表情、姿态等来表示对他人的尊重和关心，是待人接物时的外在表现，能调节人际关系，缓解或避免冲突。

礼貌包括礼貌行动和礼貌语言两个部分。礼貌行动是一种无声的语言，如微笑、点头、欠身、鞠躬、握手、双手合十、拥抱、亲吻等，礼貌语言如使用“请您指教”“欢迎光临”等敬语，“对不起，打扰您了”“请稍候”“这边请”等雅语，“我能为您做点什么”“服务不周，请多指教”等谦语。

酒店服务中的礼貌语言为“五声十字”，即“您好”“请”“谢谢”“对不起”“再见”这些礼貌语言充分体现了语言文明的基本要求。

（二）礼节

礼节是人们在日常生活，特别是在交际场合，相互问候、致意、祝愿、慰问以及给予必要协助与照料的常用形式，是本国或本民族对接待服务对象表示尊敬、善意和友好的行为，是一个人心灵美的外在表现。礼节的具体表现形式很多，如中国古代的作揖、跪拜、叩手礼，当今世界通行的点头、握手礼，南亚诸国的双手合十，欧美国家的举手、脱帽、碰杯、拥抱、亲吻礼，少数国家和地区的吻手、吻脚、拍肚皮、碰鼻子等。对酒店从业人员来说，要熟知各国、各民族的礼节，要了解各民族的风俗习惯，以避免在实际工作中出现不该发生的错误。

（三）礼貌、礼节的关系

礼仪通过礼貌、礼节得以体现，礼貌和礼节之间的关系是相辅相成的。礼貌是礼节的规范，是表示尊重的言行规范；礼节是礼貌的具体体现，是表示尊重的惯用形式和具体要求。在社会交往活动中，人与人之间的相互尊敬，大都通过不同的礼节形式来表达，有了礼貌，就必须伴有具体的礼节；有礼貌而不懂礼节，容易失礼。

二、常用酒店公共关系礼仪

（一）见面、拜访与送别礼仪

1. 见面时常用的礼节

见面时常用礼节的内容及规范要求如表 9－15 所示。

表 9－15　见面时常用礼节及规范要求

常用礼节	内容及规范要求	
介绍	类型	• 按照社交场合分，可分为正式介绍和非正式介绍 • 按照被介绍者的人数来分，可分为集体介绍和个别介绍 • 按照介绍者来区分，可分为自我介绍、他人介绍和介绍他人 • 按介绍的性质和目的来划分，可分为商业性介绍、社交介绍和家庭成员介绍等
	自我介绍	• 举止庄重、大方、自信 • 表情亲切，关注对方，善于用眼神、微笑和亲切自然的表情 • 介绍时可将右手放在自己的左胸上，忌在自我介绍中躲闪，要留给他人清晰印象 • 措辞坦然、直率，可直接介绍自己的姓名、身份、单位 • 如对方希望进一步认识，可介绍其关心的内容，如兴趣爱好等
	介绍他人	• 把握时机，如对方正在与别人交谈，不能随意打断别人的谈话 • 分寸恰当、实事求是，切忌刻意吹捧，使被介绍人感到尴尬 • 同时介绍几个人与对方认识，通常对其中身份高者或年长者进行适度重点介绍 • 注意先后有序，国际上一般把身份低的介绍给身份高的；把年轻的介绍给年长的；把男士介绍给女士；把未婚的介绍给已婚的；把客人介绍给主人；把后到者介绍给先到者 • 商业性介绍不分性别，总是把身份地位低的介绍给身份地位高的

续表

常用礼节		内容及规范要求
介绍	他人介绍	● 如作为身份高者被介绍后，应立即主动与对方握手 ● 如想要认识某人，又不适合自我介绍，可委托他人介绍 ● 介绍时，除女士和年长者可以就座外，一般应起立、微笑致意或说“认识你很高兴”之类的礼貌用语 ● 宴会桌上、会谈桌上不必起立，只需微笑点头，相距近者可握手，远者可举手致意
握手	场合	在接待工作中，通常在见面时、分别时、问候时、祝贺时以及表示友好、和解时都会使用握手礼
	握手顺序	● 根据身份由位尊者决定，通常由主人、年长者、身份高者、女士先伸手，客人、年轻者、身份低者、男士先行问候致意，待对方伸手后再握手；身份相当时，谁先伸手，谁最有礼；祝贺对方、宽慰对方、谅解对方时，为显示诚意应主动伸手 ● 迎接客人时，主人先伸手，以示热烈欢迎；客人告辞时，客人先伸手，主人伸手回握 ● 礼节性握手应坚持对等、同步原则，一方伸手，另一方应及时回握；如反应迟钝，或拒绝握手，都会让对方感到尴尬
	握手姿势	掌心向下显得傲慢，掌心向上显得谦恭顺从；在酒店接待社交场合，双方手掌均呈垂直状态，表示地位平等
	握手时间	● 初次见面时，握手时间不宜过长，以三秒钟左右为佳 ● 握手时间不宜过长，除非遇到老朋友或敬畏的客人，时间越久越显得亲切
	握手力度	● 握手力度要适度，用手掌和手指全部握住对方的手，然后微微向下晃动，握得紧一些代表热情 ● 不宜蛮力以至于让对方感觉粗鲁 ● 不宜太轻，仅用指尖与对方接触，使对方感觉你在敷衍
	握手禁忌	忌交叉握手、左手握手、不摘手套、双手与异性握手、戴墨镜握手
鞠躬礼	类型	鞠躬礼有 90°、45°、15°，以不同躬身角度表示敬重或感谢
	90°	最高礼节，通常适合于庄重严肃的场合
	45°	用于比较隆重的庆典仪式，通常对来宾行 45° 鞠躬礼，以表达谢意
	15°	适合一切社交场合，使用频率高
递接名片	递送名片	● 名片放在容易拿出的地方，以便在需要时可迅速拿出；男士可放在西装口袋或公文包里，女士可放在手提包内 ● 递名片时，应双手递送，尤其是下级递给上级，晚辈递给长辈 ● 递出名片时，应将名片上姓名朝向对方，方便对方观看 ● 递出名片时，还可以说“这是我的名片，请您多关照” ● 递出名片动作要洒脱大方、态度诚恳，表情要谦恭
	接受名片	● 双手接过名片后，应从上到下，从正面到反面认真观看，以示尊重，如有不认识的字可当面请教 ● 看完后，应郑重地将名片放于名片夹内，并表示谢意 ● 如果暂时放于桌上，忌随意乱放
	交换名片	一般是地位低者、晚辈或者客人先向地位高者、长辈或主人递上名片，然后再由后者予以回赠。若上级或长辈先递上名片，下级或晚辈应礼貌地双手接过并道谢，再回赠自己的名片

2. 拜访时常用的礼节

酒店工作人员拜访时常用的礼节及规范要求如表 9－16 所示。

表 9－16　拜访时常用的礼节及规范要求

常用礼节	具体要求
选择服装	● 通常正式宴会请柬上会注明“正装出席”或“礼服出席” ● 喜庆宴会应穿着喜庆华丽；丧祭时应以黑色或素色为宜，并带好手帕、面巾等物品
带好礼品	根据宴会类型进行准备，如生日寿诞、结婚庆典送耐用、易保留及具有纪念意义的礼品
抵达礼仪	● 拜访时应准时到达，或稍稍提早 ● 进门前，应擦净鞋上泥土，敲门忌用力过度或时间过长 ● 进门后应将大衣、雨具交主人放置，并向主人及在场家属或客人问候、寒暄，待主人安排或指定座位再坐下 ● 如果被访问的是年长者，主人没坐下前自己不能先坐下，同时要注意民族风俗和主人习惯 ● 如有其他客人在场，可先在一旁静坐，不要打断谈话 ● 注意自己的仪表，站有站相，坐有坐相，要大方、彬彬有礼 ● 对端茶敬烟的主人要起身道谢，双手接过；对于献上的水果，要等其他客人或年长者动手之后，自己再取用 ● 在熟悉的朋友家里，也不可过于随便。如不乱丢果核果皮、不乱翻东西
合适举止	● 与主人打招呼，并对主人的宴请表示赞扬与谢意 ● 入席时要按既定次序入座，不可贸然坐下 ● 餐桌注意仪态礼仪，主人祝酒时应专注地听，主人敬酒时应起立回敬 ● 进餐过程中要注意饮食礼仪，避免中途离席；确实需要中途离席，应向主人表达歉意方可离开

3. 送别时常用的礼节

酒店工作人员送别时常用的礼节及规范要求如表 9－17 所示。

表 9－17　送别时常用的礼节及规范要求

常用礼节	具体要求
真情告别	致以衷心感谢，如：“祝您旅途愉快，欢迎您下次莅临！”“祝您一路顺风，同时希望我们合作愉快！”
热情周到	● 帮助客人确定所携带的行李物品，并且协助提送到车上 ● 关车门时，用力要恰到好处，不能太重亦不能太轻，同时注意不要让车门夹住客人裙子或外套
礼仪规范	关上车门后，应面带微笑，等客人车辆启动离开时挥手告别，目送车辆离去后方能离开

（二）接待、宴请礼仪

1. 接待时常用礼节

（1）接待类型。

酒店工作人员在服务中常见的接待类型及说明如表 9－18 所示。

表 9－18　接待类型及说明

接待的类型	类型说明
公务接待	为完成上下级之间、平行机关之间的公务活动而进行的接待
商务接待	针对一定的商务目的而进行的接待活动
朋友接待	指朋友之间为增进友谊、加强联系而进行的接待
室内接待	指对各种来访者的接待
室外接待	指对来访者到达时的迎接、逗留期间的陪访及送行时的接待

（2）接待程序。

酒店工作人员接待程序及要求如表 9－19 所示。

表 9－19　接待程序及要求

接待程序	要求
了解客人基本情况	● 了解客人的单位、姓名、性别、民族、职业、级别、人数等 ● 了解客人的目的和要求以及住宿和日程安排上的打算 ● 了解客人到达日期、所乘车次、航班和到达时间 ● 将上述情况及时向主管汇报，通知有关部门做好接待准备
确定迎送规格	● 按照身份对等的原则，安排接待人员 ● 对较重要客人，应安排身份相当、专业对口的人士出面迎送 ● 根据特殊需要或关系程度，可安排比客人身份高的人士破格接待 ● 对于普通客人，可由公关部门派专业人士接待
布置接待环境	● 良好环境是对客人尊重与礼貌的表示 ● 接待室的环境应该明亮、安静、整洁、幽雅，配置沙发、茶几、衣架、电话，以备接待客人、进行谈话和通信联络之用 ● 室内应适当点缀一些花卉盆景、字画，增加雅致的气氛 ● 室内可放置几份报刊和有关企业的宣传材料，供客人翻阅
做好迎客安排	● 公关部门按时安排迎客车辆 ● 预先为客人准备好客房及膳食 ● 若对所迎接的客人不熟悉，应写上“欢迎 ×× 先生（女士）”以及本企业名称；若有需要，还可准备鲜花等

2. 宴请时常用礼节

（1）宴请的形式。

常见的宴请形式有宴会、招待会、茶会、工作餐四种，具体如表 9－20 所示。

表 9－20　宴请的形式及说明

宴会	类型	● 有国宴、正式宴会、便宴之分 ● 按举行的时间，有早宴（早餐）、午宴、晚宴之分，通常晚宴会较午宴、早宴隆重
	国宴	是国家元首或政府首脑为国家的庆典，或为外国元首、政府首脑来访而举行的正式宴会，因而规格最高。宴会厅内悬挂国旗，安排乐队演奏国歌及席间乐，席间致辞或祝酒

续表

	正式宴会	• 除不挂国旗、不奏国歌以及出席规格不同外，其余安排大体与国宴相同。有时也安排乐队奏席间乐 • 正式宴会对餐具、酒水、菜肴道数、陈设，以及服务员的装束、仪态要求都很严格。通常菜肴包括汤和几道热菜（中餐一般用四道，西餐用二或三道），另有冷盘、甜食、水果，外国宴会餐前上开胃酒
	便宴	• 即非正式宴会，常见的有午宴、晚宴，有时也有早宴 • 便宴形式简便，不排席位，不作正式讲话，菜肴道数也可酌减，宜用于日常友好交往
招待会	冷餐会	• 冷餐会不排席位，菜肴以冷食为主，也可用热菜，连同餐具陈设在餐台上，供客人拿取，客人可自由活动，多次取食 • 冷餐会酒水可陈放在桌上，也可由招待员端送 • 冷餐会设于室内或在院子里、花园里举行，可设小桌、椅子，客人自由入座，也可以不设座椅，站立进餐 • 举办时间一般在中午 12 时至下午 2 时、下午 5 时至 7 时 • 国内举行的大型冷餐招待会用大圆桌，设座椅，主宾席排座位，其余各席不固定座位
	酒会	• 又称鸡尾酒会，形式活泼，便于与会人员广泛接触交谈 • 以酒水为主，略备小吃。食品多为三明治、面包、小香肠、炸春卷等，饮料和食品由招待员用托盘端送，或部分放置小桌 • 酒会不设座椅，仅放置小桌（或茶几），方便随意走动 • 酒会举行的时间较灵活，中午、下午、晚上均可
茶会		• 茶会对茶叶、茶具的选择有所讲究，或具有地方特色，一般用陶瓷器皿，不用玻璃杯，也不用热水瓶代替茶壶 • 外国人通常用红茶，略备点心和地方风味小吃 • 茶会招待形式简便，时间通常于下午 4 时左右（或上午 10 时）举行 • 如果为某贵宾举行的茶会，入座时应将主宾同主人安排一起
工作餐		• 按用餐时间分为工作早餐、工作午餐、工作晚餐 • 工作用餐是现代国际交往中常用的一种非正式宴请形式，利用进餐时间谈问题 • 双边工作餐往往排席位，通常采用长桌式会谈排法，便于交流

（2）宴席的桌次安排。

国际惯例遵循“中尊、右高、左低”原则摆放桌次牌，方便宾、主入座。宴会可以用圆桌、长桌或方桌。宴会座席间的距离要适当，各个座位间距离要相等。

宴请的桌次安排如表 9－21 所示。

表 9－21　宴请的桌次安排

安排原则	桌次安排说明
确定主位	• 包厢内，面对正门的正中位为主位，通常为主人或主客所坐 • 大厅内，主位应是最不易受打扰的位置，如离上菜位最远处
以右为尊	除主位外，主位右手边的座位尊于左手边
方便交流	• 身份相近，同一专业或同一语种的人排在邻近 • 主人方的陪客，应安排于客人之间，以便同客人接触交谈 • 宾客间关系紧张者，应尽量避免把座次排在一起

项目小结

本项目的重点内容是酒店公共关系基本礼仪训练。酒店从业人员的基本礼仪包括仪容、仪表、仪态、礼貌、礼节五个部分，仪容规范主要指酒店从业人员的头发、面部、手部、体味等方面的规范要求；仪表规范主要包括服饰选择原则、服务礼仪规范；仪态规范主要指站姿、坐姿、走姿、蹲姿、手势的礼仪规范；礼貌礼节方面着重介绍了礼节部分，包括见面、拜访与送别常用礼仪，接待与宴请常用礼仪。

思考与探究

1. 五星级酒店前厅部员工在向客人递送表格并请客人签字确认时，在服务过程中应特别注意哪些关键点？这些关键点在礼仪规范上有哪些要求？

2. 实地考察本地一家高星级酒店，观察酒店工作人员在接待客人服务过程中有哪些方面符合礼仪规范，哪些方面的礼仪规范存在问题，需要进一步改进。

3. 礼仪规范培训是酒店新员工入职时必须进行的培训项目，请你制定一份针对酒店新入职员工的礼仪培训标准。

案例分析

案例分析

最好的介绍

讨论分析：

1. 请你结合本项目的内容，评析一下礼仪在工作、生活中的作用。

2. 从本案例中你得到了什么启示？

技能实训

1. 课堂上请每位女同学在 15 分钟时间内按基本礼仪标准给自己化一个漂亮的工作妆；每位男同学按基本礼仪姿态演示站姿、坐姿、走姿的礼仪标准；师生进行妆容、礼仪姿态的点评和辅导。

2. 仪态规范练习：

（1）在教师的指导下，学生分组练习站姿，并互相纠正不良姿势。具体姿势包括基本站姿、各种服务性站姿、模拟情景进行不同站姿的灵活运用。

（2）在教师的指导下，学生分组练习坐姿，并互相纠正不良姿势。具体姿势包括基本坐姿、各种服务性坐姿、模拟情景进行不同坐姿的灵活运用。

（3）在教师的指导下，学生分组练习走姿，并互相纠正不良姿势。具体姿势包括基本走姿、各种服务性走姿、模拟情景进行不同走姿的灵活运用。

项目十

酒店公共关系语言训练

任务一 礼貌用语

任务二 身体语言

导　语

“言为心声，行为心表。”语言可以表达自己的思想情感。酒店从业人员在公共关系行为过程中所使用的语言规范包括有声语言和无声的身体语言，在不同场合对不同对象应灵活使用不同的语言进行表达，在表达过程中不仅要关注表达的内容、措辞，还要关注表达的方式、技巧、场合、对象，避免语言的忌讳。同时要注意结合无声胜有声的身体语言进行有效沟通，完美实现公关目标。

学习目标

- 理解酒店公关人员的语言规范——礼貌用语及身体用语
- 掌握礼貌用语规范，能够在工作岗位上灵活运用、规范表达
- 掌握身体用语规范，能够在工作岗位上灵活运用、规范表达
- 掌握礼貌用语、身体用语的各项禁忌
- 掌握微笑的规范与禁忌

关键术语

礼貌用语　身体语言　肢体语言　微笑　目光

任务一　礼貌用语

人与人之间的交往很大程度上是情感的交流，礼貌用语最能体现这种对他人人格、情感的尊重和关怀。在礼貌言谈的原则中，最明显的表现是尊他。所谓尊他，是指对听者和与他相关的事物表示尊敬之意。礼貌用语还体现出自谦的意味，尤其是其中的“您好”“请”“谢谢”“对不起”“再见”这些基本的、常用的口语化礼仪用语，看上去简单平常，但其所蕴含的社会意义却非常丰富。

一、语言礼仪的原则

语言礼仪的原则可以用 6 个字概括：信、达、雅、清、柔、亮。

“信”是要求讲真话，不讲假话，表达诚实，态度诚恳，不夸夸其谈，不虚言妄语，不无中生有，不虚情假意。所谓“言必信，行必果”，遵守诺言，践行诺言。

“达”主要指用词标准，词达意致，表意清楚、明白、顺畅、完整，切忌啰唆繁杂、冗长烦琐、词不达意。

“雅”是要求用词文雅，多用谦辞敬语，给人以谦恭敬人、富有教养的感觉，杜绝粗话、脏话、黑话、怪话。

“清”是要求咬字准确，吐字清楚，语音标准，清晰入耳。

“柔”是要求语调语气柔和亲切。

“亮”是要求语音欢快活泼，抑扬顿挫，明亮动听。

二、礼貌用语的常用类型

（一）礼貌的称呼语

礼貌的称呼语如表 10－1 所示。

表 10－1 礼貌的称呼语

称呼方式	说明与举例
一般称呼	这是最简单、最普通的称呼，特别是面对陌生公众时常用，如先生、小姐、夫人、太太、女士、同志等
按职务称呼	这也是一种最常见的称呼，以示敬意 ● 只称呼职务：部长、处长等 ● 职务前加上姓氏：赵科长、陈处长、王局长等 ● 职务前加上姓名：何冰书记、赵晶局长等
按职称称呼	这是对具有高职称或拥有博士学位者的称呼，以示敬意 ● 只称呼职称或学位：教授、博士等 ● 职称或学位前加姓氏：李教授、王博士等 ● 职称或学位前加上姓名：王明教授、杨意博士等
按荣誉称呼	● 军界：将军、上校、连长、营长等 ● 君主制国家：陛下、爵士、王子、公主、亲王、阁下等
按亲属称呼	交往中参照亲属关系称呼：大爷、大姐、大妈等
按姓名称呼	除好友之外，姓名称呼一般要加上职务或职位才合适，如何云同志、张明老师

酒店从业人员最常用的称呼语是泛尊称和姓氏加上职务职称。泛尊称如先生、女士、小姐、夫人等；姓氏加上职务职称如陈书记、沈院长、赵经理等。

（二）亲切的问候语

亲切的问候语如表 10－2 所示。

表 10－2 亲切的问候语

问候方式	说明与举例
标准式问候用语	直接向客人问候，其常规方法主要是在问候之前加上适当人称代词或者其他尊称。如：“你好”“您好”“各位好”“大家好”“先生们好”“王先生好”等
时效式问候用语	这是在一定时间范围内使用的问候用语，如：“早上好”“晚上好”“各位上午好”“王先生，早上好”等
根据接待地点使用问候语	在酒店可以说“您好，欢迎下榻我们的酒店（饭店）！”“您好，欢迎您的光临！”；在博物馆时可以说“您好，欢迎您来参观访问！”“您好，欢迎您的光临！”
非正式问候语	一些非正式问候语，如“吃饭了吗？”“来了？”“忙什么呢？”等不宜在酒店接待工作中使用

（三）热情的迎送语

迎送语主要适用于酒店从业人员在欢迎或送别客人时使用，包括欢迎语和送别语。

1. 欢迎语

欢迎语如表 10－3 所示。

表 10－3　欢迎语

欢迎语类型	说明与举例
客人第一次到来	“欢迎您”“欢迎光临”“欢迎您的到来”“见到您很高兴”
客人再次到来	“欢迎您的再次光临！” 加上姓氏、身份等的称呼，以示尊重，如“李小姐，欢迎您！” 加上问候语，以示对对方的重视和友好，如“张先生，您好！欢迎您再次光临！”

致欢迎语时，通常会综合使用称呼语和问候语，并伴随符合礼仪规范的神情和动作，如微笑、点头、鞠躬等。

2. 送别语

送别语是送别客人时必须使用的语言，常用的有：“再见”“您慢走”“欢迎再来”“欢迎下次光临”“一路平安”等。

（四）委婉的请托语

请托语是向客人提出要求或求助时使用的语言。委婉的请托语如表 10－4 所示。

表 10－4　委婉的请托语

请托语类型	说明与举例
标准式请托语	以“请”来表达请托内容，如：“请稍等片刻”“请跟我来”“请让一让”等
求助式请托语	最常见语言是“拜托”“劳驾”“请关照”等，通常是在向他人提出某一具体要求时使用
组合式请托语	请求或者拜托他人时，可以将标准式请托语与求助式请托语组合在一起使用，如“请您帮我拿一下杯子，可以吗？”“麻烦您让一让”“打扰了，劳驾您帮我照看一下”

（五）真诚的征询语

酒店从业人员在主动提供服务时、了解对方需求时、给予对方选择时、启发对方思路时、征求对方意见时经常需要对客人进行意见征询。恰当的征询，能够适时地了解顾客的消费心理和需求，更好地为对方提供服务，也便于及时了解顾客的反馈，及时调整、改善和改进服务。真诚的征询语如表 10－5 所示。

表 10－5　真诚的征询语

征询语类型	说明与举例
主动式征询语	适用于主动向客人提供帮助的时候，如：“您需要帮助吗？”“我能帮您做点什么？”等。其优点是：节约时间，直截了当；其缺点是：把握不好时机，就会使人感到有些唐突、生硬

续表

征询语类型	说明与举例
封闭式征询语	适用于向客人征求意见或建议，往往只给对方一个选择方案，以供对方及时决定是否采纳，如“您觉得这种形式可以吗？”“您要不先试试？”“您觉得这道菜的口味怎么样？”“您不介意我来帮帮您吧？”
开放式征询语	提出多种方案以供对方选择，显示其尊重和体贴，如“您是喜欢浅色还是深色？”“您是想住单人间还是双人间？”“您觉得哪一种好，是这边的，还是那边的？”“您打算预订豪华包间、雅间还是散座？”等

酒店从业人员在使用征询语时应把握分寸，兼顾客人态度变化，切勿滥用，否则会令人产生被强迫服务、强买强卖的感觉。

（六）恭敬的应答语

应答语是酒店从业人员在回应客人召唤，或回复客人提问时的礼貌用语。应答语是否规范，直接反映服务态度、服务技巧和服务质量的优劣。酒店公关工作中使用应答语的基本要求是随听随答、有问必答、灵活应变、热情周到、尽力相助、不失恭敬。恭敬的应答语如表 10－6 所示。

表 10－6　恭敬的应答语

应答语类型	说明与举例
肯定式	用来答复客人的请求，如“是的”“好的”“随时为您服务”“好，明白了”“好，马上就来”“您放心好了，我一定办好”“请您跟我来”“这边请”
谦恭式	当客人对被提供的服务表示满意，或是直接对酒店从业人员进行口头表扬、感谢时使用，如“这是我的荣幸”“您太客气了”“谢谢，您过奖了”“承蒙夸奖，谢谢您了”“别客气，这是我应该做的”“不用谢，我乐意为您服务”“不用谢，这是我应该做的”“谢谢您的夸奖，这是我应该做的”
谅解式	在客人因故向自己致歉时，应及时予以接受，并表示必要的谅解，如“没有关系”“没关系，这算不了什么”
询问式	对前来的客人进行招呼，在客人开口之前或没听清时使用，如“欢迎光临！我能为您做什么？”“您好，我能为您做什么？”“对不起，麻烦请您再说一遍”“对不起，我没听清，请您再说一遍好吗？”
歉意式	当不能立即满足或无法满足客人需求，拒绝客人无理或过分要求时使用，如“对不起，请您稍候”“对不起，让您久等了”“很抱歉，我无法满足您的这个要求”“对不起，我们没有这种做法”
恳请式	在需要客人合作时使用，如“有劳您费心了”“能请您……吗？”“请您不要这样做……”“拜托您……”

（七）谦虚的致谢语

致谢语是表达谢意、感激的用语，当获得他人支持和帮助、赢得他人的理解或赞美、感受到他人的善意或者婉言谢绝他人时，需要用致谢语。恰当运用致谢语能够更好地传达出自己的心意，融洽双方关系。谦虚的致谢语如表 10－7 所示。

表 10－7　谦虚的致谢语

致谢语类型	说明与举例
标准式	通常用“谢谢”，或者在后加称呼语或表敬代词，如“谢谢您”“谢谢诸位”等
加强式	为了加强谢意，可以在“谢谢”前加程度副词，如“多谢”“非常感谢”“十分感谢”“万分感谢”等
具体式	就某一具体事情道谢，致谢的原因通常一并提及，如“给您添麻烦了”“有劳您了”“这次让您费心了”“上次给您添麻烦了”“那件事让您为我操心了”等

（八）真挚的赞美语

赞美语适用于交往中称赞或者肯定他人，既可以激励别人继续努力，也能促进或改善人际关系。酒店从业人员使用赞美语时，要求发自内心，恰到好处。真挚的赞美语如表 10－8 所示。

表 10－8　真挚的赞美语

赞美语类型	说明与举例
评价式	经常采用的评价式赞美语有“太好了”“真不错”“十分正确”等
认可式	认可对方见解并需要作出评判时使用，如“您说得非常正确”等
回应式	适用于对客人夸奖的回应，如“哪里，哪里，我做得还很不够，您过奖了”

（九）衷心的祝贺语

在酒店接待工作中，从业人员对客人喜庆或值得开心的事情要适时使用祝贺语。衷心的祝贺语如表 10－9 所示。

表 10－9　衷心的祝贺语

祝贺语类型	说明与举例
应酬式	对客人的情况或心思有了初步或深入了解之后，适时使用“祝您成功”“祝您身体健康”等祝贺语，以祝贺客人顺心如意
节庆式	在节日、庆典以及喜庆之日使用“节日快乐”“新年好”“祝您寿比南山”等祝贺语

（十）委婉的推托语

当酒店从业人员难以满足顾客提出的要求，需要采用委婉的推托语，以免令客人不满意。推托语如果使用得体、态度良好，可以使被拒绝者的失望心理降低到最小；反之，如果拒绝得过于冰冷，则很有可能令对方不悦，甚至发生更多的不愉快。委婉的推托语如表 10－10 所示。

表 10－10　委婉的推托语

推托语类型	说明与举例
道歉式	当对方的要求难以立即被满足时，可直接向对方表示自己的歉意，以取得对方的谅解。常用语有“抱歉！对不起！”“请原谅”等；在适当的时候，道歉式推托语还要和其他用语搭配使用
转移式	不具体地纠缠提及的问题，主动提及另一件事情，以转移注意力。如“您不要点别的吗？”“给您多介绍几种其他类型的房间”等
解释式	让对方理解自己的难处，或说明对方的要求不能得到满足的合理原因，如“电梯已经满员了，超载很危险”等

三、礼貌用语的技巧

“言以传情，情以动人。”除了态度诚恳、用语文雅、措辞规范、声音悦耳之外，借助语言传递的亲切和善意，会使客人体会到温暖与友好，感受到尊敬和礼遇，这些都需要灵活、恰当地表达。

知识拓展

酒店业常用礼貌用语

（一）礼貌次则

礼貌次则的概念由英国学者里奇提出，他认为人们在交谈中所表现出的语言是一种不断变化延续的变量，它取决于语言之外的诸多不确定因素。

1. 礼貌次则四种因素

（1）利于谁。即对谁有利，对谁无利，对说者有利而对听者无利，这就是命令。

（2）选择余地。即给听者多少选择权。如果听者没有选择余地，就会有拒绝的可能。

（3）语言间接程度。即语言表达的间接程度。如果说者劝告听者，语言表达过于直言不讳，一旦听者恼羞成怒，劝告失败，最终只会适得其反。

（4）客气程度。言语表达出的信息对听者越有利，听者越会感到客气；给听者选择余地越大，听者越会感到客气；对听者的劝告越间接，听者越会感到客气；对听者有利的语言越直接，听者越会感到客气。

2. 礼貌次则六条

（1）策略次则。尽量增加对他人的益处，尽力减少他人的付出。

（2）慷慨次则。尽量减少对自己的益处，尽力扩大自己的付出。

（3）赞扬次则。尽量表示对他人的赞扬和肯定，尽力减少对他人的批评和否定。

（4）赞同次则。尽量放大与他人的相同意见，尽力缩小与他人的不同意见。

（5）谦虚次则。尽量夸大对自己的批评，尽力减少对自己的表扬。

（6）同情次则。尽量增加和表示对他人的同情，尽力减少和缩小对他人的厌恶。

把上述原则运用于酒店公关工作中，设身处地地为客人着想，可以赢得客人的好感和回应，为人际交流营造良好的前提和氛围。

（二）语言技巧

1. 言谈技巧

以语言的“美”吸引人，以语言的“礼”说服人。掌握以下言谈技巧，在服务中有可能达到较为理想的效果。

（1）有效聆听，适当呼应。

聆听需要思维的参与，需要通过表情、肢体动作和语言回应，来向对方传递一种关注、重视的信息。有效聆听的关键是要让客人知道你对他谈话内容的关注，在聆听过程中要适当呼应。有效聆听的关键点及技巧如表 10－11 所示。

表 10－11　有效聆听的关键点及技巧

关键点	技巧
聆听内容	• 聆听的基础是听明白表达什么，酒店从业人员需要听事实、听心声 • 认真聆听客人谈话，给予对方宽松的交流环境，满足对方的表达欲望，对客人而言是尊重 • 认真聆听客人谈话，使自己获得更多信息，冷静分析对方的态度及期望，让自己获得时间、理顺思想、考虑对策，能更完善地表达主张
感性回应	• 以表情、动作回应对方，目光关注客人，及时关注客人所指方向和位置 • 以简洁语言回应对方，可以用“对呀”“没错”“真的”“原来如此”“太好了”“同意”等回应，并寻找言谈中的价值，给予简短而积极的评价 • 以适当提问打破沉默，如“现在感觉怎么样？”“我在想你真的要……吗？”“后来呢？”“然后呢？”“那是为什么呢？”等提问，把握交谈的内容与方向
复述内容	• 复述关键点与重要文字，如“我听你说……”“你刚才说……” • 归纳对方谈话的要点，或按聆听内容进行整理，如“我是否听明白了，你的意思是……”来确定自己理解的准确性 • 简单复述使对方感觉你的在乎，准确理解双方表达，避免误解
分享感受	如“我也有同样的经历”“我要是你的话也会……”等

（2）善于提问，巧妙插话。

有效提问可以打破僵局、营造和谐关系、创造友好环境，可以帮助酒店从业人员发现和收集客人需求与期望，提供有效服务。有效提问的关键点及技巧如表 10－12 所示。

表 10－12　有效提问的关键点及技巧

关键点	技巧
观察客人再提问	• 性格外向者、善于言谈者，提问时开门见山 • 性格内向者、不善言辞者，提问时由浅入深
抓住关键再提问	可用开放式和封闭式提问技巧，抓住问题关键，最终解决问题
找准时机再提问	• 交谈是动态的过程，借提问推动交谈的进程，把握交谈的动向 • 客人正滔滔不绝时，避免用提问打断 • 快要冷场时，可以借提问活跃气氛 • 谈得差不多时，可以通过提问转换话题

在交谈的过程中，有提问、有陈述，插话难以避免。适当插话可以活跃气氛，使谈话更好地继续下去。巧妙插话的关键点及技巧如表 10－13 所示。

表 10－13 巧妙插话的关键点及技巧

关键点	技巧
征得对方允许	在酒店接待工作中，碰到对方正和他人谈话，可用“不好意思，请允许我插句话”“请原谅，我能插句话吗”的委婉语气征询，忌直接打断谈话
插话不是打岔	插话不能破坏主题或远离主题，插话时须了解谈论主题，选择适当时机介入
插话不宜多	插话是交谈过程的一个暂时、意外的切入或补充，谈话时要控制插话数量和时间，不断打断顾客思维，容易造成顾客的不满情绪

（3）委婉拒绝，温和缓解。

拒绝是语言表达的一种逆势，将对方的想法和行动否定，触及他人的自尊心理，容易招致抱怨和不满的产生。因此在酒店公关工作中，“不”的表达更需要技巧，以便将客人的失望和不满限制在最小范围。委婉拒绝的关键点及技巧如表 10－14 所示。

表 10－14 委婉拒绝的关键点及技巧

关键点	技巧
友好的“不”	热情真挚、温婉柔和地表达，如“实在对不起”“请您原谅”等，以舒缓对方情绪及抵抗
幽默的“不”	以幽默避开直接交锋，在令人轻松愉快的气氛中，缓解拒绝的冷峻；面对不合理挑衅，幽默也是巧妙“攻势”
否定语换成肯定语	否定语听起来刺耳，换一种表达方式，用肯定语进行表达，如将“请不要浪费塑料袋”换成“请一把伞用一个塑料袋”
否定语换成祈使语	运用祈使语给对方提出替代方案，如“不收信用卡”换成“您能否用现金结算？”
否定语换成温和缓解语	用温和委婉的语言来替代“不行”“没有”这样的语言，如“真是不好意思，现在是高峰期……”

（4）幽默表达，从容行事。

幽默是一种特殊的情绪表现，是人们面临困境时减轻精神和心理压力的方法之一。幽默是建立在丰富知识的基础之上的，拥有广博的知识，才能做到谈资丰富、妙语成趣，从而给出恰当的比喻。幽默是一种宽容精神的体现，要善于体谅他人，乐观地看待世界，就会使生活多一些趣味和轻松，使人与人的交往多一些善意和笑容。

一位心理学家说：“幽默是一种最有趣、最有感染力、最具有普遍意义的传递艺术。”幽默是具有智慧、教养和道德上的优越感的表现，酒店接待工作中善于利用幽默语言，将会使接待工作锦上添花。

2. 表达技巧

有声语言的表达技巧主要表现在语音的轻重、语速的缓急、语调的抑扬、语流的顿挫等方式上，具体注意以下几个方面：

（1）音量适度。

控制说话音量，以能够保证对方听清楚、听起来舒适且不费力为宜。音量过大会显得粗鲁，过小则显得软弱无力。切忌大声嚷嚷、高声谈笑或音量时大时小。

（2）音高适当。

音高是声音清晰明朗、信息准确传递的有力保障。音高过高，会显得生硬、傲慢或过分热情，听起来刺耳；音高过低，会显得冷漠、沉闷，听起来感到压抑。切忌一惊一乍、时高时低、拿腔捏调、故弄玄虚。

（3）语速适中。

语速以生活中与人随意交谈的自然语速为宜。语速过快，往往会给人情绪激动、兴奋难抑的感觉；语速过慢，又会让人觉得漫不经心、怠慢敷衍、不被信任。

（4）语调自然。

控制说话时的音量、音高、语速，使音量适度、高音适当、语速适中，从而形成自然、平和的语调。

（5）语气适宜。

语气以温和、亲切为宜，能让对方感觉愉快，心生好感，从而有助于双方更好地交谈；语气生硬、拿腔捏调，只能让人心生不快，不利于交流的顺利进行。

3. 公关谈判技巧

（1）气氛和谐，有礼有节。

和谐气氛的关键点及技巧如表 10－15 所示。

表 10－15　和谐气氛的关键点及技巧

关键点	技巧
自然、轻松	●“破冰”期以题外的轻松话题展开，松弛紧绷的神经，不要过早争论 ●语气自然平和，表情轻松亲切，避免过早刺激对方 ●过分紧张会使思维偏激、固执和僵化，不利于细心分析观点，不利于灵活地运用策略
友好、合作	●营造“有缘”“相知”的氛围，双方都愿意友好合作，都愿意在合作中共同受益 ●尽管出现激烈争辩或矛盾冲突，但要在友好合作的气氛中争辩，越辩越近 ●谈判者真诚表达友好愿望和合作成功的期望 ●热情握手、热烈掌声、信任目光、自然微笑都是有效的手段
积极、进取	准时到达、仪表端庄整洁、精力充沛、充满自信、坐姿端正、发言响亮有力，呈现追求进取、追求效率、追求成功的决心，无论有多大的分歧、有多么多的困难，相信会获得双方都满意的结果

（2）投石问路，引而不发。

“投石问路”是通过巧妙地向对方提出大量问题，引导对方做出全面、正面回答，分析对方观点，预测对方意图。酒店公关人员应具备对语言的把握能力和对外部事态的机敏应变能力，运用特殊的语气、语调、语速以及半遮半掩、引而不发的语言技巧来进行提问。“投石问路”的关键在于选择合适的“石”，提出的问题是己方关心，且对方无法拒绝的。在使用该策略的时候也应该谨慎，不要过度使用，以免将己方的信息透露给对方。“投石”的类型如表 10－16 所示。

表 10－16　“投石”的类型

类型	举例
一般性提问	“你认为如何？”“你为什么这样做？”等
直接性提问	“这不就是事实吗？”等
发现事实提问	“何处？”“何人？”“何时？”“何事何物？”“如何？”“为何？”等
探讨性提问	“是不是？”“你认为？”等
选择性提问	“是这样，还是那样？”等
假设性提问	“假如……怎么？”等

（3）循循善诱，启发暗示。

循循善诱法，是有步骤、有耐心地、巧妙地引导对象，动之以情，晓之以理，使之心悦诚服的方法，它是最基本的、最为广泛使用的说服人的方法。启发暗示是出于一定的目的，采用一定的方法，含蓄地、巧妙地向对方发出某种信息，以此来影响对方的心理，使其不自觉地接受一定的信念或改变其行动。暗示的技巧主要有谐音暗示、语义双关暗示、反意暗示、即景暗示等。

（4）据理力争，辩驳结合。

维护自己的权益，表达自己的愿望和要求时，语言要具有针对性，要有的放矢；避免使用啰唆、模糊的语言，以免对方反感、疑惑。

（5）把握分寸，留有余地。

说话应把握分寸、留有余地，根据对方的地位、身份、文化程度、语言习惯等选择合适、恰当的语言；注意语言场合，不要忽略具体时境的限制。

（三）语言禁忌

常言道：“良言一句三冬暖，恶语伤人六月寒。”语言禁忌是酒店公关人员应尽力避免使用的言语。

1. 不用俚语

俚语是指那些粗俗的、通行范围极窄的方言语，它的使用太过随便，不宜用于酒店公关工作。

2. 不用不尊重客人的蔑视语

对客人缺乏尊重之意，如面对残疾人或肥胖者时，不得随意谈论对方生理缺陷，不能有诸如“傻子”“呆子”“瞎子”“聋子”“麻子”“瘸子”“胖子”之类的不敬称呼；面对老年人时，不能有“老家伙”“老东西”“老废物”等不敬称呼。

3. 不用低俗语

沟通交流时，忌用匪气十足的用语，如“老大”“兄弟”等，不能谈论低级趣味话题。

4. 不用烦躁语

要有足够的耐心与热情，不能对客人的询问表现冷漠，不用“着什么急”“你问我，我问谁”之类的烦躁语打发客人。

5. 不用斗气语

不能以鄙视的语气回应客人“你买得起吗”“弄坏了你赔得起吗”等。

6. 不问个人隐私

在言谈上要注意不问个人隐私。所谓个人隐私，是指某一个人出于个人尊严或者其他方面的特殊考虑而不愿意对外公开、不希望外人了解的私人事宜或个人秘密。因此，在酒店公关工作中要注意：莫问年龄大小，莫问收入支出，莫问健康状况，莫问家庭状况，莫问政见信仰，莫问个人经历，莫问生活习惯，莫问所忙何事。

任务二 身体语言

身体语言是通过身体的各种动作来表情达意，代替语言实现沟通目的。狭义的身体语言包括身体与四肢所表达的意义，广义的身体语言还包括表情语言在内。

一、肢体语言

在非语言表达的场合，通过身体的各种动作来表达各种各样的情绪，如鼓掌表示兴奋，绞手表示紧张，捶胸代表痛苦，顿足代表生气，摊手表示无奈……他人通过这些肢体动作来辨识所表达情绪或信息。

（一）肢体语言的特点

肢体语言是个人情感的外在表现，包括眼神、手势、动作……无一不显露着真实情感和想法，传递着情绪和感受，解读肢体语言获得信息有时比有声语言还要多、还要准确。肢体语言往往有以下几个特点。

1. 视觉性

肢体语言无论以何种方式呈现，都需要通过视觉来感受，如眉毛上扬意味着惊讶，正视对方表示友善、诚恳、安全或自信等情绪，懒散地坐表示无聊或轻松一下，不停走动有时意味着急躁、生气或受挫等。顾客往往不会通过有声语言准确表达内心情绪和感受，而其肢体语言却能够传递其内心想法。酒店从业人员要通过仔细观察、积累经验，预知需求，提供针对性服务，使顾客从内心感到满足或满意。

2. 真实性

肢体语言比有声语言要真实得多，是内心世界的显性反映，这种真实性无法用有声语言进行控制和掩饰。因此，通过观察顾客表情、姿态，可以了解顾客真实的心理需求和想法。

3. 辅助性

肢体语言不是独立的语言形态，是有声语言的辅助手段。仅仅通过肢体语言或有声语言来辨识顾客的真实想法，有时会出现判断失误，产生错误。酒店从业人员在与顾客互动沟通时，既要做到倾心聆听顾客的有声语言，还要观察理解顾客的肢体语言，二者结合进行正确判断，提供完善的、有针对性的服务。

（二）观察顾客肢体语言的技巧

对肢体语言的识别要放在顾客所处的具体环境中去了解，从而感受到其内心的真实情感、需求与期望。在酒店公关工作中，通常为顾客提供三种服务：（1）顾客讲述得很明确的需求。（2）酒店规定的常规服务，即应当为顾客提供的、不需提醒的服务。（3）顾客没有想到、没法想到或正在考虑的潜在的服务需求。满足这三种服务需求，特别是顾客潜在的需求，就需要酒店从业人员具有敏锐的观察能力，特别是观察顾客的肢体语言的技巧，这也是所有接待服务中最有价值的部分。面对不同情况的客人，观察肢体语言的技巧如表 10－17 所示。

表 10－17　观察肢体语言的技巧

客人	技巧
紧张与自信的客人	● 紧张的顾客往往会压低下巴、双臂交叉放在胸前、笑时会紧闭双唇、说话时眼睛看地上等，这些肢体语言反映出顾客的紧张或防卫心理，酒店从业人员应以细致热情感染顾客，使其放松心情 ● 自信、富有经验的顾客往往会抬头挺胸，抬高下巴环顾四周，或把双手背在身后，或手插入口袋时露出拇指，坐着时会双手掌心相对、手指合起来作出尖塔形手势等
疲惫烦躁的客人	久等入住或结账，顾客会感到疲劳或烦躁，往往会表现出吹口哨，抽烟，玩硬币、钥匙、手机，会坐立不安，会绞扭双手或紧握双手，有时脚会作出小幅度的摆动
为难的客人	顾客出现用手搔头或用手轻轻按着额头，通常表示困惑、为难和拿不定主意，酒店从业人员应视情况适时服务，引导顾客作出合适的选择
思考的客人	● 顾客用手抚摸下颌或用手轻轻敲头时，表示正在考虑 ● 顾客用手摸后脑勺时，表示正在思考或紧张 ● 顾客紧闭双目低头不语、触摸鼻子表示正在思考并犹豫不决 ● 顾客忽然把双脚叠合起来，暗示他的拒绝或否定 ● 顾客用手搔抓脖子表示犹豫不决或心存疑虑 ● 讲话时搔抓脖子，表示对所讲内容缺乏把握，酒店从业人员处理问题时不可轻信，应充分调查
心不在焉的客人	心不在焉的顾客肢体表现为目光游移、拨弄头发、环顾四周、用手指在桌子上敲打、不断地看表或者不停地摆弄小物品、用铅笔在纸上乱涂乱画、双臂和双腿都作出互相交叉的姿势等，这些肢体语言说明顾客心绪已游移于交谈之外，此时想让顾客表示心悦诚服是非常困难的，需要改变服务策略
表示否定的客人	● 顾客讲话时用右手食指按着鼻子，表示不同意你的话 ● 顾客坐着时将整个上半身都靠在椅背上，下颌微含，双臂环抱于胸前，暗示没有被服务或言语打动

二、表情语言

表情是通过面部情态变化所表达的内心思想感情，脸被称为“第一表情”，手、腕、肩排第二，身体和脚则排第三。一位心理学家把感情表达总结为“情感的表达＝ 7% 的语言 +38% 的声音 +55% 的表情”。面部情态是眼、眉毛、嘴巴、面部肌肉以及它们综合反映出的心理活动和情感信息，表情呈现是复杂的，能够传达非常丰富的信息。恰如其分的表情为仪态加分。

公关案例

希尔顿的微笑

（一）微笑——甜蜜的情绪

“如果你不漂亮，就要使自己有才华；如果你既不漂亮，又没有才华，你就要学会微笑！”美丽的要素，就是微笑。发自心底的微笑，会给对方留下温暖的感觉，它是最富有吸引力、最有价值的面部表情。微笑是友善的象征，表现着人际关系中诚信、谦恭、融洽等最为美好的感情因素，酒店公关人员在各种场合恰如其分地运用微笑，可以传递情感、沟通心灵。

1. 微笑的要求

（1）真诚、甜美。

真正富有感染力的微笑应发自内心，渗透着自己的情感，表里如一，毫无包装或矫饰。微笑是两个人之间最短的距离。因为微笑表现真诚友善，使人在与其交往中自然放松，不知不觉间就缩短了心理距离。

微笑应该甜美，温柔友善、亲切自然、恰到好处的微笑，能给人一种愉快、舒适、幸福的好感。甜美而真诚的微笑，是酒店从业人员的基本功之一，它贯穿于酒店服务的全过程。

（2）“三结合”。

微笑的“三结合”如表 10－18 所示。

表 10－18　微笑的“三结合”

“三结合”	要求
与眼睛结合	● 微笑时，眼睛也要“微笑”，避免给人“皮笑肉不笑”的感觉 ● 眼睛会说话，也会笑，眼睛的笑容包括“眼形笑”和“眼神笑” ● 学会用眼神与客人交流，微笑才会更传神、更亲切
与语言结合	微笑着说“早上好”“您好”“欢迎光临”等礼貌用语，不要光笑不说，或光说不笑
与身体结合	微笑要与正确的肢体语言、礼仪动作相结合，给人以最佳礼仪形象，防止生硬虚伪、“笑”不由衷

课堂讨论

眼形笑与眼神笑的训练

取一张厚纸遮住眼睛下边部位，对着镜子，心里想着最使你高兴的情景。整个面部就会露出自然的微笑，眼睛周围的肌肉也处于微笑的状态，这是“眼形笑”。

然后放松面部肌肉，嘴唇也恢复原样，可目光中仍然含笑脉脉，这就是“眼神笑”。

2. 微笑的方式

微笑能强化有声语言沟通的功能。从微笑中，可以将友好、融洽、和谐、尊重、自信的形象和气氛传递给顾客；微笑是情绪语言，可以和有声的语言及肢体相配合，起"互补"的作用，沟通心灵，架起桥梁，给人以美好的享受。

（1）微笑的嘴角。

微笑从嘴角开始，笑容的基本形态就是嘴角向上。嘴角向上，大脑就会感到愉快，而且会真的高兴起来。这说明了表情和心情的相互关系，所以越是压力大和紧张的时候，越要咧开你的嘴角。嘴角向上，心情就会变得积极、乐观，笑容会很自然。

微笑时要露出牙齿，传递微笑感情。露出牙齿是打开心扉、表露感情的信号。紧闭嘴唇的脸，任何人都会感到生硬。默念"茄子"时口型正好是微笑的最佳口型，经常练习可以收到一定的效果。

（2）微笑的眼神。

没有目光的接触，就不是笑容。目光相视是认可的表现，也是自我展示。有目光交流更容易产生共鸣，微笑时关注对方目光，更容易将微笑的情绪进行传递——通过眼神的接触来传递微笑的情绪，只需要目光接触停留 0.5 秒就可以。

3. 微笑的禁忌

（1）微笑不是大笑。在正式场合不能放声大笑，即使发现某个人的身上有可笑之处，也不应该笑，否则会被视为失礼。

（2）微笑发自内心。敷衍的笑、机械呆板的笑、尴尬的笑，以及皮肉不笑等都是忌讳的。

（3）微笑不能滥用。微笑在一些特殊场合时是不允许的，如进入尴尬、悲伤气氛的场所时，顾客满面哀愁时，顾客有某种先天的生理缺陷时，顾客出了洋相而感到极其难堪时，微笑便不适合出现。

（二）目光——心灵的语言

1. 目光关注的作用

通过目光的交流可以促进沟通。目光的方向、眼球的转动、眨眼的频率都可以表示特定的意思和流露情感。正视表示尊重，斜视表示轻蔑。双目炯炯有神会使听者精神振奋。柔和、热诚的目光会流露出对别人的热情、赞许、鼓励和喜爱。目光东移西转会给人心不在焉之感。因此，不能忽视眼神的作用，平时应注意培养自己用眼睛"说话"的能力。

知识拓展

用眼睛"说话"的规律

2. 目光注视的关键点与技巧

目光注视的关键点与技巧如表 10－19 所示。

表 10－19 目光注视的关键点与技巧

关键点	技巧
正确的眼神	• 交流时目光应柔和、亲切，既不咄咄逼人，又无怠慢之意 • 放松精神，目光放虚，不要聚焦对方某个部位，仿佛用目光笼罩对方
特殊的眼神	• 不盯视人，只盯物。盯视人会使人感到不安、难受，像是受到了侮辱 • 眯眼意味深长，容易引起误会，应慎用

续表

关键点	技巧
注视的部位	• 关注对方的面部，遵循三角定律 • 关注对方双眼，表示自己全神贯注。问候对方、听取诉说、征求意见、强调要点、表示诚意、向人道贺或与人道别时，皆应注意对方双眼，但时间上不宜过久 • 对方的全身。同顾客相距较远时，应当以对方的全身为关注点 • 对方的局部。在特殊场合或状况下，对顾客身体的某一部位多加关注，如在递接物品时，应注意对方的手部
注视的角度	• 正视对方。注视他人时应正面相向，上身前倾，表示重视。正视是交往中的基本礼貌 • 平视对方。注视他人时，双方处于相似高度，表现地位平等、不卑不亢 • 仰视对方。注视他人时，所处的位置比对方低，需仰视对方，往往使对方产生被信任的感觉 • 酒店从业人员为多位陌生顾客服务时，需要按照先来后到的原则服务，同时以略带歉意、安慰的眼神，去环视等候的顾客

项目小结

本项目的重点内容是酒店公共关系语言训练。酒店公关语言规范包括礼貌用语和身体语言两个部分。在礼貌用语方面，酒店从业人员要注意“信、达、雅、清、柔、亮”，在不同场合使用不同类型的礼貌用语。身体语言主要包括肢体语言和表情语言，肢体语言在不同场合应用有助于情感的表达和效果的强化。表情语言包括微笑与目光。微笑是甜蜜情绪的传递，目光则是心灵的语言。

思考与探究

1. 五星级酒店餐饮部礼宾在迎宾服务过程中应特别注意哪些关键点？这些关键点在语言规范上有哪些要求？

2. 实地观察本地一家高星级酒店，观察酒店工作人员在接待顾客过程中会使用哪些礼貌语，请结合课程内容进行分类说明。

3. 礼貌用语培训是酒店新员工入职时必须进行的培训项目，请你制定一份针对酒店新入职员工的礼貌用语培训标准。

案例分析

案例分析

两种句式的不同

讨论分析：

1. 句式一和句式二，给你有什么不同的感觉？

2. “好，但是……”的语句如果使用在酒店公关工作中，会造成什么样的后果？

3. 哪种句式更适合用于酒店公关工作？

技能实训

1. 课堂上请一位同学用一张纸把眼睛以下部位遮住，通过目光来表达老师给定的情绪词汇，让同学们来判断该同学表达的是什么情绪。

2. 请一组同学模拟以下场景：

晚上9点刚过，两个稍有醉意的顾客高兴地来到餐厅，刚进入餐厅，就听服务员说："不要来了，已经关门了。"

一位顾客进了店，想坐在靠窗的座位上，就朝那边走过去。服务员看见后说："不可以的，那个位置已经被预订了。"

顾客正悠闲地喝着咖啡，想抽支烟，刚要点火，就听服务员说："不能抽烟，这里是禁烟区。"

看完模拟场景之后，请分组讨论这些场景是否会引起顾客的不满与争论，问题症结出在哪里，如何改变。

请另一组同学根据讨论结果，再次模拟场景，要求将小组讨论的改变方法融入场景之中。

最后，由老师根据模拟结果进行评析与指导。

项目十一

酒店公共关系交际训练

任务一 公关交际理论

任务二 公关交际技巧

任务三 酒店公共关系交际常见问题及处理

任务四 涉外公关交际

导　语

酒店公关人员在公关活动过程中，应遵循平等原则、宽容原则、互惠互利原则、诚实守信原则，运用白金法则、黄金法则，主动积极地接受、重视、赞美公关对象，使之感到满意与舒适，从而在公关人员、酒店、公众间建立起良好、稳定的联系；通过在公关交际过程中对目标公众的服务，对各种公关问题的有效解决，展现完美的公关交际技巧与高效的处理问题技能。

学习目标

- 理解酒店公关交际理论
- 了解白金法则及黄金法则
- 掌握公关交际的四要素
- 掌握公关交际开始阶段的四个关键部分
- 了解公关交际过程的关键技巧

关键术语

公关交际　白金法则　黄金法则　首因效应　近因效应　光环效应　刻板印象　人际吸引率　“3A”原则

任务一　公关交际理论

人与人之间的交往极其复杂，酒店公关人员需要面对需求各不相同的目标公众，处理各种各样的建议与投诉，因而掌握良好的公关交际技巧对于酒店公关人员而言极其重要。

一、公关交际原则与法则

人际交往活动是组织开展公共关系的基础，是公共关系工作中极其重要的一项日常工作。酒店公关交际是围绕组织目标与公众进行思想、态度、情感、价值观、行为意向交流，运用人际沟通技巧实现信息传递的过程。在交际过程中，酒店公关人员需要遵循相关原则与法则。

（一）公关交际原则

1. 平等原则

平等，是人与人之间建立情感的基础，也是人际交往的一项基本原则。每个人都希望得到别人的平等对待，获得友爱、受人尊敬。在与人交往过程中时时处处表现出平等、尊重的姿态，才能形成人与人之间的心理相容，产生愉悦、满足的心境，出现和谐的人际交往关系。

2. 宽容原则

世界上没有完全相同的两片树叶，更没有完全相同的人。每个人的思想观念、脾气性格、认识问题角度都可能不一样。“严于律己，宽以待人”，应允许他人有不同想法。宽容原则要求换位思考，设身处地地为他人着想，理解他人的心情，容忍他人的缺点与不足，尊重他人的兴趣和行为习惯，肯定他人的立场、观点。

3. 互惠互利原则

公关交际应考虑双方的共同价值和共同利益，满足共同需要，互惠互利、相互补偿、相互满足。遵循互惠互利原则应注意明确互惠互利是以不损害第三方的利益为前提的，任何以损害第三方的利益来达到互惠互利目的的行为都是不被允许的；注意精神上的互惠互利，考虑他人在精神上的、心理上的需要，关心他人，爱护他人，从而使交往双方得到心理上的满足，这是最不可缺少的互惠互利；注意经济上的互惠互利，这是因为驱使人们去交际的动力既有情感因素，也有明显的利益要求。

4. 诚实守信原则

公关交际的诚实原则表现在为人处世言行一致、表里如一，任何时候、对任何人都是尊重事实、心口如一。守信原则表现在交往中就是讲信用，说到做到，言必信，行必果。守信原则是处理人际关系的重要准则，无论是公务交往、社会交往，还是礼节性的交往，都要对人讲信用。

（二）公关交际法则

1. 白金法则

白金法则的要点如下：在交际过程中必须自觉地知法、懂法、守法，必须行为合法；交际的成功有赖于凡事以对方为中心。白金法则对交际活动有以下两方面启示：

知识拓展

白金法则

（1）摆正位置。酒店从业人员为客人提供服务，应强调交际过程中的互动，坚持以客人为中心，能够进行换位思考，让自己站在对方的位置来观察思考问题，从而真正全面而深入地了解对方的所思所想、所作所为，以求更好地与之进行互动。酒店从业人员要主动热情地接待对方，并善于观察对方、了解对方、体谅对方，才能为客人提供满意的服务。

（2）端正态度。酒店从业人员要想真正地摆正自己与交往对象之间的位置，首先应端正自己的态度。心态决定一切，要做到善待自己、善待他人、和而不同。善待自己是指在工作与生活中应具有健康的心态，要尊重自己、爱护自己。善待他人是指接受他人，不要主动站在客人的对立面，不要有意无意地挑剔对方、难为对方、排斥对方，而是要容纳对方、善待对方。善待自己与善待他人实际上互为因果，往往缺一不可。和而不同是指尊重多样性，真正承认了这一点，就容易理解他人、尊重他人。

2. 黄金法则

对客服务的黄金法则要求酒店从业人员想要客人怎样对待自己，自己就怎样去对待客人，做到“己所不欲，勿施于人”。

对客服务的十条黄金法则如下：

（1）干净、整洁。

（2）给予客人直接关注。

（3）显示自豪感。

（4）微笑、热情地招呼客人。

（5）积极聆听。

（6）保持目光接触。

（7）使用客人姓氏。

（8）保护客人的隐私。

（9）永远为客人多做一点。

（10）永远重视客人的询问，或尽可能向其提供帮助。

二、公关交际理论

现代文明社会，交际极为重要，它是人的基本社会需求，可达到自我实现与肯定增加事业成功的机会，同时也是协调集体关系、形成集体合力的纽带。没有人可以独自面对人生，更没有人可以独自取得成功。

营销大师卡耐基曾经提出这样一个公式：成功 =15% 的专业技术知识 +85% 的为人处世。也就是说，一个人要想成功，15% 依靠专业技术知识，85% 依靠为人处世的技巧，良好的交际是成功发展的一个核心因素。

（一）首因效应与近因效应

1. 首因效应

首因效应又称第一印象。交际总是从第一印象开始的，良好的第一印象可以让人们心理相容，反之则可能导致心理相斥。心理学的实验结果表明：人们常常以对他人的第一印象，来对他人的学识、涵养、性格等进行评价，对他人以后的行为进行推测。良好的第一印象是打开交际大门的一把无形的钥匙。可以说，良好的开始是成功的一半。给别人留下良好的第一印象，可为将来的成功奠定基础。

2. 近因效应

近因效应即最近印象，是指在交际过程中，由交往对象的最近信息所形成的印象而产生的心理影响。

（二）光环效应

光环效应也称晕轮效应，是人们常常从对方知觉的局部特征泛化到其他一系列整体特征。也就是说，人们对他人的判断最初多数是根据个人的好恶得出来的。一个人被大多数人认为是好的，他就被一种积极的光环所笼罩，从而也就被赋予其他好的特质。

（三）刻板印象

刻板印象是指社会上对于某一类人或事物形成的一种比较固定、概括而笼统的看法，也称社会刻板印象，如科学工作者严谨但缺乏情调、西方人直率而开朗、酒店从业人员礼貌而热情等。

（四）人际吸引率

1. 相似吸引律

相似反映了一致性，当交往双方在年龄、性别、文化层次、职业、爱好等方面基本相似时，就很容易产生共鸣，进而产生共同语言和吸引力。

2. 相异吸引律

相异体现了差别，当交往双方在许多方面有差异时，如地理位置相隔甚远、文化背景迥然不同、年龄大小不相当、社会地位不相称，但这些却可能给对方造成神秘感，反而会吸引对方，促使双方结下友谊。

3. 对等吸引律

对方喜欢自己，自己也对对方有好感。人人都渴望受人尊敬、有人赞美，对给予自己爱的人给予相应的回报是很自然的。

4. 互补吸引律

交往过程中，交往双方在个性、需要及满足需要的途径方面呈互补状态，从而产生一种强烈的吸引力。如男性阳刚之气与女性阴柔之美的性别互补吸引、人们在人格特征上的互补吸引等。

5. 光环吸引律

当某人因某方面的特殊成就成为名人时，其身上似乎产生了某种光环，随之出现了一批崇拜者。

6. 熟悉吸引律

交往双方由不熟悉到熟悉，由不了解到喜欢，最终产生吸引，这就是熟悉吸引律。如有些老人舍不得扔掉旧家具，因为旧家具记录了岁月的流逝和美好的回忆。

三、公关交际四要素

交际的核心部分是合作与沟通，在酒店服务中，与客人进行有效合作和沟通，是酒店从业人员必须掌握的核心技能。

（一）沟通合作

沟通是人与人之间传递情感、态度、事实、信念和想法的过程，友善的姿态是沟通的基础，也是合作的基本保证。要用温暖、尊重、了解的方式去沟通，以对方的立场和观点去设想，用听众的心灵去听对方的想法与感受。交际是人与人之间的一种互动，良好的交际能力是积极向上的。

（二）察言观色

善于了解对方、懂得察言观色是取得交际成功的前提。所谓察言观色，就是要认真细致地观察对方的言谈、举止、神情等，由此洞悉其心理活动。人们不会把什么都说出来，但大多数人会把真实意思通过神情、体态表露出来。洞察别人的心理状态是交际能力的重要一环，既要提高对自己及别人的需要、思想、感受的洞察力，又要细心观察不同的情境和人物，分辨其中的不同之处并加以理解分析，以加强对千变万化的社交环境的把握。

（三）理解宽容

理解能化干戈为玉帛。理解是交际活动的桥梁，是设身处地地为他人着想，善解人意。宽容是人格的魅力，表现为豁达大度，有很强的容纳意识和自控能力，谅解他人的过失。宽容的人大多善良而真诚，人们乐意向他们献出一颗颗爱和理解的心，它是建立良好交际交往的润滑剂。

（四）真诚谦虚

真诚是为人之本，真诚交往是心灵沟通，只有真诚才能赢得支持和回报。真诚是社交的纽带，只有真诚才能收获信赖，长久维系人与人之间的关系。没有真诚的社交是没有生命力的，如同绢花，虽然美丽却没有灵魂。在交往的过程中，打动人的是真诚。以诚交友，以诚办事，才能换来与别人的合作与沟通，才会被尊重、受欢迎。真诚是人类最珍贵的感情之一，是交际的金字招牌。

交际活动中，真诚比技巧更高尚，也更重要。除了真诚，还需要谦虚，一个真正有教养的人从来都是一个真诚而虚心的人。谦虚被视为一种美德，谦让、虚心、尊重别人、不自以为是；谦虚是一门学问，领悟了它就获得了一种交际能力和魅力，能够赢得别人的支持。

任务二　公关交际技巧

一、交际开始的关键技巧

（一）称呼

称呼是交际活动中的常用礼节，是交际活动的起始之点。选择正确、适当的称呼反映着自身的教养和对对方尊敬的程度，甚至还体现着双方关系的融洽程度。称呼要求正规、正确、恰当、亲切、真切、主动、热情、大方。称呼时还要注重态度、表里如一。

（二）介绍

介绍是交际活动中最初相识的一种形式，是人与人进一步交往的基础，是人与人进行相互沟通的出发点。“第一印象是黄金”，介绍得体不仅有助于自我展示、自我宣传缩短人与人之间的距离，还可以替自己在交际活动中消除误会，减少麻烦，扩大自己的交际圈。介绍可以分为自我介绍、介绍他人、介绍集体三种。

1. 自我介绍

自我介绍实际上是一种自我推荐，用言语搭起结识的桥梁，给人留下较深的第一印象；自我介绍是一门艺术，学会自我介绍可以树立自信、大方的个人形象，有助于自我展示和宣传。

（1）自我介绍时应注意时机，要在对方有兴趣、有空闲、情绪好、干扰少、有要求时进行介绍；如对方工作忙、干扰大、心情坏、无要求、用餐或忙于私人交往时，就不便进行自我介绍。

（2）自我介绍时应注意控制时间，力求简洁，长话短说，尽可能地节省时间，以半分钟左右为宜，在进行自我介绍的同时可利用名片等加以辅助。

（3）自我介绍时应事先设计内容。自我介绍有三项基本要素：本人的姓名、供职的单位及具体部门、担任的职务和所从事的具体工作。三项要素一气呵成，既节省时间，又有助于给人以完整的印象。介绍内容要实事求是、真实可信。没有必要过分谦虚，更不要自吹自擂、夸大其词。

知识拓展

自我介绍的具体形式

（4）自我介绍时应讲究态度。态度要友善、亲切、随和、自信、落落大方，表示自己渴望认识对方的真诚情感。要敢于正视对方的双眼；语气要自然，语速要正常，语音要清晰；举止端庄、大方。

2. 介绍他人

介绍他人通常是双向的，在交际活动中经常需要介绍他人。介绍他人是指作为第三方为彼此不相识的双方进行引见、介绍。

介绍他人应注意介绍时机、介绍顺序。根据礼节规范，必须遵守“尊者优先了解情况”的规则，即在为他人介绍前，先要确定双方地位的尊卑，然后先介绍位卑者，后介绍位尊者；应先将年轻者介绍给年长者，职务低者介绍给职务高者，男士介绍给女士，家人介绍给同事、朋友，未婚者介绍给已婚者，后来者介绍给先到者。

知识拓展

介绍他人的形式

3. 介绍集体

介绍集体，一般是指被介绍的一方或双方不止一人。介绍各自一方时，应自尊而谦恭。介绍集体就像穿针引线，应该脉络清楚，要考虑好介绍的内容以及语言表达的态度，使双方乐于接受而不至于使人感到勉强。

（三）握手

握手礼起源于远古时代，相互触碰对方的手心，表示“我手中没有武器，我愿意向你表示友好，与你成为朋友”。这种表示友好的方式被沿袭下来，成为今天的握手礼。握手是世界上最通行的见面礼，是在相见、离别、恭贺或致谢时相互表示情谊、致意的一种礼节，不用说话就能显示出热情、友好的待人之道。握手礼应用得当，能进一步增添别人对你的信赖感。

握手的力量、姿势和时间的长短往往能够表达出对握手对象的不同礼遇和态度，显露自己的个性，给人留下不同印象。

（四）名片

早在西汉时期，名将就以投帖方式将“谒”通报给对方，获得准允后方可谒见。

“谒”可谓是早期名片的雏形。在交际活动中，名片体现一个人的身份、地位，是一个人尊严、价值的一种彰显方式，也是参与交际活动必备的重要工具。有了名片的交换，双方的结识就迈出了第一步。

二、交际过程的关键技巧

（一）“3A”原则

美国学者布吉林等人提出了“3A原则”，即接受（Accept）、重视（Appreciate）、赞美（Admire）。在交际活动中要成为受欢迎的人，就必须善于向交往对象表达自己的善良、尊重、友善之意。只有恰到好处地表达对交往对象的善意，才能够被交往对象容纳和接受，其中最关键的是以实际行动去接受对方、重视对方、赞美对方。

1. 接受（Accept）

接受即容纳对方，不排斥对方。接受对方包括接受交往对象；接受交往对象的习俗；接受交往对象的交际礼仪。在交际活动中，要成为受欢迎的人，就一定要宽以待人，不要求全责备，不要刁难对方、排斥对方、冷落对方、打断对方，尤其注意不能拿自己的经验去勉强别人，应当积极、热情、主动地接近对方，淡化彼此之间的戒备、抵触和对立情绪，恰到好处地向对方表示亲近、友好之意。

2. 重视（Appreciate）

重视即欣赏对方，看重对方。让对方感觉自己受到重视，而不是被冷落。重视对方，要重视对方的优点，而不要重视对方的缺点。对酒店从业人员来说，重视服务对象的具体方法包括：牢记服务对象的姓名、善用服务对象的尊称、倾听服务对象的要求。

3. 赞美（Admire）

赞美即称赞对方。人类行为学家约翰·杜威认为：“人类本质里最深远的驱策力就是希望具有重要性，希望被赞美。”赞美是一种理想的黏合剂，也被称为公关润滑剂。赞美别人是社交中一种重要的礼仪，它表现赞美者的坦荡胸怀和积极的生活态度，善于发现对方所长，及时地、恰当地表示欣赏、肯定、称赞与钦佩。真诚的赞美能鼓励自己，鞭策别人，激发潜能，获得良好的人际关系。赞美出自真诚，源自真心；知己知彼，投其所好；从小事做起，无微不至。

（二）关键技巧

1. 积极的心理状态

交际是心理接触和心理活动的过程，积极心态是一种对任何人、任何情况或任何环境所持的具有建设性的思想、行为或反应，是面对挑战应具备的良好进取心态。交际者具备积极的心理状态是交际成功的重要条件，好的心态可以带来好的行为，好的行为可以带来好的结果。

2. 善于求同存异

人际关系首先讲究求同，即在目标、方向、整体利益等方面寻求一致，以作为人际交往的基础。如果不能求得一致，那就失去了人际交往、交际和维系关系的基础。所谓存异，是指在原则一致的基础上可以允许交往双方各自保留“分歧点”，如方法上的差别等。

3. 适当赞美对方

赞美别人必须发自内心并符合实际，真诚坦白、措辞恰当，恰如其分；赞美须个性化，不能泛泛而谈，最好用明确、具体的语言，微笑着赞美对方的行为、能力、知识、外表或他拥有的物品等；此外，暗示性赞美在交际过程也非常重要，如认真地听对方讲话，在说话的过程中提及或引用对方的话，向对方投以赞许的目光、做个夸奖的手势、报以友好的微笑、记住对方的名字等。

4. 投其所好

情感引导行动，在交际过程中要富于洞察力，善于发现对方的亮点，抓住对方的兴趣点，寻找最佳切入点，从而使双方在交往过程中产生更深厚的情感。

5. 魅力展示

交际魅力包括谈吐、仪表、气质、才华、学识、品德、性格等内涵。富有魅力的人能够微笑和记住别人的名字，能够在精神方面影响周边的人积极进取。富有魅力的人在交际时通常整个身体都参与表达。

（1）丰富多彩的语言表达

富有魅力的人在适当的场合往往能借助不落俗套、丰富多彩、富有诚意、令人难忘的语言来使他们的表达更加生动活泼，增加语言的说服力，从而增加魅力。

（2）敏锐的洞察力

富有魅力的人能正确地估计形势，看透人的心思，具有敏锐的洞察力，善于捕捉发展趋势、诠释事件，帮助他人更为清楚地了解情况，对他人产生强烈的吸引力。

（3）表达积极的思想

富有魅力的人知道在适当的时候表达积极的思想，善于用积极的语言表达消极信息，甚至用积极的语言替代消极的语言，如“挑战”替代“问题”；“发展机会”替代“个人的弱点”等。

6. 善于使用身体语言技巧

（1）得体的着装和外表。着装简朴、淡雅而自然，避免杂乱。时髦、新潮不等于有魅力，甚至会妨碍魅力的发挥，影响形象。

（2）优雅的举止。优雅与个人魅力是密切相关的，如聆听时身体前倾、感谢时稍做鞠躬、肯定时点头微笑、欢迎时有力握手等，都会给人留下有魅力的印象，而不良习惯，如捻弄头发、玩弄耳环、抖腿、嚼口香糖等必须避免。

任务三 酒店公关交际常见问题及处理

一、常见问题产生原因

酒店公关交际过程中往往会出现一些顾客抱怨与不满，这些抱怨与不满涉及方方面面，没有固定的表现模式，处理不好会导致对客关系的僵化、恶化，甚至产生投诉，破坏企业形象。概括来讲，顾客的抱怨与不满主要来自两个方面：一是由于酒店从业人员礼仪被忽视或做得不到位，引起客人的不满和反感；二是出于客人主观上的特殊需求使酒店从业人员难以用常规的方法来解决，从而面临处理上的尴尬和难堪。

（一）酒店从业人员礼仪被忽视或做得不到位

1. 不了解客人的习俗

在酒店接待服务过程中，要了解并尊重顾客的风俗习惯，这样既对他们表示尊重也不失礼节，否则就可能导致顾客抱怨与不满的发生。

2. 不注重礼貌用语

酒店从业人员在提高业务技能的同时，更不能忽略礼貌用语的准确与到位，这也是公关交际礼仪的基本要求。

3. 不遵循礼仪规范

酒店从业人员在接待服务过程中，忽视了礼仪规范或没有意识到礼仪规范的重要性，使得客人在体验产品过程中得不到愉悦、满意的享受。

4. 不讲究服务个性化

酒店从业人员接待的客人形形色色，并不是在对客服务中使用了服务用语、注重了礼仪的基本规范，就可以让顾客满意，避免抱怨与不满的产生。在交际活动中接待礼仪不是一成不变的机械式服务，而必须考虑到顾客的个性需求，要因地、因时、因人而异地提供礼仪服务。只有建立在顾客需求基础上的礼仪服务，才有可能赢得顾客的认同。

（二）客人主观需求难以满足

客人作为酒店的消费者，是来寻求享受的人，是具有优越感的人，是情绪化的“自由人”。因此，清晰认识顾客十分重要。只有充分了解顾客角色特征，掌握顾客心理特点，提供有针对性的服务，才能打动顾客的心，赢得顾客的认可。

1. 求全心理

每种酒店产品都是多项服务的组合，其中任何一项出现让顾客不满的问题，损害的不仅是此项服务的声誉，而且会影响整个酒店产品的声誉。对顾客来说，服务质量只有好坏之分，而不存在较好较差的比较等级，好就是全部，不好就是零。

2. 求尊重心理

尊重顾客是基本的礼仪原则，也是顾客的基本心理需求。酒店从业人员要善于分析顾客心理以及所能接受的方式或解决方法，让顾客可以显示其优越感和突出地位，进而变得大度，缓解矛盾，化解危机。

3. 求平衡心理

在酒店服务过程中，时刻关注顾客消费时求平衡的心理状态。顾客消费心理随时会受到社会环境及个人情绪的影响，心随境转，当顾客把负面情绪带到酒店消费活动中时，就必然会影响其整个消费过程。

二、常见问题应对策略

（一）善解人意，关注顾客需求

善解人意即善于把握人的心理。人的心理状况是非常微妙复杂的，有的能明显地表现出来，有的则是深藏着的潜意识；有的能真实地表达，有的则真真假假，或羞于表达。对此，需要酒店从业人员给予充分的“善解”。

善解顾客心理需求，设法满足顾客需求。在酒店接待服务工作中，应注意观察，用心了解，换位思考，通过细致入微的服务，满足顾客心理上的需要，让顾客产生良好的心理感受。如顾客在酒店入住时，在房间温馨提示牌上写下“欢迎光临！别忘了给亲人打个电话，请拨……”

（二）妙语连珠，注重语言技巧

在酒店接待工作中，面对顾客的抱怨与不满，巧妙地运用语言技巧，是解决问题的重要手段。

1. 巧用幽默

幽默可以化沉闷为笑声、化干戈为玉帛。酒店从业人员与顾客初次接触，需主动与顾客交谈，巧用幽默融洽关系，给顾客以信赖感和亲近感。正确运用幽默语言时应注意把握好时机。当然，使用幽默也有禁忌：勿取笑他人；忌不合时宜的幽默；不要重复、预先交底或自己先笑；禁止黄色、黑色的幽默。

2. 讲究技巧

在酒店服务过程中，面对各种各样的情况、形形色色的问题，酒店从业人员应时时遵循灵活的原则，讲究技巧。所谓灵活，就是要根据具体场合、具体对象以及个人的实际情况，灵活采用应对方式，如采用顺势美言、以谬制谬、难得糊涂、借题发挥等语言技巧。

三、处理抱怨的礼仪规范

酒店从业人员在接待服务过程中面对顾客抱怨与不满，运用礼仪规范有效应对的规范可以概括为六字，即“听、记、析、报、答、谢”，具体如表 11－1 所示。

表 11－1　处理抱怨的礼仪规范

六字规范	具体要求
听	倾听顾客需要、渴望，还要倾听顾客异议、抱怨和投诉，更要善于听懂顾客的潜台词，明确顾客没有明说的需求；保持镇定、冷静，认真倾听，表现出对顾客的尊重；听的阶段是顾客发泄不满的过程，经过发泄，顾客的情绪得到缓解、心情变平静，为投诉的处理提供平和的情感前提
记	在听的过程中，要认真做好记录，尤其是顾客投诉的要点、讲到的细节，更要记录清楚，并适时复述，在明确问题的同时，也能有效地缓和顾客的情绪。记的阶段，酒店从业人员应保持礼貌，注意使用恰当的语言，用提问题的方法，把投诉由情绪带入事件本身
析	根据所闻所写，及时了解事情的来龙去脉，并进行详细、到位的分析，然后才能做出正确的判断，拟定解决方案，与相关部门取得联系，一起妥善处理。解决问题必须兼顾顾客与企业的双方利益

续表

六字规范	具体要求
报	把发生的事情、做出的决定或难以处理的问题，及时上报主管领导，以征求意见；不得遗漏、隐瞒材料，不能知情不报或谎报、虚报
答	征求领导意见后，把解决方案及时反馈给顾客，礼貌地告知顾客将要采取的措施，期望得到顾客认同；如果问题暂时无法得到解决，要向顾客致歉，并说明原委，请求顾客的谅解，不能在无把握、无根据的情况下，随便地向顾客作出各种保证
谢	在顾客投诉或反映问题时，不可表现出对顾客的反感，而应表示感谢；在处理完顾客投诉后，同样需要向顾客表示诚挚的感谢

任务四　涉外公关交际

一、涉外公关交际通则

世界各国在长期的跨文化交流中，逐步形成了在国际交往中以礼相待、礼尚往来的国际惯例和涉外礼宾规范。我国的涉外公关交际通则，是在尊重国际交往惯例，尊重各个国家民族心理、文化习俗的基础上不断完善而成的。

（一）不卑不亢，体现平等

所谓不卑不亢，是在国际交往时，应该意识到自己的言行举止在外国人的眼里，无不代表着自己的国家、民族，代表着自己所属的团体，既要维护本国利益，又要尊重他国的利益和尊严。“不卑”是在外国人面前不妄自菲薄、卑躬屈膝乃至丧失民族气节；“不亢”是在外国人面前不自大狂傲、唯我独尊。不卑不亢的核心是平等，是国家不论大小强弱，人不分种族、信仰，在对外交往中都应平等相待，这正是国际交往中的一项重要原则。

（二）信时守约，讲究诚信

信时守约，是指在一切正式的涉外交往中，都必须认真、严格地遵守自己的所有承诺。

（1）谨慎承诺。从现实环境和自己的实际能力出发，谨慎行事，量力而行。

（2）信守约定。自己做出的承诺要及时兑现，自己做过的约定要如约践行。在涉外交往中唯有信守约定才能获得对方的信任和好感，赢得尊重和合作。

（3）失约道歉。由于难以抗拒的因素而使自己单方面失约，或者有约难行，要尽早通报有关各方，致以郑重道歉，并主动承担给对方造成的物质方面的损失。

（三）入乡问俗，知己知彼

入乡问俗，是指在涉外交往中，注意尊重外国友人所特有的习俗、禁忌和审美，恰如其分地向外国友人表达亲善友好之意。

（1）了解习俗差异。所谓“入境而问禁，入国而问俗，入门而问讳”，这些“禁”“俗”“讳”，就是各国各民族在文化习俗上的特点，唯有充分了解，才能在涉外交往中减少麻烦，避免误会。

（2）尊重习俗差异。了解了他国、他民族特有的习俗，在涉外交往中就不会妄加非议，表现得少见多怪了。尊重外国友人所特有的习俗，有助于增进双方之间的理解和沟通，在对外交往中做到胸有成竹、表现自如。

（四）热情有度，尊重隐私

热情有度是指在涉外交往中，待人接物不仅要热情友好，更要把握好热情友好的分寸，不能热情过度。所谓“度”，是指适度，表现在涉外交往中，对外国友人而言，其核心是尊重个人隐私。

（五）女士优先，尊重妇女

女士优先，是现代社会的一条通行礼仪。在涉外活动中，这包括在一切社交场合，每一名成年男士都有义务主动地照顾、体谅、关心和保护妇女，还要为女士排忧解难。女士优先，并非把妇女视为弱者而施以同情和怜悯，而是要尊重妇女，处处给予妇女优遇。

（六）以右为尊，尊卑有序

以右为尊，是指在涉外交往中，如在外交活动、商务往来、文化交流、社交应酬中，凡涉及座次、车位等位置排列时，原则上都讲究以右为尊，以左为卑；以右为上，以左为下。

二、涉外公关交际常见礼仪

涉外交往礼仪，一般是指在对外交往活动中，当我方身为东道主时，用以维护自身和本国的形象，并对交往对象表示尊敬和友好的国际通用的礼宾接待仪式。其核心是礼待客人，涉及的外事接待活动环环相扣。目前国际上一般通用的礼宾仪式以庄重简洁为趋势。

（一）涉外迎送礼仪

在国际礼宾服务中，迎客和送客是两个重要的环节，是礼宾服务的起始环节和最后的收尾环节。一个精心准备的欢迎仪式，能使来宾产生良好的第一印象；一个圆满的欢送仪式，会给来宾留下难忘的美好回忆。涉外迎送礼仪的注意事项包括确定迎送规格、准确掌握抵离时间、细致安排迎送仪式等。

（二）会见和会谈的礼仪

1. 会见

（1）会见的形式。

会见就其内容或目的来说分为三种形式：礼节性会见一般时间较短，话题较为广泛；政治性会见大多涉及双边关系、国际局势等重大问题；事务性会见一般有外交事务交涉、业务商谈等。

（2）会见的座次安排。

会见通常安排在会客室、会客厅或办公室。各国会见的礼仪程序不尽相同，有的主宾多分坐两边，有的则穿插坐在一起。我国习惯于在会客室或会客厅进行会见，客人坐在主人的右边，译员、记录员安排坐在主人和主宾的后面。其他客人按礼宾顺序在主宾一侧就座，主方陪同会见人员在主人一侧就座，座位不够时可在后排加座。

2. 会谈

会谈是指双方或多方就政治、经济、文化等某些重大问题以及其他共同关心的问题交换意见。会谈也可以是洽谈公务，或就某项具体业务进行会谈。一般说来，会谈的内容较为正式，政治性或专业性较强。

会谈的座次安排。双边会谈时一般使用长方形、椭圆形或圆形桌。宾主各自坐在桌子一边。面向正门为上座，由客人坐；背向正门为下座，由主人坐。主人与主宾应坐在正中间。我国习惯上把译员安排在主谈人右侧，但有的国家让译员坐在后面，一般应尊重主人的安排。其他参加人员按一定顺序坐在左右两侧。如果会谈桌的一端对着正门，应以进门的方向为准，客人坐在右边，主人坐在左边。

（三）签字仪式的礼仪

签字是文件有效的重要标志。有关国家的政府、组织或企业单位之间经过谈判，就政治、军事、经济、文化、科技、体育等某一领域相互达成协议，缔结条约或公约，一般需要举行签字仪式；当一国领导人访问他国，经双方商定达成共识，发表联合公报或联合声明时，有时也举行签字仪式；当各地区、各单位在与国外发展友好关系，最终达成有关合作项目的协议、备忘录、合同书时，通常也会举行签字仪式。

我国一般在签字厅内设置一张长方桌，桌面覆盖深绿色台呢。如果是国际商务谈判协议的签字桌，桌子中间摆放一个旗架，悬挂签字国双方的国旗。签字人面向国旗分坐两边，面对正门，主方在左，客方在右。座前摆放各自的文本，文本上端分别放置签字的文具。各自的助签人员分立在签字人外侧，出席签字仪式的人员分别排列在签字人身后。

项目小结

本项目重点内容是酒店公共关系交际训练，主要介绍了公关交际的理论，包括公关交际的原则、公关交际法则、公关交际要素等。公关交际的技巧部分介绍了交际开始的关键技巧、交际过程的关键技巧。公关交际过程中不可忽略的还有涉外公关礼仪。

思考与探究

1. 公共关系人际交往过程中，应遵循哪些原则？
2. 酒店公共关系人员在工作中可采用哪些人际交往技巧？
3. 赞美时时都能有好的效果吗？如何做到有效赞美？

4. 实地到本地一家高星级酒店，向酒店的大堂经理或其他酒店管理层进行自我介绍，并请求参观一下酒店。完成后记录介绍自己时的感受及对方的回应情况。

5. 实地到某一景区向陌生人介绍自己，并征询陌生人听完你的自我介绍后的感受，进行记录并加以改善，再尝试。

案例分析

案例分析

“女士优先”还是“客人第一”？

讨论分析：

结合本项目内容，对案例进行讨论分析，同时思考酒店女性员工如何兼顾礼仪与客人的感受。

技能实训

1. 课堂上制作名片，根据设计的名片演示在老师给定的情景（参加会议、迎接客人、接待 VIP 等）下介绍自己、介绍同事。

2. 结合本项目内容，画出不同场合下的桌次安排图，并请老师进行指导。

项目十二

酒店公共关系营销训练

导语

20世纪70年代是现代公关理论的全新发展时期，此时出现的社会营销观念与公关理论相互渗透，形成了大市场营销观念，其代表人物菲利普·科特勒强调：企业在进行营销活动时，不仅仅是被动地适应周围的环境来满足市场需求，还可以引导消费、培育市场。在大市场营销观念中，公共关系占有重要位置，人们利用公共关系来启发和引导需求，开拓市场，塑造形象，进而通过产品、价格、渠道、促销手段来满足需求，巩固市场，增加市场份额。随着市场营销观念的不断演变，公共关系思想与市场营销观念相互渗透已显而易见，二者的结合也越来越紧密。

公共关系学与市场营销学虽属于不同领域，却又在思想理念、方式方法上相互渗透、相互借鉴、相互映衬。酒店业是窗口行业，紧密结合公关思想、运用公关理念，创造“天时、地利、人和”的发展环境，营销企业形象，传播企业信息，已成为酒店市场营销的重要内容。

学习目标

- 认识公共关系在酒店市场营销中的作用
- 明确公关营销的概念，掌握公关营销的工作内容
- 了解公关广告营销、企业形象营销、活动推广营销的基本要求
- 掌握公关人员营销、新媒体营销的方法

关键术语

公关营销　公关广告　CS营销　特色营销　活动推广营销　新媒体营销

任务一　酒店公共关系营销概述

与公共关系相似，市场营销学也是“舶来品”。它是一门新型的应用学科，是企业在市场经济条件下营销活动的实践总结，上升到理论后又成功地指导了市场经济条件下的企业营销活动。如果说公共关系学是塑造企业形象、协调关系、排除干扰的制胜法宝，那么市场营销学则是一把开启市场的金钥匙，两者交相辉映、相辅相成。

一、公关营销的概念和内涵

何谓公关营销？它的概念如何界定？酒店公关营销的内涵是什么？这些都是我们必须明确的问题。

在大市场营销观念里，菲利普·科特勒认为除了运用产品、价格、渠道、促销营销组合外，还必须加上两个新的策略：权力（Power）和公共关系（Public Relation）。在现代营销观念中，产品的概念可分为三层含义：第一是核心层，即产品的使用价值；第

二是形成层，即产品的品质与形象；第三是延伸层，即产品对环保的影响。产品的核心层可理解为酒店的优质服务产品，属于商品力的范畴，是企业实力的象征和基础；形成层与延伸层则是公共关系可以不断挖掘的源泉和自由驰骋的空间，也是企业的活力所在。由此看来，公关营销应该界定为是一种具备公关意识的营销观念，或借用公关方法的营销策略，也是一种使用公关技巧的营销艺术。公关营销将销售产品的过程变为塑造形象、传播信息的过程，其显著特征是将单纯的销售产品转变为企业、企业家和产品的全方位的整体推销，其效果不可与一般市场营销同日而语，公关营销策略可以从心理上、精神上牢牢把握消费者，使消费者不仅得到满意的服务，更重要的是在心理上、思想上认同企业和产品，形成对某项产品的良性心理定式，从而自觉地成为企业忠实的消费者。

公关营销运用于酒店企业，是将塑造酒店形象为目的的公关战略与酒店的市场营销有机结合起来，巧妙地将酒店的信誉、信息、服务产品、公众关系等诸要素进行“链接”，形成综合竞争力和自己的品牌文化，提高酒店内部管理和外部拓展的水平，将商品力、销售力、形象力统一起来，塑造出良好的整体形象，然后运用公关传播手段和公关营销技巧开展传播攻势，进行形象扩散，以获得公众的赞誉和良好的社会效益，形成企业运作的良性循环。

二、公关营销的内容

在酒店企业里，公关营销工作的具体内容包括以下几个方面。

（一）打造优质产品

优质产品是进行公关销售的前提与基础。酒店优质产品的销售，应立足于一流服务的基础之上，注重产品的整体质量。产品的整体质量，既包括物质形态的产品质量，又包括非物质形态的服务质量；既重视产品的内在质量，又重视产品的外观质量；既强调产品自身的质量，又强调产品特色和产品附加性的质量。简言之，即重视对服务产品内涵与外延的开发，使之更加系统、完善。优质产品特性的最佳组合包括：第一，服务产品能满足公众的生理需求，表现在服务产品的质量、安全性与经济性等方面；第二，服务产品的物质形态能引起公众的愉悦，表现在产品造型、颜色、品牌名称及包装等方面；第三，服务产品能给公众带来附加利益，表现在服务特性与环保特性两方面，是物质形态产品的延伸。

独特设计与适销对路也是界定优质产品的要素之一。独特设计是产品生命力的源泉，也是优质产品有别于其他产品并赢得市场青睐的有利因素。

（二）凝练品牌文化

品牌即知名的产品，就其外观而言，质量好、知名度高；就其内涵而言，则是企业有形资产和无形资产良性循环形成的另一形态的资产。市场竞争实质上就是品牌的竞争，因此公关营销极其重要的任务之一，就是帮助企业凝练自己的品牌并拥有自己的品牌文化。

凝练品牌有两个值得注意的问题：一是要重视品牌开发的策划。由于目前市场上同类产品之间的差异日益缩小，因此必须要有塑造个性化企业形象的经营战略，其中文化的积淀和烘托发挥着重要作用。二是品牌的培育与维护。品牌的培育需要花费大量的心血与汗水，创造品牌、维护品牌，绝非一朝一夕之事。

（三）提高企业声誉

塑造形象、重视信誉是公共关系的核心问题，公共关系活动自始至终都是围绕组织形象的塑造而开展的。酒店企业的对外营销，需要良好的企业形象和企业声誉，因此酒店必须通过各种传播手段与其内外公众进行信息沟通和情感交流，疏通与各方面的关系，使各类公众都能理解其宗旨和做法，争取得到公众的支持。企业的声誉提高了，创造出了良好的营销环境，经济效益也必然会提高。

（四）开展传播攻势

公关营销的传播攻势一般表现为以下几种方式。

1. 公关销售广告战

公关销售广告战即利用无孔不入、轰炸式的公关销售广告，在人们视觉、听觉上形成强大的宣传攻势，使公众从心理认知转变为心理定式，进而改变消费习惯。这种视觉广告、听觉广告、文字广告、形体广告可视可感、形象突出、个性鲜明，可使相关产品形象很快深入人心。

2. 有效的公关营销包装

公关活动模式众多，且各有所长、优势互补。在酒店对外营销中，要灵活运用不同的公关活动模式，对营销过程进行策划、包装和宣传，激发人们的好奇心，为下一步产品销售奠定基础。

3. 持之以恒的日常传播

对酒店而言，大型公关营销活动不仅财力难以承受，而且这种炒作也易使公众产生厌烦情绪，效果有时反而会大打折扣。因此，既经济又有效的传播方式首推日常传播。日常传播，一是指全体员工在日常的本职工作中，通过提供贴心、周到、细致的服务获得公众的赞誉；二是指加强企业日常的组织传播，让企业良好的信息持续有效输出。

（五）重视内部营销

酒店提供的是面对面的服务产品，服务过程是企业员工与顾客间的互动过程，服务质量是企业的生命线。因此，酒店企业营销工作的重点是教育员工热爱本职工作，提高服务质量，使顾客满意。要通过招募、培训、激励、沟通等内部公关活动，影响员工的工作态度与服务行为，从而达到为顾客提供满意服务的目标。

（六）推行全员营销

有效的企业市场营销不能只靠临时性和随机性的工作，而是要树立全员营销观念。

全员营销具有以下几层含义：第一，将营销作为企业的经营观念，而非将其视为某个部门的工作。第二，树立“服务即营销、营销即服务”的观念，将企业的所有服务都纳入企业整体营销环节。第三，强调营销是持续性和日常性的工作，而不是某个部门或某些人在淡季和经营不景气时临时性和突击性的任务。第四，注重企业营销工作的统一性，要求所有员工树立全局观念，顾全大局，相互协作和支持，通过各自不同岗位的工作共同创造良好的企业形象，为共同的酒店目标而努力。

三、公关营销的重要作用

公关营销具有以下重要作用：

（1）市场营销是市场经济的产物，又是市场经济的催化剂。公关营销随着社会经济的发展而产生，又随着市场营销观念的演变而发展。从这个意义上讲，研究公关营销是时代的要求。

（2）学习市场营销学，探讨公共关系在营销领域的应用，对于增强企业竞争力，参与国际竞争大有裨益。我国酒店企业已经迈入国际市场，国外酒店企业也大量涌入我国旅游市场。各方都必须按照统一的市场规则来约束自己。全球化对我国酒店业既是机遇也是挑战，我们只有抓住机遇，迎接挑战，掌握市场营销技巧和公关销售策略，才能不断增强自身的市场竞争力，巩固和扩大市场占有量。

（3）酒店业所面临的是一个竞争激烈的市场，要保证企业长盛不衰，除了受大环境的影响外，关键在于酒店经营者经营观念的革命。在西方国家，公共关系学与市场营销学是企业管理人员的必修课。我国酒店企业经营管理水平参差不齐，经营管理者的素质总体还不高，因此，学习公关营销理论有利于转变经营观念，提高管理水平。

（4）酒店企业与社会多个行业和部门具有依存关系，没有交通、商贸、食品、银行、市场监督管理、公安等诸多行业和部门的支持，企业将无法生存。因此，建立和谐的社会环境，是促进酒店企业生存与发展的动力。

任务二　酒店公共关系营销实务

酒店公共关系营销，即用公共关系的系列活动来激发顾客的消费欲望，引导顾客的消费行为，对产品和企业形象进行卓有成效、丰富多彩的报道、说明和传播等。营销是酒店企业与市场联系的主要手段，它充分利用公共关系塑造形象、传播形象、双向沟通、协调关系的优势，在特定的时间、特定的地点，将产品、服务、形象等特定的信息以特定的方式传达给特定的公众。

酒店企业公关营销主要有如下几种活动方式。

一、公共关系广告营销

（一）公共关系广告的概念

公共关系广告，是指酒店以树立组织良好社会形象为目的，使社会公众对组织增加信心，以塑造组织卓越声誉的广告。

公关广告又称组织性广告或声誉性广告。公关广告既然是一种广告形式，当然也具有广告活动的一般规律，但公关广告的性质又与其他广告有所不同。公关广告虽然仍以营销为核心，但其营销的对象不仅仅是商品，更重要的是形象与声誉。这种营销虽然有硬性的目标内涵，但更多的追求是“软性”目标。公关广告面对的是社会公众，因此，公关广告更钟情于企业组织与公众之间和谐关系的建构，而不仅是简单地将商品转移到消费者手中。

知识拓展

公关广告与商品广告的区别

（二）公共关系广告的种类、程序和设计

1. 公共关系广告的种类

公关广告可分为以下几类：

公关案例

农夫山泉广告片为什么这么成功?

（1）形象性广告。此类广告是以建立企业信誉和观念为目标，通过广告宣传企业的经营宗旨和观念，提高企业及产品形象。例如实力广告，是向公众展示企业设施、设备、服务质量、人才技术等方面实力的广告。

（2）劝导性广告。例如公益广告，是以企业名义发起的，以具有重大影响的社会活动为中心，倡导社会公德、塑造美丽心灵、弘扬优秀传统文化的广告，或是以公益性、慈善性、服务性为主题，传播企业勇于承担社会责任、争做优秀公民的广告。

（3）信誉性广告，也称提示性广告，指传播企业荣获重大奖项或受到表彰、赞誉的情况，借以扩大企业声誉的广告，也可提示社会公众确信对本企业的选择是正确的，从而继续保持对本企业的记忆和印象，并渴望其再次光顾。

（4）展示性广告，指展示产品形象、引导市场需求、传播产品信息的广告。此类广告是通过向市场提供企业新产品信息、宣传新产品功能，使消费者对新产品产生感性认识，引导市场消费的广告。

2. 公共关系广告的程序

公关广告应当有计划、有步骤地进行，规范广告的程序有利于提高公关广告的效果。公关广告的程序如下：

（1）规划广告任务，明确广告目标。公关广告的任务，是通过传递企业信息、传播企业形象来扩大销售额。广告程序设计应根据广告的性质确立广告目标。如介绍性公关广告，主要用于新产品投入阶段和新形象传播阶段，其目的是启动市场需求，占领消费者的认知空间；说服性公关广告，在产品的成长期十分重要，目的是引导消费者建立品牌偏好；提示性公关广告，一般用于产品的成熟阶段，目的是保持消费者对企业产品的记忆。

课堂讨论

登载在杂志上的彩色可口可乐广告属于什么类型的公关广告?

（2）根据目标公众选择广告媒介。媒介是传递信息的载体，有视听媒介、印刷媒介、户外媒介、电子媒介等。公关广告选择媒介的主要依据，一是传播次数的多少，二是所需费用的高低。对青少年受众，根据年龄及其接受习惯，选择手机或新媒体作为广

告媒介最为有效；服装广告则刊登在彩印杂志上更有吸引力。另外，对媒介的选择须量力而行，一般来说，电视广告费用比较昂贵，报纸广告相对便宜一些，可根据广告目标来选定媒介，能节省则尽量节省。从目标效果分析，当需要采用电子媒介时，也不可过分吝惜，因为采用电子广告会产生最佳的传播效果。

（3）按最佳效果进行广告设计。广告设计的最终目标是要取得最佳广告效果，酒店企业和产品需要宣传的方面很多，但公关广告不能面面俱到，只能突出一两个特征，围绕这一两个特征做广告设计，重点突出才能取得最佳广告效应。

（4）编制广告预算，检测广告效果。做公关广告必然需要一定的成本支出，这就要求必须事先编制好广告预算，以求既能达到广告目标，又能节约资金。

广告之后还须进行效果检测，其目的是了解公关广告是否达到了预期目标，以期不断改进，提高广告效应。对公关广告的检测，主要从“沟通效果”和“销售效果”两方面进行。沟通效果检测，是一种通过调查企业形象与产品信息在公众中认知程度的变化，以测评公关广告效应大小的检测方法；销售效果检测对企业而言相对比较容易，酒店可通过广告之后一段时间内其产品及服务销售量的统计而得出，当然，销售效果还受其他因素的影响，如产品特色、产品价格、竞争者行为和市场因素等。

3. 公共关系广告的设计

公关广告一般由标题、正文、插图（照片）、标记等四部分组成。广告标题是中心思想、是灵魂；广告正文是内容、是血肉；广告插图（照片）是点缀、是装饰；广告的标志则是区别于其他产品的品牌商标、是专利。上述四个方面相辅相成，缺一不可。

（1）公共关系广告的标题。

标题是公关广告要表达的中心思想，因此要新颖，要能引起公众的好奇心，进而引导公众阅读广告的正文及其他内容。有的广告标题除了正标题外，还有一个副标题，用来作为广告正文的引子，或用以补充说明标题（中心思想）。

广告标题可分为三种：直接性标题、间接性标题和综合性标题。

直接性标题通常都是开门见山地点明广告宣传和推销的内容。酒店餐饮部推销菜肴多采取这种形式。

间接性标题一般不直接涉及广告内容，而是通过某种特殊的陈述或表达来引起公众的好奇心，促使公众阅读广告的正文。间接性标题多用于酒店策划的专题公关活动或营销活动广告中。

综合性标题是直接性标题与间接性标题相结合的产物，多用于企业形象宣传和大型公关营销活动的传播上。一般正标题表现为奇特、新颖的间接性语言，而副标题则开门见山直奔主题，说明广告宣传的核心内容。

公关广告标题的魅力大小，取决于广告人员的想象力及对潜在公众的了解程度。酒店必须重视公关广告标题的设计。

（2）公共关系广告的正文。

公关广告的正文是广告最重要的组成部分，是公关广告要宣传的内容，即所需传播的各种信息。如果正文能够满足公众的心理需求，就能达到公关广告的目标。

公关广告的正文根据所要宣传的具体内容来拟定，一般是对广告标题所做的许诺予以说明，对产品的特性进行生动而细致的阐述，采纳公众提出的合理化建议，起到营销产品的作用。公关广告正文的表述手法很多，有解释性正文、幽默性正文、描述性正文、对话性正文、叙述性正文等，具体运用要根据企业的需要而定。

（3）公共关系广告的插图（照片）。

广告的插图（照片）能给人带来良好的视觉体验，它形象地表现公关广告所要宣传的内容，对广告文字起补充作用。在如今这个“看图时代”，公关广告的插图（照片）使公关广告更为生动、更具吸引力。公关广告中的插图（照片）不仅是必不可少的，而且在有些时候其重要性甚至超过了广告标题和广告正文。

（4）公共关系广告的标志。

广告的标记是品牌、是专利，其作用不可低估。它可以用口号或商标来体现，许多酒店经常用独特的口号作为企业的识别标志，如广州的中国大酒店就以“中外通商之途，殷勤款客之道”作为其热情周到的商务酒店服务的标志。商标也常被用作企业的识别标志，一般用企业名称缩写或视觉标志（几何图案、符号等）表示，世界上许多著名的企业都有其独特的广告识别标志。

公关案例

世界十家知名酒店集团的广告语

作为酒店的公关广告，除上述内容之外，公关营销人员还必须在广告上注明企业的联系地址、电话号码、E-mail 电子信箱及联系人等基础信息。对于公关广告除要认真研究其内容外，还应重视其版面布局。一则优秀的公关广告，整体布局协调，不仅能给人留下深刻记忆，而且具有观赏价值。

二、企业形象营销

（一）企业形象营销的内涵

公共关系以塑造企业优良形象为己任，帮助企业协调内外关系。企业以公关手段进行的形象促销，其目的首先是加强与内外公众的信息交流与沟通，改变公众态度，使公众产生了解组织和消费产品的欲望；其次是为了传播、美化企业的声誉和形象，建立公众对企业的信任感，产生消费动机，从而提高企业的经济效益。

1. 赢得社会信誉

企业的社会形象反映在社会公众的眼中，就是企业信誉，即人们对企业及其所提供的产品或服务的信任程度。良好的社会信誉是企业无法估量的巨大财富，是任何企业家都不可忽视的重要因素。因此，企业要想获得较高的信誉度，除确立“面向顾客”的价值观念，拥有优质产品和服务外，还必须具有强烈的社会责任感。作为社会的一员，企业有责任支持各项社会公益活动，同时借助各种新闻媒介的广泛报道，使企业赢得良好形象。

2. 制作特色新闻

在公共关系传播技巧中，有制造新闻、故意让媒体曝光的手段，即策划“假”事件。“假”事件并不是虚假的事件，只是没有经过新闻记者采访报道，而是经公关人员有目的、有计划、精心策划、富有创意地制造的事件，有时比真新闻更容易让公众接受，策划“假”事件的目的就是吸引公众眼球，进而推广产品形象，诱发公众的购买或消费欲望。

3. 听取公众意见

公众意见对企业经营管理具有重要作用，因此，公关人员应充分利用公关活动，收集与本企业形象、声誉相关的各种公众意见（包括对企业形象、产品价格、服务质量、员工素质、管理水平等方面的反映和改进意见），经过归纳、分析、总结，形成建设性的意见和建议，然后反馈给企业决策者，作为改进工作的依据。

4. 促进双向沟通

在企业市场营销中，要注意运用双向沟通的公关传播手段，促进形成企业产品和形象的良好社会舆论。首先，应积极进行产品和企业信息的有效输出，以增强公众认知度、影响公众态度、引导公众消费。其次，要收集公众对产品信息和企业形象信息的反映，将有价值的信息输送给企业决策者，并力求将其作为改善企业经营管理、提高产品质量、促进产品销售的重要依据。

5. 建立友好的外部关系

酒店公共关系的职能之一，是与外部公众保持良好的关系，在企业营销中运用公关方法，与顾客、社会团体、政府机构、银行、社区、新闻媒体、供应商甚至竞争对手等保持密切的联系，这种交往不仅有利于信息的传递，而且有助于协调企业与外部公众的各种关系，从而获得方方面面的支持与合作；不仅能加强情感交流，增进友谊，而且有利于相互切磋、学习，借鉴他人经验，使本企业经营管理更趋完善。

6. 建立良好的内部关系

和谐的工作环境有利于建立良好的内部公众关系。企业的各项工作都是由员工来完成的，没有健康向上的和谐氛围，员工就不可能有高昂的斗志和高质量的产品或服务。建立企业内部良好的员工关系，可以增强企业的向心力、凝聚力，这是企业经营成功的关键，也是企业市场营销成功的关键。

（二）企业形象营销的手段

企业形象营销，一靠广告，二靠活动，三靠媒体，三者相辅相成、相得益彰。广告是形象营销的重要手段，通过形象广告，可宣传企业经营的目标、宗旨和管理观念、企业精神，以加深公众对企业的认知度；通过信誉广告，可传播企业荣获重大奖项及受表彰和赞誉的信息，以获取公众对企业的信任度；通过实力广告，可向公众展示企业的设施设备、服务质量、技术人才状况，促使公众产生品牌偏好。公关专题活动也是传播企业形象的重要手段，如周年纪念、项目剪彩、开业庆典、服务节、美食节及评选服务大师等。此外，企业须特别重视与媒体保持密切联系，及时提供各类信息，做到“未雨绸缪”，而不能“临渊羡鱼”“临渴掘井”。

1. CS 营销手段

CS 是英文 Customer Satisfaction 的缩写，意为“消费者满意度”。CS 营销即让消费者满意的活动。让消费者满意，首先要研究消费者心理及其购买行为，从消费者的需求出发设计产品和服务，提高产品和服务质量，满足消费者的需求。其次是让消费者切实感受到“顾客第一”，时时处处得到温暖的关怀，受到尊敬与重视。CS 促销如获成功，将对公众产生巨大的号召力。

公关案例

杭州开元森泊度假乐园的突围之道

2. 特色营销手段

随着市场竞争的日趋激烈，产品质量的差异越来越小。企业为了在市场竞争中取胜，必须采用特色策略来吸引消费者。这种特色策略就是使企业产品或服务具有与众不同的风格、特点和品质，从而树立起“独此一家”的形象。

3. 服务促销手段

服务促销，顾名思义即以服务促销售，其内容不外乎通过实在的价格、地道的质量、优质的服务等，使消费者感觉本企业与同行相比物有所值或物超所值、质量可靠、服务一流，故而心理平衡、满足、满意。

4. 价值促销手段

消费者除希望物有所值外，还希望得到超值的享受。价值促销的手段如下：

（1）提升功能、降低成本，或提升功能、成本不变。

（2）增强产品与服务的主要功能，减少产品与服务的次要功能，以体现产品价值与服务价值的提高。

价值促销对酒店企业来说，是用相同的成本提供更好的产品与服务，但自身并无损耗。对顾客来说，却是用同样的消费获得了更优质的产品和服务。

三、公关人员营销

公关人员营销，是指酒店公关销售部人员通过销售访问，与客户进行面对面的接触，向客户传递企业产品和服务信息的过程。其优点是直接联系、机动灵活、双向交流、反馈及时，公关人员易与客户建立良好的人际关系，有助于促销的成功；缺点是效率不高、覆盖面较窄。公关人员营销在酒店销售中仍占有重要位置，主要是因为它的明显优势：一是针对性强且灵活多样；二是可以培养稳定的客源；三是可不断寻求新客源，开拓新市场；四是可以及时收集市场信息，调整营销决策。

（一）公关人员营销的任务

1. 寻找和挖掘客源

公关人员可以运用中心开花法、连锁介绍法、地毯访问法等营销手段直接与客户打交道，劝导与说服客户，从而扩大销售网络，开辟新市场。

2. 保持和稳定客源

公关人员运用社交技巧，培养买卖双方的情感，可以保持和稳定企业的客源。

3. 沟通和传递信息

公关人员及时、准确、熟练地将本企业的产品和服务信息传递给客户，解答客户提出的疑虑，告知产品和服务的功能、特色，有利于产品和服务的营销。

4. 收集和分析信息

公关人员在营销时，还必须“察言观色”，了解客户对产品和服务的反映，收集客源市场的情报信息，及时、灵活地调整策略和方法，使营销工作有的放矢，提高成交率。

5. 提供帮助与服务

为提高成交率，建立买卖双方的友好情感，公关人员应向客户提供各种帮助和服务。如针对客户的情况，提供咨询服务、邀请客户参观企业、介绍产品功能与服务措施等。

（二）公关人员营销的过程

1. 寻找并确定目标客户

公关人员是向特定的客户营销，因此首先必须寻找潜在客户。根据产品的特征确立可能成为目标公众的条件，然后再根据这些条件确定自己的准客户。

2. 进行客户资格审查

客户资格审查，即对一定准客户的购买需求、支付能力和购买决策等进行审核。通过购买需求审核，判断准客户对本企业产品与服务需求的真实程度；通过支付能力审核，判断准客户的实际付款能力；通过购买决策审核，来判定准客户的最小范围，以提高营销效率。

3. 选择活动方式

这属于接近目标公众的准备工作。它包括设计接近潜在客户的最佳方法、拟订面谈计划、确定面谈技巧。选择活动方式时应注意有的放矢，避免判断错误与失误，以增强公关人员的营销信心。

4. 约见客户

约见也是接近客户的准备工作，是成功的开端，有助于公关人员顺利展开推销工作。

5. 与客户面谈

面谈是营销过程的核心环节，也是公关人员运用各种方法说服客户购买产品或服务的过程。面谈中要引导客户认识产品或服务并产生兴趣，从而诱发客户的购买欲望并促成客户购买行为的发生。

6. 达成交易

营销的最终目标就是达成交易。当目标客户在面谈后与公关人员达成共识时，可以说公关人员的营销已进入收尾环节。买卖双方握手成交之时，证明营销活动大功告成。

7. 跟踪服务并寻找新客户

在市场竞争中，企业要保证稳定的客源，不能将完成交易看作营销活动的结束，还应当进行跟踪服务，以稳定客源、追求回头率。要将每次营销的结束看作新的营销的开始，进而继续寻求新客户，开拓新市场。

（三）公关人员营销的辅助工具

1. 企业宣传材料

企业宣传材料主要包括：企业简介；展示企业的图片、折页、画册；企业服务指南；企业所在城市的地图；交通服务指南；写有企业的地址、电话、传真、电子信箱及联系人的名片。企业宣传材料应该设计新颖并具有观赏性，这样才能切实起到营销企业产品和服务的作用。

2. VIP 客人预订表

VIP 客人是对酒店企业有重要影响的客人。对他们的接待不能一般化，因为占客人总量约 20% 的 VIP 客人可能会为酒店带来 80% 的利润及知名度。

3. 客人预订确认信

酒店在市场营销中，除与客人商谈确定消费意向外，还应向客人发出预订确认信，以便做好接待安排工作。客人预订确认信一般由酒店营销总监或公关销售部经理负责，其主要内容包括预订日期 / 房价、预订客房 / 收付费用、程序 / 到店和离店日期、其他注意事项等。

4. 酒店销售核对表

这是一份纳入酒店销售档案的工作文件，内容包括：销售人员姓名及日期、确认信发出日期、酒店消费活动日期、商定的价格、确认的房价、餐饮要求（包括日期、菜单、座位等）、预订答复单、费用支出程序、付款指示等。

5. 合同报告单

合同报告单，是指按销售时间顺序将商定的合同列成的报表。合同报告单概括性地记录销售合同的主要内容，既能帮助公关销售经理在签订合同时避免差错，又能帮助决策层随时了解销售状况，还可供企业其他部门作参考。

6. 销售工作计划表

销售工作计划表既是销售人员工作的目标，也是销售人员检验销售成果的真实凭据。

7. 付费程序说明

付费程序说明清楚明白地将客人所付款项一一说明，既能避免客人在付款时拒付，又让客人事前心中有数，使其能按时付款而不拖欠。

8. 感谢信

每逢一次合作完成后，酒店公关销售部经理应以个人名义或代表企业向提供客源的组织者发出感谢信以示谢意。

（四）公关人员的促销拜访

公关销售部在市场营销中经常需要对客户进行拜访。针对不同的营销对象，常用的拜访形式有如下几种。

1. 日常性营销拜访

这类拜访的主要目的是突出企业形象，因此公关销售人员拜访时要着意介绍企业的情况、特色、产品和服务质量，以引起客户的好感，使之产生消费动机。

2. 新产品营销拜访

酒店开发出新的产品和服务项目，要对客户进行新产品推销拜访。这时，公关销售人员要善于捕捉客户心理，察言观色，洞察客户拒绝接受新产品的原因，想方设法劝说客户接受新产品。

3. 特殊性营销拜访

特殊性拜访包括以下三种情况：一是拜访客户并向客户直接推销产品和服务；二是拜访中间商，如国内外酒店的组织商、会议组织机构、航空公司等，与中间商洽谈各种业务、签订合同；三是拜访营销代理机构，将企业的宣传资料送去，希望营销代理机构将这些材料放在最醒目的地方，推销企业产品，扩大知名度。

4. 技术性营销拜访

这类拜访的目的是为客户提供产品或服务的技术指导，如酒店公关销售人员拜访会议组织单位，并对其进行技术和程序方面的指导，提供会议需要的设施、设备，提出会议厅布局的方案以及工作午餐的推荐菜单等。在进行这类拜访时，要全心全意地想客户之所想，急客户之所急，以增加客户对企业的信任度，提高回头率。

四、活动推广营销

活动推广营销是酒店常用的一种销售手段，即通过各种短期的鼓励性、非连续性促销活动，在短期内迅速刺激和扩大目标公众的需求欲望，促使客户大量购买企业的产品和服务。

（一）活动推广促销的作用

1. 有利于企业吸引顾客

酒店通过向住店客人提供某些额外服务，如价格优惠、赠送礼品、参与活动等，可调动客人消费酒店新产品和新服务项目的积极性。

2. 可改善旅游淡季或非营业高峰期销售状况

酒店业的规律是既有旺季也有淡季，淡旺季的收入差距很大，而且淡季和其他非营业高峰期必然出现接待服务能力的闲置。为避免因设备、人员闲置带来的浪费和低效益，必须以相应的活动推广促销手段来提高企业设备和人力的利用率。近年来虽然出现了“淡季不淡”“旺季更俏”的旅游火爆场面，但各种形式的促销推广，如价格让利、折扣、特别赠送等，仍不失为吸引顾客的有效方法。

3. 激发消费欲望并迅速转化为消费行为

广告对企业与客户的沟通具有重要作用，但要使潜在公众变为行动公众，其直接效果并不明显。这时需要酒店及时采取活动推广促销手段来提醒、刺激潜在客户，激起客户的消费欲望，并尽快实现消费。

（二）活动推广营销的类型

1. 对顾客的活动推广营销

对顾客进行活动推广营销，主要是为了激起顾客的购买欲望，推动新产品的销售，扩大市场份额。

2. 对中间商的活动推广营销

对中间商的活动推广营销，是为了说服中间商对产品的认同，鼓励他们大量销售本企业的产品。

3. 对推销人员的活动推广营销

对推销人员的活动推广促销，是为了鼓励推销人员努力开拓市场，增加计划内的销售量。

（三）活动推广营销的一般目标

活动推广营销的目标，应根据不同的目标市场而制定。如对目标公众，可鼓励其试用产品，由过去购买竞争对手的产品转向购买自己的产品；而对推销人员则是鼓励他们开拓市场，增加淡季销售量。

（四）活动推广营销的方法

1. 价格优惠

在市场供求关系不平衡的时候，价格仍然是刺激消费的主要因素，价格优惠可以在顾客心理上形成良好的心理定式，收到较好的营销效果。

2. 赠送礼品

连卖带送也是刺激消费的好办法，但企业的赠品应注意带有企业文化和企业精神的标志，而且赠品并非越贵越好。赠品应既能联络企业与顾客的情感，又能让顾客加深对企业的认识，提高企业在顾客心目中的认知度。

公关案例

联动消费

3. 退款和折让

当服务未能让顾客满意时，退回全部收费、免费或赠送菜肴、折让付款额等，不失为一种有效的活动推广营销方法。这样做一方面可以让顾客心理平衡，另一方面也是吸引顾客再次光临的手段。

4. 特别服务

对特殊的顾客（VIP 客人、企业俱乐部成员、长期客户等）可实行特殊服务，如优先订房订餐、协议价入住、馈赠礼品等。

5. 红利

企业为了刺激中间商的积极性，可以采取销售分红的方式。即让会议组织者或酒店活动组织者享有一定比例的分红权。通过这种方式，使企业与中间商在利益上紧密相连，从而激励中间商经销的热情。

6. 企业俱乐部

企业办俱乐部是稳住客源的一种有效手段。目前大型商场和酒店的俱乐部形式多种多样。顾客通过缴费或多购物等方式可以成为俱乐部的成员，享受诸如让利、赠送礼品、提供特殊服务和专门服务等多种优惠。

公关案例

"七夕节"酒店营销活动

7. 专题促销活动

酒店经常开展的促销活动，如小吃节、美食月、啤酒节、烧烤周、特别庆典等，一般都具有较好的营销效果。

8. 鼓励重复消费

企业为了鼓励那些经常下榻酒店以及与酒店有业务往来的长期客户重复购买产品及服务，经常采取各种优惠和激励形式。

五、新媒体营销

伴随着互联网和移动互联网的发展，酒店的营销理念和营销方式正面临变革。新媒体营销方式也逐渐成为酒店营销的重要方式之一。

新媒体营销要避免单一，讲究交融贯通，做到边界渗透、资源整合，做好市场调查、行业分析、区域分析、消费模式分析，洞悉消费心理，注重营销策略和发展战略。

（一）酒店新媒体营销的特点

1. 互动性

新媒体存在极强的互动性，具体是指其能够建立一个迅捷的交流平台，在平台上企业和消费者可以进行双向互动。企业可以根据消费者的评价迅速做出反应，及时掌握市场动向。

2. 复杂性

复杂性是指信息本身和信息传播的复杂性。新媒体时代下的环境极为复杂，信息量庞大，良莠不齐，因此消费者也逐渐有了相对的警惕性，上述情况无疑影响了企业的信息传递效果。信息的传播者利益出发点不一样，所以他们在媒体上所要表达的观点就不同，观点碰撞容易产生很强大的舆论力量。

3. 成本低，形式多样化

随着新媒体全球化的发展，传播成本不断降低，传播形式更加多样。酒店的营销应顺势而为，在全球范围内寻找新一轮的发展生机。多样化具体指媒体形态的多样化，如微博、微信、网络视频等。这些平台为酒店营销提供了形式丰富的载体。

成本的降低也为酒店营销带来了性价比的优势，不仅在营销投入方面大大减轻了企业的负担，而且为后期持续进行新媒体营销提供了成本上的可行性。这也是新媒体能够迅速提高市场占有率的原因之一。

（二）新媒体时代酒店营销渠道的构建

1. 加强网络管理，完善网上支付系统

政府应加强网络支付的相关立法，加大打击力度，营造一个良好的网络环境。此外，政府要加大对支付平台的监管力度和各大银行的宏观调控能力。在消费中，酒店要保管好消费者信息；消费者自身要加强安全意识，选择正规的支付平台。

2. 及时更新酒店网络营销信息

酒店有营销优惠活动或者产品信息变动的时候，要及时更新。若顾客获取虚假信息，要及时制定解决措施。如果网络订房却无房可住，可安排附近相同品牌酒店让顾客入住。如果房价或房型出入太多，可根据实际情况进行水果赠送服务或房型升级等。

3. 加强个人体验性

加强个人体验性可以提高顾客满意度。随着人工智能的发展，国际大型酒店集团已经开始在客房内配备智能化产品。目前，酒店智能化客房还未普及，客房内大部分操作流程都是由人工完成的。在未来的管理中，酒店可以尝试引进智能化客房，设计更加人性化的客房。

4. 构建社群化传播途径

对于会员，酒店可以建立社群。在线上，时不时发起话题性聊天，定期更新信息，保持活跃度。在线下，定期举办聚会或户外活动。酒店也可以设定一个会员日，当天有

一定优惠。此外，凡是会员预订的房间，可适当做一些个性服务，如开夜床时赠送礼物或者每天赠送水果等。

利用好这些网络营销渠道，可以培养一大批粉丝，保证客源市场，对酒店品牌的发展具有重要的意义。

（三）有效做好酒店自媒体营销

信息技术的发展和进步，不仅促进了酒店业的快速发展，而且加速了顾客消费观念和消费行为的更新，通过自媒体平台做推广工作，效果无疑也是非常好的。

酒店做自媒体营销，目的有两个：一是传播；二是引流。通过内容传播品牌形象，把流量吸引沉淀下来，转化为预订率，从而减少对相关在线平台的依赖，拓展出新的渠道。

"内容为王"依然是新媒体时代的核心要求，富有新意的优质内容是酒店自媒体营销提升用户黏性的核心所在。

1. 酒店自媒体营销内容遵循的原则

（1）持续性。即能够持续不间断地输出内容。很多公众号，关注后一看历史消息，最新的一篇文章发布时间还是半年以前的，这样就很难提高用户黏性。

（2）原创性。内容尽量做到原创，原创即最好的营销。如今各大自媒体平台对原创内容版权的保护力度在增加。坚持写原创文章，可以获得自媒体平台原创保护标识，内容的影响力会上升。

（3）价值性。发布的内容能够给用户传递价值，有用、有趣、好玩都是价值的体现。有价值的内容才能够让用户主动转载分享，从而在更大的范围内进行传播。同时价值能够加强用户黏性，让用户关注的时间更为长久，提高用户忠诚度。

2. 酒店自媒体营销内容的选材

酒店自媒体营销一定要选取用户感兴趣的话题。在创作内容时，可以从以下几个方面入手：

（1）根据酒店的不同属性创作内容。例如，客栈民宿、度假酒店、主题酒店都属于旅游六要素中的"住"，可以写和旅游相关的内容。因为客栈民宿的目标客户就是准备旅游或者有旅游计划的人群。客栈民宿基本位于热门旅游目的地或者文化气息浓郁的区域，内容可以围绕旅游攻略展开，内容包括交通、气候、吃喝玩乐，这种内容最容易被读者收藏；也可以介绍当地的美食、美景、民俗风情等。这些内容会很好地吸引目标客户，且比较容易形成持续性。

（2）和住宿有关的内容。如盘点城市中最美的十家客栈，最适合情侣入住的几家民宿，通过整合盘点，把自家的店嵌入进去。

（3）酒店老板、员工的故事。通过对酒店员工故事的阐述，如对待某个工作细节上的用心、因为什么样的情怀做了这家酒店等。这种内容可能不会持续，只能发布几次，但是这些内容是很好的宣传推广素材。

（4）发生在酒店里的故事。搜集整理发生在酒店里客人与员工之间的故事。

（5）关注一些和旅游住宿等相关的热门话题、时事热点，借这些内容做传播。

3. 酒店自媒体营销内容的载体

酒店自媒体营销内容载体包括文字、图片（照片、Gif图片、漫画、表情包）、音频、视频、图集、投票、链接、H5页面等。在创作内容的时候，要选择合适的内容载体。如果用户对图集、短视频、H5页面内容载体感兴趣，在上面停留的时间也会相对较长。链接载体打开率一般较低。

4. 酒店自媒体营销内容的发布

自媒体平台很多，在具体操作中，酒店自媒体营销内容可在以下平台发布：

头条号是综合类内容分发平台，流量巨大。

UC订阅号依托于UC浏览器和阿里，流量巨大，是一个综合类内容分发平台。

微信公众号的粉丝黏性较高，营销方式灵活，过程多元化。需要注意的是，在内容传播方面，微信公众号不同于头条号、一点资讯平台。今日头条、一点资讯是按照用户兴趣推荐的，而微信公众号内容阅读量很大程度上是由关注用户数量及分享数量决定的。

抖音、快手、微信视频号等视频平台更是酒店必须关注的平台。

如果自己平台用户数量有限，酒店公关人员可以把好的内容投稿到其他较大的平台，或者采用合作形式，如那些垂直的旅游、酒店、客栈民宿、地方自媒体平台；可以把内容分享转载到朋友圈、微信群、微博、QQ空间、豆瓣、贴吧、文库、知乎等其他平台，进行二次曝光。转载的时候最好能够用几句话概括出内容的亮点，引导感兴趣的用户去打开链接阅读。只要内容质量足够好，完全可以在这些平台产生很大的曝光度。

项目小结

酒店在市场营销中越来越注重运用公关理念，以创造“天时、地利、人和”的发展环境。公关营销作为一种具有公关意识的营销观念，是一种借用公关方法的营销策略，也是一种使用公关技巧的营销艺术。在酒店企业里，公关营销工作要立足优质产品，塑造品牌文化，提高企业声誉，维护企业形象，开展传播攻势，推行全员营销。酒店公关营销活动主要包括公关广告营销、企业形象营销、公关人员营销、活动推广营销、新媒体营销等。

思考与探究

1. 公关营销理念的内涵是什么？它有哪些工作内容？它在酒店市场营销中发挥着什么样的作用？
2. 你如何理解公共关系在营销中的作用？
3. 简述公共关系广告的种类。
4. 简述企业形象营销的方法和手段。
5. 酒店公关营销对公关人员有哪些基本要求？

案例分析

案例分析

酒店营销的趋势

讨论分析：

1. 酒店营销的趋势总体体现了什么特点？
2. 酒店公关营销怎样去营造独特的卖点？
3. 我们如何根据这些趋势改变和调整酒店公关营销的方向？

技能实训

某酒店计划推出啤酒节活动，拟在酒店微信公众号上发布广告。请你结合本项目内容，为酒店设计啤酒节公关广告，包括标题、正文、插图（照片）、标记等。

参考文献

［1］ 赵晓兰，赵咏梅，缪春萍．最新公共关系学．4版．北京：中国社会科学出版社，2008.

［2］ 邓健，李荣德．公共关系学．成都：西南财经大学出版社，2009.

［3］ 李道平．公共关系学．4版．北京：经济科学出版社，2011.

［4］ 居延安．公共关系学．上海：复旦大学出版社，2013.

［5］ 何修猛．现代公共关系学．4版．上海：复旦大学出版社，2020.

［6］ 霍瑞红．公共关系实务．3版．北京：中国人民大学出版社，2020.

［7］ 陶应虎．公共关系原理与实务．4版．北京：清华大学出版社，2021.

［8］ 赵轶．公共关系实务．3版．北京：人民邮电出版社，2022.

［9］ 轩福华．旅游公共关系．北京：中国轻工业出版社，2012.

［10］ 刘德兵．旅游公共关系．2版．北京：科学出版社，2014.

［11］ 杜炜．旅游业公共关系理论与实务．3版．北京：旅游教育出版社，2018.

［12］ 张舒哲，刘颖山．旅游公共关系．2版．北京：旅游教育出版社，2023.

［13］ 杨哲昆，何井华．旅游公共关系学．7版．大连：东北财经大学出版社，2024.

［14］ 张建庆．酒店公共关系．上海：上海交通大学出版社，2011.

［15］ 尹景明，贺湘辉．酒店公关实务．3版．广州：广东经济出版社，2012.

［16］ 吕莉．酒店公共关系实务．北京：经济科学出版社，2014.

［17］ 姜锐，姜华．酒店公共关系．2版．北京：中国人民大学出版社，2017.

［18］ 尹华光．旅游公共关系与礼仪．长沙：中南大学出版社，2005.

［19］ 胡碧芳，姜倩．旅游服务礼仪．北京：中国林业出版社，北京大学出版社，2008.

［20］ 孟晓芳．礼貌礼节．北京：经济科学出版社，2008.

［21］ 金正昆．涉外礼仪教程．5版．北京：中国人民大学出版社，2018.

［22］ 徐桥猛，李丽．酒店管理经典案例分析．广州：广东经济出版社，2007.

［23］ 杜炜．饭店优秀公关案例解析．北京：旅游教育出版社，2007.

［24］ 刘义才．做一个专业的公关人员．北京：北京工业大学出版社，2014.